CIDADE,
POVO E PODER

Coleção CEDEC/PAZ E TERRA
Vol. 5

Ficha Catalográfica

CIP-Brasil. Catalogação-na-fonte
Sindicato Nacional dos Editores de Livros, RJ

C51 Cidade, povo e poder / José Álvaro Moisés... |et al.|.
– Rio de Janeiro: Paz e Terra,
(Coleção CEDEC/Paz e Terra; v. 5)

1. Movimentos sociais urbanos 2. Organização comunitária 3. Participação social I. Moisés, José Álvaro II. Série.

CDD – 301.36
301.242
CDU – 301.185.2(1-21)
81-0583 301.186(1-21)

José Álvaro Moisés
Lúcio Kowarick
Lícia do Prado Valladares
Edison Nunes
Tilman Evers
Clarita Muller-Plantenberg
Stefanie Spessart
Pedro Jacobi

CIDADE, POVO E PODER

2ª EDIÇÃO

CEDEC
Centro de Estudos
de Cultura Contemporânea

Paz e Terra

Capa: Telmo Pamplona
Foto da capa: Sandra Adams

Direitos adquiridos pela
Editora PAZ E TERRA S/A
Rua São José, 90 - 18.º andar
Centro — Rio de Janeiro, RJ
Tel.: 221-3996
Rua do Triunfo, 177
Santa Efigênia — São Paulo, SP
Tel.: 223-6522

1985

Impresso no Brasil
Printed in Brazil

SUMÁRIO

APRESENTAÇÃO

Os movimentos sociais urbanos têm sido objeto permanente de estudos do CEDEC. Este volume é já o segundo que publicamos sobre o tema e sintetiza algumas linhas de pesquisa que têm empolgado os estudiosos dos movimentos sociais urbanos, durante a última década. A importância geral do tema é reconhecida nacional e internacionalmente: trata-se de investigar o terreno de emergência (ou de resistência) política das classes sociais subordinadas, sua organização e consciência, ao redor de suas condições materiais de existência ou de "reprodução da mercadoria força de trabalho", como propõe um dos estudos aqui reunidos. O tema se impôs aos pesquisadores brasileiros, bem como aos seus colegas de outros países, devido à reanimação das lutas sociais que se produziu no continente no último decênio, em meio a um penoso refluxo dos movimentos e organizações explicitamente políticos, sob o peso de regimes repressivos e autoritários.

Foi simplesmente natural que, face à extinção ou forte cerceamento dos partidos populares, sindicatos e organizações representativas dos interesses dos trabalhadores na cena política, estes construíssem, sob formas mais ou menos espontâneas, as suas trincheiras de defesa e resistência, ao redor de suas reivindicações mais imediatas e elementares, como as que se referem aos problemas de saúde, alimentação, transporte, moradia, etc.

Nem por isso tomaram tais movimentos um caráter puramente defensivo, como ficou claro nos casos dos movimentos contra a carestia e das associações de bairro no Brasil. A sua existência coloca em questão a legitimidade de regimes preocupados em garantir pela força o "livre intercâmbio" das forças do mercado, ao mesmo tempo em que tenta recuperar para os trabalhadores a sua capacidade junto a outros setores do povo, de disputa ao redor do produto social, gravemente prejudicada pela intervenção estatal nos sindicatos. Tais demandas tomam assim um caráter imediatamente político, prontamente reconhecido pelos detentores do poder.

Mas existem outras dimensões políticas desses movimentos, talvez ainda mais importantes: por um lado, mesmo os movimentos maciços e espontâneos de protesto evidenciam às vezes a emergência na prática de novos sujeitos históricos coletivos, potencialmente autônomos frente aos métodos usuais de cooptação, integração e repressão por parte do Estado. Por outro lado, os movimentos mais estáveis e organizados manifestam freqüentemente uma tendência ainda mais inovadora e promissora: tais experiências são tentativas de autogestão das bases, que apontam sem dúvida, ainda que insuficientemente, e às vezes de modo esporádico e limitado – para os caminhos de auto-regulação da sociedade, desvendando portanto, pistas e ensaios concretos de um novo padrão de civilização e convivência social.

Por isso tudo, as linhas de estudo dos movimentos sociais urbanos irradiaram-se necessariamente em algumas direções convergentes. Tratou-se de assegurar o máximo de fidelidade à pesquisa das várias nuances e potencialidades políticas e teóricas – ainda que virtuais – para a explicação dos significados do fenômeno. Assim, uma corrente de estudos ocupou-se do levantamento rigoroso e pormenorizado do contexto material, histórico e político em que se situam tais movimentos, buscando desvendar o significado do "urbano" como território de articulação das relações sociais capitalistas. Os artigos da primeira parte (A Cidade e o Estado) exemplificam esta corrente de pesquisa.

Por outro lado, grande parte da atividade de investigação dirigiu-se à reconstrução histórica e recuperação teórica dos movimentos sociais urbanos específicos, mesmo aqueles aparentemente espontâneos e destituídos de uma racionalidade explicativa, descobrindo as suas origens reais e suas conseqüências políticas, na conjuntura nacional que lhes serviu de cenário. Neste volume incluímos artigos que exemplificam esta aproximação ao tema, a um tempo monográfica e conjuntural. (Segunda Parte: Formas de Protesto Popular).

Ademais, desenvolveram-se alternativas de interpretação acerca do significado político dos movimentos sociais urbanos: o de suas potencialidades enquanto antevisões experimentais de uma sociedade auto-regulada, bem como o de suas relações com o padrão de acumulação do capitalismo periférico, nesta época de crises e reajustes, internos e internacionais. É claro que estas interpretações são apenas sugestivas e aproximatórias, devendo o seu fascínio e importância ao próprio caráter inovador dos movimentos que tratam de interpretar. Os dois capítulos que encerram o volume (Classes Populares e Poder Local) revelam a grande significação deste tipo de estudos para a etapa atual.

Aliando, assim, um procedimento cuidadoso de pesquisas de campo sobre casos específicos de vários países, com uma preocupação comparativa e explanatória, busca-se extrair conclusões indicativas e linhas de orientação que podem ser frutíferas para o desenvolvimento dos movimentos populares. Linhas de reflexão e de orientação, aliás, que estes movimentos têm buscado insistentemente, e procurado construir com a sua própria luta. Com esta publicação tratamos de participar desta busca e de apoiar esta luta.

Pela Comissão Editorial do CEDEC
Paulo José Krischke

Parte I

A Cidade e o Estado

O ESTADO, AS CONTRADIÇÕES URBANAS E OS MOVIMENTOS SOCIAIS *

José Álvaro Moisés

I

O desenvolvimento do capitalismo conhecido pela sociedade brasileira no após-1930, de forma particular a partir de meados dos anos 50, conviveu com a emergência, na região metropolitana de São Paulo, de novas formas de participação social e política de setores das classes populares urbanas, demonstrando, assim, que essas, ao contrário de certas falácias teóricas e políticas, são não apenas objeto da vontade dos grupos dominantes (e do Estado), mas também atores dotados de percepção própria de sua situação e de seus interesses. Freqüentemente, essa percepção foi útil para projetar formas organizadas de ação coletiva que se expressaram através de movimentos sociais, cuja eficácia tem relação com os seus resultados práticos imediatos (atendimento das reivindicações urbanas), mas também com o desenvolvimento de uma nova força social e política na vida da cidade.

Essas novas formas de participação social e política se expressaram ao nível da problemática urbana que foi se constituindo durante o processo de formação dos grandes centros urbanos brasileiros, isto é, no contexto de seu desenvolvimento e funcionamento como grandes aglomerados humanos que viabilizam a reprodução das condições ne-

* Este texto corresponde ao capítulo XI da tese de doutoramento não-publicada do autor, cujo título é "Classes Populares e Protesto Urbano", apresentada ao Departamento de Ciências Sociais da USP em dezembro de 1978, onde o tema está desenvolvido, histórica e teoricamente, de modo mais extenso. Originalmente, foi publicado na *Revista de Cultura Contemporânea*, nº 3, CEDEC/Paz e Terra, Rio, 1979.

cessárias à continuidade do sistema capitalista. Referem-se, portanto, ao que vários autores designaram, recentemente, como a *questão urbana*[1], que deriva das contradições geradas pelo desenvolvimento do capitalismo ante as novas e sempre crescentes necessidades postas à reprodução da força de trabalho; e ante a política urbana do Poder Público, baseada em inversões privadas e públicas que se dirigem preferencialmente, aos setores mais rentáveis da produção e consumo e que acabam por determinar a prioridade dos serviços destinados a expandir a produção sobre os serviços destinados a atender às necessidades de sobrevivência da população (consumo coletivo).

A natureza dessas contradições urbanas é essencial para explicar a emergência dos movimentos sociais urbanos, pois as condições criadas para a acumulação de "base pobre", ocorrida no Brasil a partir de 1930, implicaram, como se sabe, na ativação de mecanismos de superexploração da força de trabalho e da minimização da participação privada e, em particular, do Estado nos custos de reprodução dessa força de trabalho. Essa incapacidade do Estado, gerada pelas raízes de classe de sua gestão dos serviços de consumo coletivo, - que, por exemplo, optou por privilegiar os investimentos voltados à criação da infra-estrutura necessária para a arrancada do desenvolvimento industrial – criou as condições para que surgissem, entre as classes populares dos grandes centros urbanos, os movimentos de reivindicação de serviços sociais urbanos, cuja carência afetava as condições populares de sobrevivência na metrópole. Por essa razão, é necessário examinar, um pouco mais de perto, a natureza dessas contradições, cuja emergência coloca o Estado no centro das atenções das classes populares mobilizadas pelas reivindicações mencionadas acima.

Com efeito, a lógica do sistema capitalista em geral se funda em sua capacidade de manter as condições que garantem a existência de um certo padrão de relações de produção, e ao mesmo tempo, na constante reposição dos pressupostos que alimentam o próprio modo de produção capitalista[2]. Vale a pena lembrar que essa reprodução das relações de produção implica, necessariamente, a constante atualização e reposição das relações de poder, que garantem a sobrevivência do

1 Ver, entre outros, *M. Castells*, "La Cuestion Urbana", Siglo Veintiuno. Ed. México, 1974 e "Movimientos Sociales Urbanos", idem 1975; *J. Borja*, "Movimientos Sociales Urbanos", Ed. Siap-Planteos, B. Aires. 1975 e *J. Lojkine*, "Contribuição para uma teoria da urbanização capitalista", in "Cahiers Internationaux de Sociologie", Vol. II, 1972, p. 136-46 e "Contribution à une analise materialiste des politiques urbaines dans les pays capitalistes developpés", trab. apres. à Internacional Conference on Social Problems of Urban and Regional Development. Messina, Abril de 1976.

2 Sobre este ponto, ver, entre outros, *H. Lefebvre*, "A reprodução das relações de produção". Pub. Escorpião, Porto, 1973, e *J. S. Gianotti*, "O ardil do trabalho". Estudos CEBRAP 4, São Paulo, 1973.

conjunto do sistema. Mas não se trata aqui de cair em qualquer mecanicismo, de tipo *economista*, que explicaria a política (ou a liberdade de ação dos agentes sociais) como simples reflexo da estrutura econômica. Trata-se, ao contrário, de compreender que as funções fundamentais que cabem ao Estado desempenhar nas sociedades capitalistas – de manter a coesão social e, ao mesmo tempo, garantir as condições gerais de prevalescência econômica e política das classes dominantes – se imbricam umas com as outras e não podem ser separadas senão para fins analíticos. Nesse sentido, falar em reprodução das relações de produção implica considerar o papel do Estado nas sociedades capitalistas em sua dupla determinação: tanto a intervenção econômica do poder estatal é uma necessidade constante e crescente da reprodução capitalista, de modo particular no quadro da experiência brasileira, como essa intervenção tem de se dar em todos os níveis que implicam a manutenção do capitalismo, como é o caso das condições urbanas de vida.

II

Vejamos como ocorreu, no Brasil, a expressão das contradições urbanas. Como se sabe, o desenvolvimento do capitalismo, no após-30, gerou um tipo particular de sociedade urbana, especialmente em São Paulo e no Rio de Janeiro, baseada na superconcentração de atividades produtivas, bem como nas que implicam em sua reprodução. Concentrou, dessa forma, em grandes aglomerados humanos (região da Grande São Paulo e região do Grande Rio), a força de trabalho necessária para o seu desenvolvimento, já que era nessas regiões que também se concentravam os demais fatores indispensáveis para a sua ampliação: um mercado altamente concentrado de capitais e um amplo mercado consumidor. Enormes massas de população foram formadas nesse contexto, sendo obrigadas a se acomodar ao fenômeno que se poderia chamar de "urbanização por expansão de periferias", fenômeno que adquiriu as feições de um verdadeiro processo ecológico de discriminação social[3].

3 "Em São Paulo, a expressão periférica acabou por adquirir uma nova semântica diferente daquela emprestada da geometria. Quando políticos e administradores falam em PERIFERIA, não se referem necessariamente às áreas exteriores e mais distantes do centro da área urbanizada. Referem-se aos setores da cidade precariamente atendidos por serviços públicos nos quais os valores imobiliários são suficientemente baixos para serem suportados pelas populações de baixa renda. (...) O empobrecimento progressivo da população, a partir de 1930, contribuiu com um fator importante (para a formação da periferia). Até essa época, o trabalhador urbano ainda podia alugar uma habitação em bairros como Belém, Moóca ou Bexiga, que eram pobres, mas não periféricos.

Por isso mesmo, a formação das principais áreas metropolitanas brasileiras foi acompanhada do surgimento de uma série de contradições sociais e políticas específicas que apareceram na forma das "distorções urbanas" conhecidas por exemplo, por cidades como São Paulo, Rio, Recife, Belo Horizonte, Salvador e Porto Alegre, entre outras. Desde os anos 40 e, mais intensamente, após a industrialização que se inicia em meados dos anos 50, o aprofundamento da divisão social do trabalho no país provocou a emergência de necessidades sociais e urbanas novas para a sobrevivência da população. Aumentou a demanda por *serviços de infra-estrutura* (água, esgotos, asfaltamento de ruas, iluminação privada e pública, etc.) e por um *sistema de transportes coletivos* mais rápido e eficiente, pois a expansão da periferia tornava bem maiores as distâncias entre o local de moradia e o local de trabalho da mão-de-obra. Por outro lado, o novo desenvolvimento criou necessidades (reais ou ilusórias) infinitamente maiores para o *sistema educacional*, em todos os níveis, pois a modernização econômica impôs expectativas novas à mão-de-obra e, ao mesmo tempo, uma ânsia de valorização (qualificação e especialização) para o conjunto da força de trabalho; de outra parte, ampliou consideravelmente a demanda por *serviços de saúde* (pronto-socorros, postos de saúde, maternidades, hospitais, etc.), pois a complexificação de vida urbana, com a intensidade e a rapidez de sua concentração, altas taxas de densidade, circulação rápida e veículos, trânsito, etc., e ao ritmo cada vez mais intenso do trabalho e da vida social, aumentou os acidentes de trabalho e de trânsito, as doenças nervosas, as epidemias e as enfermidades em geral. Criou uma demanda nova por *equipamentos sociais e culturais* (creches, maternidades, parques infantis, bibliotecas, centros de recreação, locais de prática de esportes, áreas verdes), pois não apenas as crescentes levas de migrantes recém-chegados à cidade exigiam atendimento social especial, como as condições urbanas aprofundaram a qualidade das expectativas, provocando a emergência de uma demanda inteiramente nova para o sistema. A incorporação da mulher à força de trabalho criou problemas sempre crescentes, como a necessidade de hospitalização durante a gravidez e a assistência à população infantil durante o horário de trabalho. Além disso, a atomização da vida social e a diluição da vida familiar exigiu o surgimento de novos padrões

Mas desde então, a queda do salário real, e os efeitos contraproducentes da "Lei do Inquilinato" o obrigaram a arranjar-se onde e como pudesse", *G. Bolaffi*, "Expansão Periférica", Região Metropolitana de São Paulo. Diagnóstico 1975, mimeo. Entretanto o fenômeno ecológico que discrimina socialmente as populações de baixa renda não é exclusivo de São Paulo, ou de países de desenvolvimento capitalista marcados pela "situação de dependência". Ver, por exemplo, *A TOURAINE*, "La Sociedad Post-Industrial". Capítulo 1, Ed. Ariel, Barcelona, 1969-1973.

de sociabilidade da mesma forma que lançou os agentes dessa "vida moderna" a um tal grau de complexificação de sua existência, que seria inevitável a emergência de problemas como as chamadas "enfermidades mentais", a prostituição, a criminalidade do menor, etc.

Viver nas áreas metropolitanas, além de exigir a integração a novos padrões de consumo, que garantissem uma sociabilidade adequada à vida moderna (de que a televisão talvez seja o melhor exemplo), exigia também, da população, o desenvolvimento de uma rápida capacidade de resposta ao *ritmo urbano de vida* – (longas distâncias, tráfego congestionado, mobilidade rápida no trabalho, acidentes, surtos epidêmicos, etc.). E a integração nesse ritmo rápido e violento de vida, indispensável para o funcionamento da metrópole, não podia mais se dar no âmbito das soluções individuais, tomadas por cada família dos componentes da força de trabalho. Ela dependia de soluções globais situadas ao nível das macro-decisões, só passíveis de serem tomadas ao nível do Estado.

É interessante observar, portanto, como o caráter social exigido pela solução dos problemas urbanos confirmava, dessa maneira, aspectos do consenso social, criado pela ideologia dominante, segundo a qual cabia ao Estado, como "provedor" de toda a população (isto é, como um Estado acima das classes), atender às necessidades mais prementes da população e, assim, resolver a problemática urbana, que parecia crescer sempre mais.

Aliás, a própria proporção de recursos necessária à realização dos investimentos para suprir os serviços de consumo coletivo, assim como a sua baixa ou nula rentabilidade, apelava para a intervenção do Estado, pois a iniciativa privada não tinha condições, nem interesse de assumir essa área de problemas. Essa tarefa tinha de ser desempenhada pelo Estado, pois a ele cabia garantir a funcionalidade do sistema urbano[4].

O Estado, entretanto, como é natural que seja nas sociedades capitalistas, estava comprometido em criar e expandir as *condições ge-*

4 No Brasil, foi sempre mais ou menos consensual a idéia de que cabe ao Estado suprir e administrar os serviços públicos. Aliás, é interessante observar que, embora no início do século e, mesmo, até recentemente, alguns desses serviços estivessem entregues à iniciativa privada, a tendência tem sido a da gradativa entrega do que resta dos serviços em mãos da iniciativa privada aos governos estadual e federal. De fato, no início do século, o serviço de bondes da Capital, assim como as ferrovias eram uma iniciativa particular, embora, supostamente, devesse obedecer a certas condições estabelecidas pelo Poder Público. Mais tarde, entretanto, com o desenvolvimento da indústria e das cidades, passou às mãos do Estado. Os serviços de luz privada e pública, até recentemente ainda em mãos da Light, talvez seja o último desses serviços, mas a tendência à sua estatização para atender, segundo se alega, ao "interesse público", já vinha dos anos 40 e, recentemente, se concretizou.

rais[5], para a reprodução da capital, e só podia atender às necessidades da força de trabalho de modo subordinado. Em um primeiro momento, após 1930, a ação do Estado se concentrou na regulação dos fatores de produção, como o fator trabalho, e em uma política indireta de proteção à expansão industrial. Depois, num segundo momento, quando começaram a se definir melhor os interesses, a sua intervenção deu-se sob a forma de investimentos diretos voltados para a criação de uma base de impulso à economia capitalista industrial (siderurgia, petróleo, construção naval) e uma infra-estrutura destinada a concluir a unificação do mercado e a ampliá-lo (estradas, serviços de produção etc.). Quando surgiu o populismo, como uma política destinada a estabelecer algum tipo de ligação entre as massas urbanas com os setores encastelados no Estado, esse mecanismo político de domínio de classe encontrou as classes populares habitantes da periferia das grandes metrópoles, em uma situação urbana bastante precária.

O Estado se preocupava em expandir as atividades produtivas e, por isso, se "sensibilizava" pelos interesses da acumulação; mas, ao mesmo tempo, fazia "vistas grossas" às necessidades mais imediatas da grande maioria da população, apresentando os esforços destinados a construir um capitalismo de bases nacionais como uma política dirigida a redistribuir a renda e a ampliar os empregos, através da industrialização. Só de maneira muito indireta os setores que detinham, em parte ou no todo, o aparelho do Estado se sensibilizaram em face das carências urbanas das populações dos grandes aglomerados. Houve apenas alguns momentos, curtos e transitórios, durante a era do populismo, que viram o Estado se voltar para o atendimento das contradições geradas pelo desenvolvimento urbano. Entretanto, o populismo não podia se oferecer como uma alternativa real para a solução dessas contradições, por força das suas próprias ambigüidades.

A problemática das carências urbanas atingiu, então praticamente, toda a região da Grande São Paulo, excetuados, é claro, os bairros de habitação dos grupos bem situados socialmente. Ganhou proporções, maiores ou menores, de acordo com a coligação que ocupasse conjunturalmente o poder local. Por isso, durante a primeira fase do Janismo, entre 1953 e 1958, a prefeitura municipal e o governo do Estado de São Paulo, tentaram atender, em parte, a algumas das reivin-

5 Marx fala, claramente, nessas condições, referindo-se à infra-estrutura que cabe ao Estado criar, ou expandir, quando já existente, para manter o sistema capitalista em permanente desenvolvimento. Cf. "O Capital". Livro Primeiro, Volume II. p. 673/667/665 (os grifos são meus. J. A. M.). Recentemente, Lojkine. "Contribuição...", op. cit., desenvolveu de forma bastante interessante esta noção das *condições gerais* de expansão e reprodução do sistema capitalista e mostrou a renovação e a reprodução do contexto urbano como um de seus requisitos indispensáveis.

dicações populares. Mais tarde, com Faria Lima, entre 1963 e 1967, essa tendência seria retomada, com a chamada política de "atender ao atraso" e, então, novas tentativas seriam feitas.

Entretanto, cabe assinalar que esses momentos só ocorreram quando o populismo buscou "ligações por baixo", como foi o caso do Janismo em São Paulo. Nesses momentos, que foram curtos, e representaram apenas as fases iniciais da constituição desse populismo, os aparatos locais do Estado (como a Prefeitura de São Paulo) tiveram de dar alguma atenção às necessidades imediatas das populações da periferia e de atendê-las, em parte; e, por isso mesmo, lograram obter um certo grau de apoio das massas. Esse apoio se constituiu, principalmente, da base eleitoral obtida pelo Janismo, na medida em que este tomou a forma de um movimento social que buscou expressar as aspirações dessa massa. Não obstante, nem o Janismo, nem os demais movimentos populistas, conseguiram oferecer um caminho para a solução da chamada problemática urbana. São Paulo continuou a crescer (crescimento, aliás, reforçado pela ideologia do "São Paulo não pode parar" e do "São Paulo é a cidade que mais cresce no mundo"); a sua população dobrou a cada 12 anos e as carências urbanas aumentaram consideravelmente.

Como explicar então, que, ainda que de forma transitória, e apenas por momentos, alguns aparatos locais do Estado tenham dado alguma atenção às necessidades imediatas da população da periferia? A resposta pode ser encontrada no significado adquirido pelo *voto das massas urbanas* no contexto da política populista. Destituídas de qualquer organização política nacional capaz de expressar a sua vontade diante da sociedade, mas chamadas a "legitimar" os regimes populistas, essas massas urbanas lograram algum grau de pressão sobre as elites políticas que aspiravam a representá-las sempre que os movimentos populistas emergiram como um movimento social que expressava algumas de suas reivindicações.

É interessante, portanto, observar como, localmente, o populismo teve necessidade de se ligar ao movimento de reivindicações populares para poder desempenhar as suas funções de elo entre o Estado e as massas. Por isso, ele teve de aceitar legitimar a problemática que estava presente entre as populações da periferia. Sendo uma tentativa de resposta à crise do Estado – que vinha dos anos 30 – o populismo realizou alguns aspectos desse fenômeno peculiar de "democratização por via autoritária" de que nos falaram Weffort e Touraine. Mas para ter eficácia entre as massas populares, o populismo teve de jogar com possibilidades efetivas de incorporar algumas aspirações dessas massas. Por isso, teve de se voltar, entre outras coisas, para as reivindicações urbanas. Nesse sentido, pode-se dizer que o populismo representou, em relação aos movimentos sociais urbanos, a função ambígua de reforçar, por um lado, a legitimidade das reivindicações urbanas; e, por outro, trabalhar a noção de um Estado que deveria atender a todos. Como não era isso que acontecia na prática, o reforço recebido pelos movimentos sociais urbanos representava, de fato, um reforço ao antagonismo entre as massas e o Estado.

O Estado aparecia como o responsável pela produção e distribuição dos serviços de consumo coletivo; mais ainda, aparecia como uma agência que deveria atender a todos; pois, ao assumir as funções de "provedor" geral de serviços de consumo coletivo, o Estado não fazia mais do que capitalizar a renda pública, isto é, os recursos da coletividade que eram coletados por meios diversos, como taxações, impostos, etc. Entretanto, como a sua política de investimentos freqüentemente contrariou as necessidades mais imediatas da maioria da população, o resultado é que o Estado recolheu, na sua condição de gestor público, o impacto das reivindicações populares.

Essas, apareciam no bojo dos movimentos levados a efeito pelos *moradores* desprivilegiados da cidade, isto é, pelos seus usuários subalternos. Embora sejam os protagonistas de uma inserção subalterna também ao nível das relações de produção, é ao nível da superposição imediata dos seus interesses, como consumidores da cidade, que esses *moradores* apareciam na cena urbana. Entretanto, longe de diluir o conteúdo social inerente às contradições urbanas, a sua heterogeneidade social permitia a emergência de uma unidade face ao antagonista que tratavam de golpear com as suas reivindicações: o Estado.

Por outra parte, os problemas urbanos que geraram as reivindicações não comportavam mais soluções individuais (como a da autoconstrução). Dado o caráter público da gestão coletiva desses serviços urbanos, a sua reivindicação também tinha que ser coletiva. Mas, ao contrário dos empresários, as classes populares não têm, habitualmente, em suas mãos, nenhum instrumento que permita viabilizar individualmente as suas reivindicações. Os empresários e outros grupos dominantes quase sempre podem contar com uma organizada rede de comunicações e informações que, a qualquer momento, pode ser mobilizada. Eles dispõem de meios financeiros, secretarias, escritórios e, além disso, acesso relativamente fácil aos detentores os aparatos estatais. Os trabalhadores ou os empregados de escritórios e lojas comerciais, entretanto, não têm nenhum desses instrumentos à sua disposição. Se quiserem atingir um objetivo comum, o seu único caminho é a manifestação coletiva, a qual pressupõe a organização. Por isso, em face da problemática urbana, a tendência que prevaleceu foi a de amplos setores dessas classes passarem a se organizar formalmente em associações para coordenar os esforços reivindicatórios destinados a alcançar as suas necessidades.

O Estado, em sua função ideológica de "provedor" do conjunto da sociedade, foi identificado como alvo a ser atingido pela pressão coletiva. Entretanto, como se mencionou anteriormente, o Estado não estava em condições de dotar as classes populares de São Paulo com os serviços e equipamentos urbanos que a complexidade de sua reprodução exigia. Ao contrário, o desenvolvimento do capitalismo, com o conseqüente aprofundamento das atividades produtivas e da divisão social do trabalho, impunha novas exigências de acumulação de capital, e dava lugar a uma utilização capitalista (quer dizer, privada), cada vez mais intensa da cidade.

Portanto, era inevitável que as contradições geradas pelo desenvolvimento urbano lançassem as classes populares em uma relação antagônica com o Estado. Este, tinha que desempenhar, simultaneamente, funções contraditórias entre si, tais como: assegurar as condições de vida para o conjunto da população e, ao mesmo tempo, assegurar o uso desenfreado do solo, baseado na propriedade privada; manter as condições para o funcionamento da cidade, como *locus* de atividades produtivas e de reprodução da população sem contar, entretanto, com os recursos necessários e os meios suficientes para criar e manter os serviços e equipamentos coletivos de que necessitava essa população; manter o caráter impositivo da concentração espacial das atividades produtivas, decidido descentralizadamente e, de outra forma, assegurar o controle e a coesão da população que, de outro lado, começava a negar aquela lógica pelas suas reivindicações, e assim por diante. Essas contradições, punham em evidência a fragilidade da ideologia da "cidade dos cidadãos", da igualdade de todos os consumidores, do "interesse da maioria sobre o da minoria", e etc. Por isso, iniciou-se um processo de esfacelamento da ideologia do Estado, ao nível urbano. Quanto mais este se apresentava como "de todos", mais se aprofundava a contradição entre a sua capacidade de atendimento e a imagem que ele projetava que, em realidade, era um requisito da sua política de legitimação popular. Esse esfacelamento expressava, nas condições da política municipal de São Paulo, a face local da crise mais ampla do regime democrático, forma específica assumida pela crise de hegemonia no período do após-guerra no Brasil. Um Estado que não "provia", apesar de afirmar fazê-lo e que, ainda por cima, buscava a legitimidade popular para os seus projetos, através de um processo de participação que criava sempre mais novas demandas, não satisfeitas, teria de acabar, inevitavelmente, por ingressar em uma crise de legitimidade.

A relação Estado-classes populares acabou se tornando uma relação antagônica; e isso colocou, por vezes, as classes populares em um confronto direto com os aparatos locais do Estado, como a Prefeitura Municipal de São Paulo. A capacidade de barganha das Administrações Regionais, por exemplo, que desempenharam (e ainda desempenham) uma função de intermediação entre as reivindicações populares e o poder local, serviu, muitas vezes, para atenuar esse antagonismo; mas, elas são, em si mesmas, uma resposta do Estado ao antagonismo desenvolvido contra ele pelas classes populares. O que importa assinalar é que este confronto dos movimentos urbanos com o poder local politizou os conflitos, permitindo que emergisse, entre os protagonistas daqueles movimentos, uma perspectiva que ultrapassava a sua dimensão estritamente econômico-corporativa e atingia a dimensão da política. A importância desse aspecto está em que, embora sem questionar a ordem vingente, a emergência desses movimentos discutia a *representatividade* do Poder Público, que se afirma capaz, mas não consegue responder às demandas populares. É a sua *legitimidade*, como instância política, que está em jogo, pois a sua função de abarcar o conjunto da sociedade sob o poder do Estado, inclusive as classes populares, está, claramente, em crise. E os movimentos urbanos são uma testemunha disso.

O protesto que emerge, então, nesse contexto, tem um claro objetivo de identificar no Estado o alvo do conflito; isto é, a agência considerada responsável pela situação reconhecida como "injusta" e, cuja expressão, por isso mesmo, tem que mudar. Entretanto, a eficácia política desses movimentos não está, simplesmente, no seu antagonismo ao Estado; esse antagonismo é importante porque, identificando um alvo contra o qual se luta, cria as condições para a unidade dos seus protagonistas; além do mais, ao definir o seu campo de ação no plano do Estado, os movimentos urbanos politizam a sua expressão, pois ingressam, inexoravelmente, no terreno onde incidem e se confrontam os diversos blocos de interesses que se constituem em torno da questão urbana. Mas o importante mesmo é que essa emergência dos movimentos urbanos aceleram o desenvolvimento de uma força social que tem uma dinâmica própria; no caso de São Paulo, essa força se constituiu, entre os anos 40 e anos 60, à volta do movimento de Sociedades de Amigos de Bairro [5a]. Esse movimento, cujo desenvolvimento incluiu a escolha de um modelo organizatório próprio e a construção de toda uma perspectiva que legitima a sua pressão, acabou jogando um papel importante na vida política da cidade, e é essa importância, que fez, por exemplo, que o Janismo e outras formas locais de populis-

5ª Analisei, em outro lugar, a origem, o desenvolvimento e a discussão política desse movimento que, em certo sentido, é precursor do fenômeno contemporâneo das Comunidades Eclesiais de Base. Ver, a propósito, J.A. MOISÉS, "Experiências de mobilização popular: o caso de São Paulo", Revista Contraponto, nº 3, Centro Noel Nütels, Rio, 1979.

mo procurassem se aproximar dele. De fato, a partir de meados dos anos 50 até início dos 60, as forças presentes na política municipal tiveram de levar em conta, em algum sentido, a presença dessa nova força constituída pelos movimentos urbanos.

III

Cabe indicar, agora, algumas conclusões que as considerações anteriores permitem sugerir para a análise dos movimentos sociais urbanos na América Latina. Como se sabe, freqüentemente uma sensibilidade científica formada no contexto de uma velha prática comparativa entre os países latino-americanos e o chamado modelo "clássico" de desenvolvimento capitalista, acabou servindo como fonte inspiradora de distorções para a explicação dos fenômenos que se desejava compreender. Por isso mesmo, foi freqüente, também, a tendência verificada de desqualificar os movimentos sociais originários de grupos sociais vistos como passivos, amorfos ou mesmo, "marginais", posto que formados à base de migrações internas.

Hoje, a tendência que começa a se formar está comprometida com a necessidade de compreender a realidade social latino-americana, de modo especial a que envolve as classes populares, com uma dinâmica própria. Essa noção remete aos velhos conceitos de mudança e de conflito[6]. De fato, é impossível pensar a realidade dos últimos 30 anos, na região da Grande São Paulo, sem levar em conta o profundo processo de mudanças que implicou o desenvolvimento do capitalismo nessa região sócio-econômica do Brasil. É nesse sentido, por exemplo, que cabe entender as migrações internas: como um movimento destinado a capturar para o pólo mais dinâmico da economia do país, a parte excedente da oferta da mão-de-obra existente na sociedade. Por isso mesmo, é impossível, também, entender a fixação dos migrantes de outros Estados em São Paulo fora do quadro de conflitos, manifestos ou latentes, gerados pelas novas necessidades sociais criadas pelo crescimento dos grandes centros metropolitanos. A própria fixação desses migrantes, em São Paulo, implicou a explicitação de interesses próprios desses contingentes populacionais, os quais, freqüentemente, não encontraram resposta às suas carências por parte das políticas implementadas pelo Poder Público. Falar de interesses sociais é falar de conflito, porque a sua expressão, em uma sociedade tão marcada pelas desigualdades sociais, só pode se dar pela organiza-

6 Ver, entre outros. *R. Dahrendorf*, "Las Clases Sociales y su Conflicto en la Sociedad Industrial". Ed. Rialp. Madrid 1970, também *A. Touraine*, "Sociologie de l'action". Ed. du Seuil, Paris, 1965.

ção e luta coletivas, que tem de ir abrindo "um lugar ao sol" em meio a imensas limitações existentes a qualquer manifestação popular; e, por isso mesmo, esses interesses explicitados pelo processo de fixação dos migrantes em São Paulo acabou gerando novas demandas sociais e urbanas, que foram expressas pelo surgimento das Sociedades de Amigos de Bairros e outras associações populares. Aliás, o próprio Poder Público reconheceu, recentemente, a importância dessa emergência[7].

Não obstante, esse reconhecimento oficial não implica admitir, necessariamente, o caráter novo que está presente na problemática política que motivou o surgimento e o desenvolvimento de associações como as SABs, em São Paulo. É perfeitamente possível, por exemplo, reconhecer a importância reivindicatória das SABs e dos movimentos urbanos e, ao mesmo tempo, adotar uma perspectiva que as vê como simples expressão de uma espécie de novo "clientelismo" e não, como deseja-se sugerir aqui, como expressão de forças sociais marcadas pelas peculiaridades históricas próprias do desenvolvimento do capitalismo no Brasil e pela sua busca de articulação. Em realidade, a compreensão do caráter peculiar do desenvolvimento do capitalismo nos países latino-americanos é um ponto de partida fundamental (embora não suficiente) para a explicação dos movimentos sociais que emergiram nesses países a partir das transformações econômicas, sociais e políticas verificadas a partir de 1930.

Como vasta literatura mais recente tem observado, trata-se de movimentos sociais débeis, quando comparados com os exemplos "clássicos", dos países europeus ou dos Estados Unidos. Movimentos sociais marcados por duas características fundamentais que são, em grande parte, produto específico da chamada "situação de dependência", própria da América Latina:

1. Por um lado, são movimentos sociais que emergem no contexto sócio-econômico de mercados de trabalho extremamente fragmentados, nos quais somente encontra-se lugar para a ocorrência de classes subalternas marcadas pela heterogeneidade. Quer dizer, ao contrário da situação "clássica" do desenvolvimento capitalista, não se está, por exemplo, diante de uma classe operária homogênea a partir da si-

7 De fato, os técnicos da Emplasa por exemplo, assinalaram, no texto "Participação Comunitária", a "importância (das SABs no quadro sócio-político de São Paulo, a partir do pós-guerra e, mais particularmente, no início dos anos 50.

(...) Este fato pode ser interpretado como decorrente de um desenvolvimento urbano mais rápido e não planejado, incapaz de responder à demanda de equipamentos e serviços provenientes de uma população migrante que se instala principalmente nos bairros nascentes da periferia". Cf. "Participação Comunitária". EMPLASA, 1977, p. 13 e 14.

tuação no mercado de trabalho, e cuja unidade nasce da sua coesão social. Ao contrário, o capitalismo "dependente", que demandou investimento intensivo de capital e, ao mesmo tempo, técnica poupadora de mão-de-obra, foi responsável pela formação de classes populares heterogêneas, no interior das quais somam-se os operários industriais, os assalariados do setor de serviços e, mesmo, os setores dos assalariados do aparato burocrático e os profissionais liberais.

2. Por outro lado, está-se diante de movimentos sociais cuja unidade é, paradoxalmente, encontrada no plano fundamental da política. De novo, não se trata, como no caso "clássico" europeu, de movimentos operários cuja unidade é constituída a partir da solidariedade gerada no plano das empresas. Ao contrário, no caso latino-americano, está-se diante de movimentos populares, cuja unidade se constitui a partir de algo como uma *identidade popular,* que foi alcançada diretamente pelo exercício prático de certos direitos públicos, conquistados no contexto da política populista, que caracterizou países como Argentina, Brasil, Colômbia e Peru, por exemplo. Como é bastante conhecido da literatura especializada, os movimentos populares formados à volta de experiências conhecidas, como Peronismo, Varguismo, Janismo, Gaetanismo, Aprismo e Cardenismo foram marcados fundamentalmente pela formação de uma identidade popular mais do que uma identidade operária; uma identidade popular que dava unidade de objetivos políticos a setores distintos como os operários industriais, os assalariados de bancos e comércio, a baixa burocracia estatal e, muitas vezes, profissionais liberais. Esta unidade foi alcançada por certos objetivos definidos em face de um Estado em crise, e implicavam, de forma especial, em certos direitos de *cidadania* que eram essenciais à sobrevivência desses setores nos grandes centros urbanos; e, por outra parte, na sua integração aos restritos sistemas políticos existentes na região. Entre esses direitos, aliás, estava, por exemplo, o simples reconhecimento de sua situação de exclusão social e a possibilidade de lutar por melhores condições de sobrevivência. Não importa se, freqüentemente, como ocorreu no Brasil, a luta por essa espécie de "redistributivismo" foi mais simbólica que real e, mesmo, um elemento da estratégia dos grupos dominantes, para manipular as classes subalternas. O que importa assinalar, para os fins da análise sugerida aqui, é que essa luta foi importante para dar unidade política a setores sociais que eram marcados, no plano de sua inserção no mercado de trabalho, por uma profunda heterogeneidade; e que, quando ela começava, deslanchava um processo que este sim, era importante para afirmar a participação desses setores na sociedade.

Isto significa que para se entender os movimentos sociais próprios à situação latino-americana é necessário fazer uso da noção de um *coletivo socialmente heterogêneo,* cuja unidade é alcançada não no plano orgânico de seu papel ao nível do sistema de produção, mas, diretamente, no plano da política [8]. Esse *coletivo socialmente heterogêneo*, é o que se designou aqui, acompanhando diversos autores, como *classes populares*, e cuja constituição só ocorre através de uma ampla aliança social e política (cuja análise não está feita neste texto).

São essas classes populares que aparecem como protagonistas dos movimentos de reivindicação e de protesto urbano que emergem na década dos 50 e dura até início dos anos 60 em São Paulo. Esses movimentos mobilizaram setores da população que eram membros das classes populares – e, vale observar, formados, também, pelos migrantes internos – em torno das reivindicações essenciais à sua sobrevivência nos grandes centros urbanos. Mas é importante notar que essa mobilização ocorreu na medida em que essas classes se dirigiam a um setor bem determinado do aparato estatal, visto genericamente como o "Poder Público" e do qual reivindicavam a solução de seus problemas, como direitos, e não como concessões ou dádivas. Quer dizer, a mobilização se viabilizou através de um processo que identificou, para as classes populares, o seu antagonista: o Estado, diante do qual, tinham algo a exigir. Este é um aspecto essencial para a análise dos movimentos reivindicatórios ligados à população residente nos bairros periféricos, pois permite superar uma visão estática, segundo a qual as associações populares, como as SABs, são simples "correias de transmissão" da vontade do Poder em relação às classes subalternas.

Por outra parte, é importante ter em conta que a história das associações populares, como é o caso das SABs, na região da Grande São Paulo, delimita momentos históricos bem precisos em que aumentam a participação popular na sociedade. Esses momentos coincidem, genericamente, com conjunturas políticas de abertura. É o caso de vários momentos do após-guerra, entre 1945 e 1964, e, de novo, dos anos entre 1967-1968, por exemplo[9]. Esse é outro aspecto que é bastante importante ter em conta na análise dos movimentos sociais na América Latina, porque ele indica que a estratégia de pesquisa correta para analisar esses movimentos deve combinar a reconstrução histórica de longos períodos e, ao mesmo tempo, a análise de certas conjunturas específicas, quando esses movimentos são capazes de explicitar, de maneira mais clara, os pressupostos e os objetivos sociais que estão la-

8 *Juan Carlos Torre* recolocou a discussão desses aspectos na análise dos movimentos sociais latino-americanos. Cf. Notas de Seminários no CEDEC, maio-julho de 1977.

9 Para verificar essa hipótese para 1967-68 seria interessante aprofundar o estudo do Congresso de SABs de 1968 e as dificuldades subseqüentes para levar à prática as suas conclusões, conforme os "Anais do Congresso da Sociedade de Amigos de Bairro", São Paulo, 1968. 1967 e 1968 são, entretanto, anos que marcam um momento de ascenso do movimento de bairros e de sua intervenção explícita na situação política nacional.

tentes em sua própria ocorrência. Aliás, a literatura mais recente tem chamado a atenção para fato de que os movimentos sociais, nos países latino-americanos, sendo tributários da chamada "situação de dependência", estão marcados pelo fenômeno de uma dinâmica que só se explicitaria, claramente, em certas "situações de crise", quando as classes dominantes não se demonstram capazes de dirigir a sociedade como um todo, e o Estado – como *locus* essencial de distribuição de poder – não se encontra suficientemente coesionado para responder às pressões que vêm de baixo[10].

Nestas circunstâncias designadas por Gramsci como "crise de hegemonia", os movimentos sociais oriundos das classes populares encontram espaço político e institucional para se expressar. A crise "por cima" amplia o espaço de liberdade "por baixo" e, dependendo do que se consolide nesses momentos em termos de independência a autonomia organizatória, se definirá a capacidade das classes populares de continuarem intervindo na sociedade com marca própria.

Por isso mesmo, é importante verificar, nessas situações de crise, muitas vezes marcadas pelas conjunturas de abertura, a capacidade própria que tenham desenvolvido os setores populares para ir enfrentando os seus próprios desafios organizatórios; quer dizer, para ir resolvendo a partir da sua dinâmica interna, os problemas que se colocam à sua livre expressão na política. Neste sentido, a experiência dos movimentos de reivindicação e protesto urbano de São Paulo apresenta um padrão de acúmulo de experiências que parece servir à inserção dos setores populares na vida política da cidade. É uma experiência certamente limitada de participação, mas suficientemente consistente para permitir níveis de articulação desses setores que não podem ser desprezados pelos que se interessam pela sua sorte política.

A conclusão que se impõe é que os movimentos sociais latino-americanos são, certamente, débeis, muitas vezes; mas pertinentes o suficiente para demonstrar a potencialidade das forças sociais que estão em jogo. Dir-se-ia que projetam para a sociedade as *possibilidades de articulação política* que tem as classes populares dessas sociedades pouco integradas socialmente. Por isso, esses movimentos são mais uma indicação do que será o futuro dessas classes – e, portanto, da sociedade – do que uma explicação precisa do presente. Portanto, do ponto de vista de uma teoria e de uma prática comprometidas com a construção da autonomia desses grupos subalternos, nas sociedades

10 Os estudos de *F. J. Delich*, "Crisis y Protesta Social – Cordoba 1969-1973", Siglo XXI. Buenos Aires. 1970 e *F. C. Weffort*, "Conflito Industrial em Osasco e Contagem". Cadernos Cebrap 7, São Paulo, 1972, são dois exemplos que ilustram bastante bem as situações de crise "por cima", e que permitem uma vigorosa emergência "por baixo", quando os grupos subalternos estão organizados, mesmo que parcialmente, para isso.

capitalistas da América Latina, a questão se coloca em termos de saber de que modo será possível aos próprios setores populares, incorporarem na sua ação essa evidência que é projetada pela sua própria experiência.

Trata-se de saber se, no quadro de crise vivido pelas sociedades latino-americanas, será possível às classes populares alcançar uma tomada de posição que se apoie, em algum grau, nessa larga tradição criada por associações populares como essas de São Paulo, cujas origens incluíram formas novas de manifestação da "vontade das maiorias" da cidade, e cujo desenvolvimento político apresentou, explicitamente, a determinação de construir *formas democráticas de participação de base*.

A importância da pesquisa social, neste caso, é que ela pode investigar os processos pelos quais as classes populares reivindicam aspectos tão essenciais como esse. É certo que o conhecimento não substitui a prática transformadora, capaz de recolocar em sua dimensão os movimentos sociais, cuja tradição evoca *a vontade de transformar* dos subalternos.

Mas o conhecimento é, entretanto, o passo prévio que pode, se for efetivamente profícuo, preparar as tomadas de posição que conduzem à prática transformadora. E, por isso, é algo que não pode ser eficaz se estiver descomprometido de fenômenos com este, de larga tradição popular, que busca encontrar os caminhos da articulação dos subalternos em sociedades como as nossas; por isso, se for incapaz de refinar os seus instrumentos de análise, para apanhar uma realidade que também é nova e distinta, fracassará nas funções que se autoatribuem.

O PREÇO DO PROGRESSO: CRESCIMENTO ECONÔMICO, PAUPERIZAÇÃO e ESPOLIAÇÃO URBANA

Lucio Kowarick
(Universidade de São Paulo)

1. Introdução: Crescimento e Pobreza

É notoriamente conhecido que o Brasil dos últimos anos conjugou acelerado crescimento econômico com acirramento das desigualdades sociais. De um lado, nos últimos 18 anos, o Produto Interno Bruto tem aumentado a um ponderável ritmo de 8,5% ao ano, o que constitui uma *performance* digna de comparação com qualquer país de desenvolvimento acelerado. Semelhante desempenho efetivou-se, particularmente, pelo aumento da participação do setor secundário que, da quarta parte da renda gerada no País no início da década passada, passou para 37% no final do último decênio, sextuplicando o número de empregos na construção civil e ampliando em 3,5 vezes a força de trabalho engajada no setor fabril [1]. É também importante ressaltar que semelhante expansão gerou um patamar industrial diversificado e complexo, cada vez mais centrado nos ramos de bens de consumo durável (automobilístico e eletrodoméstico), de bens intermediários (siderurgia, papel, petroquímica e borracha) e de capital (máquinas e equipamentos), o que denota um ponderável amadurecimento econômico na medida em que o processo produtivo deixou de se apoiar nos setores "tradicionais", como têxtil, alimentação ou mobiliário. Desta forma – sem entrar na discussão do "caráter do desenvolvimento dependente" do qual o Brasil é um caso exemplar – é possível afirmar

1 Conforme: SERRA, José – Mudanças e Primazias, in Folha de São Paulo, 15/07/1979, p. 3.

que houve um intenso progresso econômico se, por isso, se entende a dinamização do processo de acumulação, isto é, formação de capital adicional.

Por outro lado, são também bastante conhecidas as conseqüências do "modelo" econômico posto em marcha, que não tem diminuído as enormes disparidades sociais, mas, ao contrário, em muitos aspectos, as tem aumentado. Neste aspecto, basta apontar a questão da distribuição da renda que se concentrou drasticamente em torno dos mais ricos, gerando um grau de desigualdade que na América Latina só se compara com países de economia incipiente [2].

Tendo em conta o binômio "crescimento e pobreza", o presente ensaio visa aprofundar algumas questões referentes à "exclusão social", analisando, de modo particular, a Região Metropolitana da Grande São Paulo. O tratamento do tema não enfocará diretamente as características do processo de acumulação e as condições de exploração do trabalho imperantes na Região, mas centrará as interpretações sobre as conseqüências deste processo no nível de vida das classes trabalhadoras no que diz respeito, particularmente, ao acesso à habitação e aos transportes coletivos. Neste aspecto, duas observações preliminares são necessárias. A primeira é que não se pode analisar os assim chamados "problemas urbanos" de uma cidade ou da população que nela vive de forma dissociada do processo de acumulação. É este que, em última análise, determina a configuração de um aglomerado, refletindo a trama da dinâmica de classes que espelha no tecido urbano, a segregação dos processos sócios-econômicos. Em segundo lugar, cumpre apontar a importância do Estado na participação diferenciada dos benefícios gerados pela sociedade, tanto no que diz respeito às relações de trabalho propriamente ditas, nas quais os níveis salariais constituem a expressão mais flagrante, como no que toca aos serviços públicos que, nos grandes centros urbanos, se tornam elementos indispensáveis para a reprodução da força de trabalho. Contudo, face a amplitude e complexidade do tema o enfoque ficará restrito ao que pode ser chamado de "espoliação urbana".

2 É sempre conveniente repisar em algumas cifras: Em 1960, os 20% mais ricos auferiam 54% da renda, em 1970, 62% e, em 1976, 67%; os 50% mais pobres, nos mesmos anos, angariaram 18, 15 e 12%. As comparações aqui realizadas baseiam -se em: SERRA, José – Mudanças e Primazias, *opus cit*... "Numa listagem de índices de desigualdade para 71 países com dados comparáveis aos do Brasil, sistematizados pelo Banco Mundial, ... a situação (do Brasil) era pior do que em 62 deles". *Idem*. Para reafirmar este aspecto: entre 20 países do hemisfério ocidental, o Brasil aparece em penúltimo lugar quanto a um índice de "qualidade física da vida" (esperança de vida ao nascer, mortalidade infantil e alfabetização) elaborado pelo Overseas Development Center para 1975. Conforme: SUPLICY, Eduardo M. – O PNB e a qualidade de vida, in Folha de São Paulo, 15/05/1978, p. 53.

Antes de tratar deste tema, convém mencionar que a Grande São Paulo é uma Região estratégica tanto do ponto de vista sócio-econômico como político, pois, ao mesmo tempo é o centro dinâmico do País e reúne grande parcela da população operária, espelhando de maneira flagrante uma somatória de contradições e tensões resultantes de um crescimento extremamente rápido e desigual. É a maior área metropolitana do País, com cerca de 12 milhões de habitantes: em apenas 1% do território nacional estão congregados 31% do total das inversões de capital, 41% da renda industrial e 36% dos empregos fabris. O incremento demográfico apresenta ainda taxas geométricas acima de 4% ao ano, contribuindo a migração com mais de dois terços para o aumento populacional verificado na década de 1970.

Não obstante o volume de riquezas gerado na Região é possível detectar uma ponderável parcela da população que apresenta, do ponto de vista de seus rendimentos, uma situação bastante precária. Assim, aponte-se que 43% da mão-de-obra assalariada ganham até dois salários mínimos por mês e 79% não atingem uma quantia superior a 5 vezes este padrão mínimo de rendimento [3].

Atualmente, são poucos os que ganham o salário mínimo. Entretanto, este é um padrão que influencia as escalas de remuneração imediatamente superiores, servindo como patamar que serve de freio para os níveis salariais de grande parte da força de trabalho. Esta questão adquire um significado mais amplo quando se tem em conta que, no Município de São Paulo, a deteriorização real do salário mínimo foi de mais de 55% entre 1959 e 1979, e que ela se reflete no padrão de compra da mão-de-obra, cujos ganhos estão próximos ao nível mínimo [4]. Para ilustrar semelhante perda do poder aquisitivo basta mencionar que o trabalhador de salário mínimo, no início do período considerado, dispendia 65 horas para adquirir uma ração alimentar básica, cuja aquisição, 20 anos após, implicava num tempo de 153 horas mensais, ou seja, o trabalhador de dois salários mínimos em 1979 necessitava trabalhar 11 horas a mais para comprar a mesma cesta alimentar que com um salário mínimo era comprado no final da década de 50 [5].

Tudo parece apontar que o "modelo" de acumulação adotado levou a pauperização de boa parte daqueles que levam adiante o proces-

3 Fonte: Pesquisa Nacional de Amostras Domiciliares (PNAD), IBGE, Regiões Metropolitanas volume 1, tomo 9, Rio, p. 105, 1976.
Por outro lado, 47% das famílias auferiam em 1976, até 5 salários mínimos por mês. *Idem* p. 123.

4 Fonte: DIEESE, Salário Mínimo. Separata de abril de 1979, São Paulo.

5 Idem.

so produtivo [6]. Tudo indica também que semelhante processo de exclusão dos benefícios não teve sua tendência invertida em períodos mais recentes. Ao contrário, as inúmeras reivindicações das classes trabalhadoras que se agudizaram a partir de 1979, não têm se traduzido na obtenção de um padrão de remuneração substancialmente mais elevado, ou, pelo menos, não conseguiram recuperar a drástica deterioração imperante no período do assim chamado "milagre brasileiro", o qual, como se sabe, foi marcado por intenso controle e repressão sobre as iniciativas sociais e políticas das organizações da sociedade civil.

Finalizando este tópico introdutório, cabe enfatizar que a situação de pobreza antes analisada, não pode ser confundida com o que é normalmente designado por certa literatura sociológica de "populações marginais", ou seja, uma categoria díspare de trabalhadores intermitentes ou ocasionais, no mais das vezes marcados por uma situação de sub-emprego e que não participam de modo permanente das estruturas econômicas. Tal caracterização, pelo menos no caso da Grande São Paulo, é falaciosa, pois não só os trabalhadores autônomos são pouco numerosos – 12% do total da força de trabalho ocupada – como também apresentam um nível de remuneração superior ao da mão-de-obra assalariada [7]. É certo que os trabalhadores da indústria estão sujeitos a um alto grau de rotatividade, bem como tendem a ser alijados do processo econômico na medida em que se tornam mais velhos.[8] Entretanto, tais fenômenos não devem ser analisados à luz de uma dualidade do mercado de trabalho que separa os setores econômicos ou ocupações em "marginais" e "centrais", posto que também estão presentes nas empresas e ramos dinâmicos da economia. Estes processos, bem como o rebaixamento dos níveis salariais afetam boa parte dos trabalhadores e decorrem das modalidades de exploração do trabalho que estão no cerne do "modelo" de criação de riquezas impe-

6 No caso de São Paulo, entre 1968-1973 a queda real do salário mediano dos trabalhadores urbanos foi de 11%. Ademais, é digno de nota que entre 1970 e 1976, os 10% mais ricos do Estado tiveram um acréscimo na sua renda, que passa de 38% do total para 43%, enquanto os 60% mais pobres viram sua fatia reduzida de 37% para 33%. Conforme: NÉSPOLI, Regina Stela – Abastecimento e Custo de Vida, EMPLASA, São Paulo, 1978, p. 28.

7 Apenas 25% dos trabalhadores autônomos ganham até 2 salários mínimos e 59% até 5. Conforme: PNAD, *opus cit*, p. 105.

8 No Município de São Paulo, a quarta parte de mão-de-obra não permanece no mesmo emprego por período superior a um ano. Conforme: GODINHO, Marta Terezinha – As implicações do aluguel no problema habitacional, IBAM, São Paulo, 1975. Pesquisa recente realizada pelo DIEESE referente à situação dos trabalhadores em 1979 e ainda não publicada, aponta que a rotatividade do trabalhador da grande São Paulo está em torno de 40% ao ano. Conforme: BARELLI, Walter, in: ISTO É, 30/4/1980.

rante na sociedade brasileira, tendendo a levar ao desgaste a mão-de-obra que aciona as engrenagens essenciais ao processo produtivo. Em outros termos, não foram os assim chamados "grupos marginais" com pouco nulo significado para o processo econômico que deixaram de ser incorporados nos benefícios gerados pela sociedade, mas, ao contrário, o preço de um progresso extremamente rápido e desigual desaguou sobre grande parcela das camadas assalariadas que passaram a vender no mercado a sua força de trabalho a preços aviltados.

2. A Espoliação Urbana

Para caracterizar os padrões de vida dos habitantes de uma metrópole, torna-se necessário levar em consideração, pelo menos, dois processos[9]. O primeiro, refere-se às condições de exploração do trabalho a que está submetida a mão-de-obra engajada na produção e que redunda num determinado *grau de pauperização relativa ou absoluta.* No tópico anterior procurou-se mostrar que houve, nas duas últimas décadas, períodos de perda real dos salários de, pelo menos, a metade dos trabalhadores urbanos, inclusive na Grande São Paulo que é a Região mais dinâmica e rica do País. Contudo, os graus de pobreza não podem ser medidos apenas através do padrão de rendimento e do consumo individual. Além deste aspecto, existe um conjunto de serviços que é consumido coletivamente e que, pelo menos nas grandes cidades, torna-se crescentemente importante para a reprodução da força de trabalho: transportes, saúde e saneamento, habitação – que não pode ser vista isoladamente de alguns serviços como rede de água e de esgoto, pavimentação, eletrificação – isto para não falar em outros componentes como educação, atividades culturais ou lazer, todos eles, elementos mais ou menos vitais para o padrão de vida da força de trabalho que, como se sabe, varia historicamente em função, basicamente, do desenvolvimento das forças produtivas e da capacidade de organização e luta das diversas classes e camadas que se confrontam na arena social.

Tendo em conta tais colocações, parece ser possível detectar outro processo para caracterizar os padrões de vida, que pode ser nomeado de *espoliação urbana:* é a somatória de extorsões que se opera através da inexistência ou precariedade de serviços de consumo coletivos que se apresentam como socialmente necessários em relação aos níveis de subsistência das classes trabalhadoras e que agudizam ainda mais a dilapidação que se realiza no âmbito das relações de trabalho.[10]

9 Retomo aqui a problemática que desenvolvi em: A Espoliação Urbana, Paz e Terra, Rio, 1980.
10 Idem.

Antes de analisar especificamente o tema da dilapidação da força de trabalho sob o ângulo do processo de espoliação urbana, convém repetir, rapidamente, algumas questões estruturais de caráter global que dão o quadro de referência interpretativo para a análise aqui desenvolvida. Trata-se da questão referente à presença de um vasto exército de reserva no processo de expansão da economia brasileira. De modo oposto a certas interpretações desenvolvidas pela teoria sociológica latino-americana, penso que as conclusões mais corretas são aquelas que analisam o fenômeno da *superpopulação relativa* – mesmo que ela aparentemente apareça como "excessiva" quando comparada às sociedades de industrialização precoce – não enquanto uma *massa* ou *polo marginal*, destituído de significado para a economia, mas enquanto um elemento de primordial importância para a expansão de um capitalismo de características marcadamente selvagens como o brasileiro, pois permite dilapidar, através da super-exploração do trabalho e da espoliação urbana, grande parte da mão-de-obra na medida em que esta não tiver força política para defender seus níveis salariais e para pressionar o Estado para obter os serviços coletivos básicos à sua reprodução. Desta forma, a questão da dilapidação da força de trabalho – além de basear-se no abundante reservatório de mão-de-obra – é, portanto, eminentemente política e as formas de dominação recentes, marcadas por relações de poder altamente autoritárias e discriminatórias, têm sido o fator primordial na sustentação de um "modelo" capitalista de desenvolvimento com características nitidamente selvagens.

Para analisar a questão da dilapidação da força de trabalho sob o prisma da espoliação urbana, é necessário, inicialmente, assinalar que a forma de como se processou a expansão urbana em São Paulo, na qual enormes espaços vazios são retidos por seus proprietários visando a valorização da terra, criou distâncias cada vez maiores. Este fenômeno, fruto de um intenso processo de especulação sobre o solo urbano, criou uma configuração espacial extremamente segregada e rarefeita. Assim, com exceção de certas áreas centrais decadentes, devido seus baixos salários e a especulação sobre a terra urbana, a população trabalhadora só pode fixar-se em locais desprovidos de infra-estrutura e distantes dos locais de trabalho. Tal fenômeno, que até recentemente só se manifestava na Capital, com a expansão industrial para outros municípios da Grande São Paulo, acabou por generalizar-se, originando uma enorme quantidade de "zonas dormitório" que distanciou ainda mais as residências dos locais de trabalho [11]. Ademais, como é gran-

11 A título de exemplificação, mencione-se que em Osasco e em São Bernardo, dois municípios altamente industrializados da Grande São Paulo, respectivamente, 50 e 59% dos assalariados que aí trabalham moram em outras localidades.

de a quantidade de famílias que construiu nestes "loteamentos" a sua casa própria e como, por outro lado, a rotatividade dos empregos constitui um fator bastante freqüente, a conjugação destes processos só poderia agravar ainda mais a questão dos deslocamentos intrametropolitanos.

Assim, o tempo gasto no percurso diário entre a residência e o emprego tendeu a alastrar-se. O transporte coletivo que é aquele utilizado pela imensa maioria dos trabalhadores, passou a ser um dos elementos de intenso desgaste para aqueles que utilizam o ônibus e o trem para chegar a seus empregos. Ademais, convém apontar que o Poder Público norteou seus investimentos, construindo pontes, viadutos, avenidas ou vias expressas, para dar vasão à produção de automóveis que se instalara no País no final da década de 50. Moldou um sistema viário que respondia muito mais as exigências da locomoção individual, realizada em automóveis particulares por pessoas das camadas de renda média e alta, cuja média de ocupação é de 1,5 pessoas por veículo, do que em função de um transporte de massa rápido e barato que servisse a população trabalhadora. Em 1968 haviam 7 milhões de deslocamentos diários dentro da área metropolitana, quantidade que, em 1977, sobe para quase 16 milhões, sendo que 57% destas são realizadas através de ônibus ou trens [12]. Filas, superlotação e, sobretudo, um tempo de deslocamento extremamente prolongado, tornaram-se um acontecimento quotidiano para aqueles que utilizam os transportes coletivos. É importante ressaltar que não obstante as distâncias e o congestionamento do trânsito serem um fenômeno que afeta todos os habitantes da Região, pois o tempo de deslocamento nos 6 primeiros anos da década passada em média, aumentou em 30%, o desgaste decorrente das horas de locomoção atinge particularmente os trabalhadores que moram nas múltiplas "periferias" que, atualmente, pululam por toda a Região Metropolitana. Tanto é assim que, quase 30% dos trabalhadores cuja renda familiar vai até 5 salários mínimos mensais dispendem de 90 minutos a até mais de 2 horas de locomoção em cada viagem diária que realizam, enquanto apenas 6% das pessoas de rendimento familiar superior a 10 salários mínimos gastam nos seus deslocamentos um tempo assim prolongado [13]. Em suma, "os usuários (do transporte de massa) que moram na periferia da cidade... (permanecem) de 3 a 4 horas diárias nos veículos que os levam ao trabalho e trazem de volta para casa" [14]. Os dados referentes ao transporte de massa

12 Fonte: Pesquisa Origem Destino, EMPLASA, São Paulo, 1977.

13 Idem, apud Sumário de Dados da Grande São Paulo, EMPLASA, S. Paulo, p. 277.

14 Região Metropolitana de São Paulo – Diagnóstico 75. Condições Urbanas-Transporte – São Paulo, 1975, *mimeo*.

apontam de maneira clara o intenso processo de dilapidação da força de trabalho que ocorre no âmbito de um bem de consumo coletivo básico, exprimindo de forma cabal um dos aspectos daquilo que foi antes denominado de espoliação urbana. Contudo, esses dados assumem sua real significação quando adicionados à jornada de trabalho de grande parte daqueles que acionam as engrenagens econômicas. "Às jornadas de 10 horas e mesmo, freqüentemente, de 12 e mais de trabalho, somam-se às 3 ou 4 horas de perda de tempo nos transportes" [15]. Fica, portanto, bastante clara a situação de intenso desgaste para a mão-de-obra que entre a jornada de trabalho e o tempo gasto nos transportes despende, diariamente, e com bastante freqüência, 13, 14 ou 15 horas e mais, o que certamente, constitui uma das fontes dos acidentes de trabalho e, quando não, de esgotamento prematuro das energias físicas e mentais.

Quanto à questão da habitação, basicamente, a população trabalhadora precisa solucionar seu problema de moradia através da favela, dos cortiços e da autoconstrução, que constituem fórmulas empregadas para escapar do pagamento de aluguéis que se tornam, cada vez mais, incompatíveis com os minguados orçamentos familiares, já que os financiamentos públicos para aquisição de habitações tem se dirigido, através do Banco Nacional de Habitação (BNH), para as camadas de renda média e alta.

Nos cortiços, mora uma população composta por 800 mil pessoas - eram pouco mais de 600 mil em 1974 - que, se gasta, na maior parte dos casos, menos de meia hora para chegar a seus locais de emprego, tem o seu tempo de deslocamento diário reduzido a custo de viver a uma média de 3,6 pessoas por cômodo [16].

Intenso crescimento marca, também, a população moradora em favelas que, não obstante a interdição formal no que diz respeito ao surgimento de novos núcleos e ao adensamento dos já existentes, passa

15 SILVA, Ana Amélia - 1977 -Espaço e Força de Trabalho na Grande São Paulo, EMPLASA, São Paulo, 1979, p. 117. Outra pesquisa também aponta o fenômeno da extensão da jornada de trabalho: "Em geral, a jornada de trabalho varia entre 11 e 12 horas, estendendo-se em alguns casos a 14,15 e 16 ou mais horas (...). As companhias já planejam sua produção com base numa jornada de trabalho de 11 a 12 horas". Conforme: ARROYO, Raymundo - Empobrecimento relativo e absoluto do proletariado brasileiro na última década, in A Situação da Classe Trabalhadora na América Latina, (vários autores) CEDEC/Paz e Terra, Rio, 1978, citado in: SILVA, Ana Amélia - Espaço e Força de Trabalho, *opus cit*, p. 87.

16 Os dados referem-se somente ao Município de São Paulo. Conforme: Diagnóstico sobre o fenômeno dos cortiços no Município de São Paulo, São Paulo, HABI/SEBES, 1975. O número de 800 mil indivíduos presentes nos cortiços de São Paulo em 1979 advém de: O Estado de São Paulo de 21/06/1979, p. 76.

de 117 mil pessoas em 1975 para cerca de meio milhão em 1980 [17]. A favela abriga o trabalhador braçal que vende sua força de trabalho a preços irrisórios, ou que, através de uma atividade autônoma, aufere rendimentos extremamente baixos, pois em 80% dos casos a renda familiar não ultrapassa 2 salários mínimos por mês. A favela continua sendo uma forma de "economizar" os gastos em habitação que representam quase a quarta parte do orçamento de uma família trabalhadora típica, bem como, por tender a se situar próximas dos centros de emprego, pode representar uma diminuição nos dispêndios com transportes que somam 9% da cesta de consumo da mão-de-obra que utiliza a condução coletiva.

Contudo, a solução mais adotada pelas classes trabalhadoras é a autoconstrução de moradias desenvolvida nas horas de folga nas múltiplas e distantes "periferias" da Metrópole em terrenos carentes de infra-estrutura básica e, geralmente, situados em loteamentos clandestinos [18].

Assim como a favela ou o cortiço, a autoconstrução de moradias deve ser equacionada enquanto um processo que decorre da agudização de exploração do trabalho, que permite gerar alto volume de excedente, pois rebaixa o nível de reprodução da força de trabalho na medida em que a confecção da habitação é, freqüentemente, realizada através de um trabalho gratuito pelo proprietário do lote nas horas de folga com a ajuda de parentes e amigos [19].

Se o transporte coletivo representa, na prática, uma extensão não-remunerada da jornada de trabalho, pois as 3 ou 4 horas gastas diariamente são, de fato, um dispêndio de tempo necessário para chegar ao

17 Estes dados só incluem a Capital, sabendo-se, entretanto, que a população favelada é numerosa em muitos outros municípios da Região Metropolitana. Tratei desta questão em: A favela como fórmula de sobrevivência". in, A Espoliação Urbana, *opus cit*, Capítulo 4.

18 Pesquisa recente apontou que 52% dos domicílios apresentavam um padrão arquitetônico qualificado de "precário". Veja: Pesquisa Origem/Destino, EMPLASA, 1977. A maior parte destas habitações foram confeccionadas por seus proprietários através da autoconstrução; 68% das pessoas com rendimento familiar de até 5 salários mínimos por mês residem nestas habitações "precárias".

19 Uma pesquisa amostral que analisou as práticas da autoconstrução na Grande São Paulo revelou que "praticamente a metade dos autoconstrutores entrevistados alegaram não terem gasto recursos com remuneração de trabalho em quaisquer das fases da construção (...)... A incorporação de trabalho gratuito chega a ser essencial para a sua própria viabilização, no que tange aos arranjos arquitetados pelos produtores para a alocação dos recursos disponíveis, evitando os autoconstrutores, tanto quanto possível, os gastos com trabalho remunerado. Conforme: Construção de moradias na periferia de São Paulo: aspectos sócio-econômicos e institucionais, Secretaria de Economia e Planejamento, Governo do Estado de São Paulo, Série Estudos e Pesquisas, 1979, p. 126 e 127.

emprego, a autoconstrução de moradias leva ao aumento do dia de trabalho. Em primeiro lugar porque, tanto a compra do terreno quanto a construção da casa – que, por sinal, freqüentemente, perdura por anos, pois é confeccionada aos poucos na medida em que a família tem poucos recursos para realizá-la – implicam em ganhos adicionais que são obtidos pelo aumento da jornada de trabalho, venda de férias, utilização do 13º salário ou do Fundo de Garantia por Tempo de Serviço (FGTS) que se conjugam com um rígido esquema de poupança que leva à redução de outros itens básicos da cesta de consumo, inclusive a alimentação, já que a população de baixa renda não tem gastos supérfluos que poderiam ser canalizados para as despesas inerentes à construção da casa própria [20].

Em segundo lugar, porque na medida em que o trabalhador não tem condições de pagar a mão-de-obra para executar as tarefas necessárias à construção de sua casa, utilizando o assalariamento só em raras operações mais especializadas, a alternativa passa a ser a utilização do já escasso tempo livre de que dispõe para levar adiante o processo de produção de sua casa. Em outras palavras, para escapar dos aluguéis ou para deixar de morar em cortiços e favelas, o trabalhador precisa gastar um tempo adicional tanto no local de emprego como no lote onde realiza a construção da casa própria que, adicionado às 3 ou 4 horas referentes à locomoção cotidiana, revela o alto grau de dilapidação a que está submetido, traduzindo-se num intenso processo de desgaste que, muitas vezes, compromete a sua reprodução enquanto assalariado no mercado de trabalho.

Neste particular vale a pena transcrever uma citação que, baseada em pesquisa recente, demonstra com clareza o preço pago por aqueles que penetram na longa aventura da autoconstrução: "a variável redução de gastos... como forma extrema de geração de poupança de salário, na medida em que a população autoconstrutora é constituída na sua grande maioria por assalariados, referencia, por outro lado, uma condição de extrema precariedade. Isto porque os salários são via de regra baixos, mal assegurando a cobertura das necessidades básicas da família. Se assim é, torna-se patente que a produção da moradia acaba por exigir sacrifícios que ultrapassam os limites da dilapidação do trabalho, enquanto extensão da jornada empregatícia e enquanto sua utilização nas horas de lazer à execução das tarefas de construção. Reduz-se, mesmo, o próprio consumo básico, destinado a garantir a sub-

20 50% das famílias mais pobres de São Paulo gastam em torno da metade dos rendimentos com o item "alimentação". Quando a estas despesas se acrescenta as referentes com transporte, vestuário e demais gastos indispensáveis, verifica-se que sobra muito pouco para retirar recursos a serem empregados em qualquer forma de poupança.

sistência física dos indivíduos, na medida em que, preponderantemente, as famílias de baixa renda pouco podem alocar do seu orçamento em consumo supérfluo"[21].

O acirramento dos processos de exploração do trabalho e de espoliação urbana que se traduzem na extensão do tempo necessário para se reproduzir numa Metrópole industrial como a Grande São Paulo, adicionado, entre outros fatores, às péssimas condições de saúde e nutrição, comprometem a energia física e mental da força de trabalho que lubrifica as engrenagens produtivas. É possível inferir, neste sentido, que o esgotamento a que está sujeita grande parcela das classes trabalhadoras – dentro e fora dos locais de emprego – constitui uma das principais razões do aumento dos acidentes de trabalho que nos primeiros anos da década de 70 cresceu de quase 10% ao ano[22].

Por outro lado, parece ser válido afirmar que este intenso processo de desgaste é responsável pelo alto grau de desemprego imperante na economia metropolitana, que, para a força de trabalho masculina, é, em média, de 11,4%, proporção que atinge, apenas 4,6% da mão-de-obra entre 40 e 49 anos e que sobe drasticamente para os homens 10 anos mais velhos, quando afeta quase a quarta parte deste grupo etário masculino[23]. Semelhante alijamento precoce do mercado de trabalho – fruto do acirramento do grau de exploração do trabalho e da espoliação urbana – tem representado para o sistema econômico uma mera operação de troca de trabalhadores que se produz sem maiores tensões sociais ou problemas para a expansão do capitalismo no Brasil na medida em que pode basear-se na existência de energia nova para substituir a mão-de-obra desgastada e num aparato de dominação que mantenha as condições políticas implícitas a este processo de dilapidação.

3. Estado, Produção do Espaço Social e Segregação Urbana

Nas últimas duas décadas a mancha urbana da Grande São Paulo expandiu-se enormemente através de sucessivos avanços sobre o terri-

21 Conforme: Construção de moradias na periferia de São Paulo, *opus cit*, p. 110. A mesma pesquisa aponta que "no decorrer das (últimas) três décadas, têm-se reduzido persistentemente as dimensões e até a qualidade das moradias produzidas"... *Idem*, p. 109 e 110.

22 Este aumento refere-se à proporção de acidentes/dia úteis de trabalho verificado no conjunto do Estado de São Paulo, onde, em 1974, ocorreram 780 mil acidentes de trabalho, o que significa nada menos do que 25% da força de trabalho registrada. Conforme: Região Metropolitana de São Paulo: Diagnóstico 75, Desenvolvimento e Inovações Tecnológicas, São Paulo, 1975 (mimeo).

23 Conforme: PNAD, Regiões Metropolitanas, 4º trimestre de 1971, IBGE, Rio, p. 223.

tório, fruto de uma ocupação que, em decorrência dos níveis salariais e do valor da terra, criou "periferias" distantes e rarefeitas. Importa ressaltar, neste aspecto, que esta expansão se fez de maneira extremamente precatória, devastando o meio físico e, sobretudo, comprometendo os padrões de vida das populações: além de produzir distâncias maiores a serem percorridas, gerou um grau de habitalidade extremamente comprometido pela alta contaminação decorrente da ausência de infra-estrutura básica, pois, nos meados da década de 1970, apenas 30% dos domicílios da Grande São Paulo eram servidos por rede de esgotos e 53% pela de água [24].

Uma vez apontada a espoliação urbana através do transporte e da habitação cabe, agora, levar adiante a análise, abordando-a sob o prisma da produção do espaço urbano, cujos reflexos sobre a formação do meio ambiente social são marcadamente excludentes para aqueles que não tem recursos tanto econômicos como políticos para pagar o alto preço decorrente da expansão de uma área metropolitana que tem uma das suas principais bases acentadas na intensa dinâmica de especulação imobiliária.

Nesta questão o papel do Estado tem sido essencial pois, em boa medida, a valorização imobiliária decorre de investimentos públicos realizados em serviços de consumo coletivo. Por outro lado, a produção do espaço urbano está, em grande medida, condicionada a uma volumosa retenção de áreas vazias que permanecem socialmente ociosas à espera de valorização, originando vultuosos lucros que decorrem das melhorias que, constantemente, são injetadas no tecido metropolitano pelo Poder Público.

De fato, 45% da área líquida do Município de São Paulo compõem-se de terrenos baldios, dos quais 70% receberam alguma benfeitoria proveniente do investimento público. Servem, portanto, como forte dinamizador da especulação fundiária ao gerar uma renda diferencial da terra que, quando colocada à venda, torna-se inacessível para a maioria da população cujos rendimentos só permitem a fixação em locais desprovidos de infra-estrutura. Para se ter uma idéia desta vultuosa capacidade ociosa, basta apontar que estima-se em cerca de 16 bilhões de dólares os montantes de infra-estrutura existentes nos vazios urbanos de São Paulo. [25]

24 "As populações servem-se em geral de fossas negras, privadas secas e tanques sépticos... e de água proveniente de poços rasos, em geral contaminados pela proximidade de fossas negras. (Nas periferias três quartos das habitações) lançam esgotos em simples fossas negras quando não a um céu aberto". Conforme: Regiões Metropolitanas de São Paulo - Diagnóstico 75, Condições Urbanas - Saúde, São Paulo, 1975, p. 14 e 15 (mimeo).

25 Conforme: CAMPOS, Candido Malta - Capital imobiliário e desenvolvimento urbano, 32ª Reunião Anual da Sociedade Brasileira para o Progresso da Ciência, Fortaleza, 1979.

Não obstante ter ocorrido, nos últimos anos, volumosa aplicação de recursos em rede de água e esgoto diminuindo a proporção de domicílios desprovidos destes serviços básicos, a existência de vazios urbanos faz com que os investimentos injetados no tecido urbano beneficiem os proprietários da terra, pois o Poder Público deixa as forças econômicas atuarem livremente num mercado altamente seletivo quanto ao acesso às benfeitorias urbanas: "como até pouco tempo havia escassez de redes de água, e ainda há escassez de redes de esgotos, estes serviços são disputados pela população, e em geral apropriados pelos grupos de renda mais altas. Por outro lado, como há muitos terrenos vagos em nossas cidades cuja maioria pertence às classes mais abastadas, a implantação de redes de água e esgotos valoriza estes terrenos. Assim quer pela disputa de serviços ainda escassos, quer pelo valor adicionado aos terrenos, os investimentos públicos em água e esgoto tem efeito concentrador de renda" [26]. Neste aspecto, convém mencionar que a rentabilidade média real dos terrenos na cidade de São Paulo subiu, entre 1969 e 1976, de 1400%, três vezes superior ao verificado no mercado de ações, o que demonstra de forma patente o alto negócio que representa a terra urbana, permitindo avaliar os poderosos interesses que estão por detrás deste processo. Mas não só sobre os vazios urbanos que a especulação se processa através da atuação do Poder Público ao criar uma infra-estrutura de serviços. Processa-se também em áreas já densamente povoadas na medida em que a realização de obras públicas tende a ocasionar, através da valorização imobiliária, uma remodelação que acaba por "expulsar" os moradores de baixa renda.

Transparece, assim, a fundamental importância do Estado na produção do espaço urbano: os investimentos públicos injetados na Região Metropolitana transforma-se num poderoso elemento ativador da especulação imobiliária, que acaba por beneficiar as camadas mais ricas, filtrando as populações pobres para locais distantes dos empregos, desprovidos de saneamento básico, onde a construção da casa própria em loteamentos, geralmente clandestinos constitui a principal fórmula de moradia que, ao reproduzir a força de trabalho a baixos custos, tem sido um dos sustentáculos que fundamenta a extração de altas taxas de excedente. Neste particular, é importante reafirmar que para realizar semelhante processo de exclusão, o Estado forjou um aparato de controle e repressão desarmando as formas de protesto e reivindicação que pusessem em xeque um modelo crescimento

26 FUNDAP, Investimentos em águas e esgotos e o desenvolvimento econômico, Seminário sobre investimentos públicos urbanos, 19/20 de dezembro de 1978, São Paulo, *mimeo*, p. 1.

que acirrou, também através da especulação imobiliária, as condições de segregação sócio-econômicas das camadas trabalhadoras.

A forma de como a cidade se expande não só tem efeitos perversos para a maioria da população, como também tem exigido a aplicação de crescentes recursos cuja eficácia para enfrentar a "crise da cidade" é bastante discutível. Isto porque, a forma de estruturação da cidade, apoiada nos vazios urbanos e na conseqüente descontinuidade de ocupação do solo, agravada ainda mais pela rarefação nas áreas novas da "periferia", exige uma fabulosa e crescente soma de recursos que aumenta os custos de urbanização.

Assim, a existência de vazios urbanos representou, em 1978, um custo adicional de 130 bilhões de cruzeiros em obras de infra-estrutura que, para atingir as zonas a serem beneficiadas, precisaram passar pelos 45% correspondentes a áreas ociosas à espera de valorização.[27] Em outros termos, os espaços vazios provocam uma desmesurada extensão da infra-estrutura urbana, tornando a operação de atingir as áreas periféricas extremamente dispendiosa, ao mesmo tempo que levam a um constante alargamento da mancha urbana povoada, que poderia ser, a metade da área atualmente existente se o processo de retenção especulativa dos terrenos não ocorresse. Desta forma, cria-se um verdadeiro círculo vicioso no qual se avolumam as contradições urbanas e os *déficits* do Poder Público para enfrentá-las.

O fenômeno do aumento das distâncias a serem percorridas refletem-se também, diretamente, nos recursos necessários para criar na cidade um sistema viário e de transporte eficaz, cujos custos, em 1977, foram orçados em 713 bilhões de cruzeiros, cifra que deverá aumentar na medida em que o processo especulativo tende a criar novos vazios urbanos em áreas ainda desprovidas de infra-estrutura, levando para mais longe o processo de retenção especulativa da terra urbana.[28]

É óbvio que não se pode reduzir todo o processo especulativo à diferenciação dos valores imobiliários causados pelos investimentos que o Poder Público realiza. Ademais, a especulação não é a única responsável pela expansão caótica da cidade, pois o caos imperante advém de uma lógica econômica e política mais abrangente. Contudo, os fatores apontados constituem causas importantes na produção de um espaço social altamente predatório, que tem ponderáveis reflexos no grau de espoliação urbana na medida em que, conjuntamente com a

27 Conforme: O Estado de São Paulo de 13/07/1978.

28 Só a infra-estrutura referente aos sistemas viário e de transportes de alçada do Poder Municipal foi estimada, ainda em 1977, em 231 bilhões de cruzeiros, cifra 48 vezes superior à capacidade anual de investimentos do Poder Municipal. Conforme: o Estado de São Paulo de 31/05/1978, p. 4.

deterioração salarial, impede o acesso às condições mínimas de habitabilidade e aumenta o desgaste daqueles que usam o transporte coletivo como meio cotidiano de locomoção.

4. Meio Ambiente e Problemas Sociais: Considerações Finais

O Segundo Plano Nacional de Desenvolvimento afirmava que a pior fórmula de poluição é a pobreza. Tomada fora do contexto real na qual foi formulada, em si, a frase é procedente. Contudo, a tecnocracia que a formulou, no afã de justificar o rápido crescimento econômico por que o País passava, além da enorme depredação ambiental, escamoteava outra questão: a de que o modelo posto em marcha apoiava-se também na pauperização das classes assalariadas e deteriorava de modo flagrante a "qualidade de vida", acirrando o processo de espoliação urbana. Era o tempo do "milagre brasileiro", apoiado na arrogância de um autoritarismo eminentemente excludente e repressor que alardeava um desempenho econômico e escondia suas funestas conseqüências sociais. A ideologia imperante baseava-se na idéia de que, com o crescimento do bolo econômico, haveriam maiores fatias a serem distribuídas. Desta forma, a exclusão social do momento era o preço inerente de um progresso que se realizava de maneira extremamente rápida e, naturalmente, com o tempo, os grupos sociais alijados seriam paulatinamente incorporados aos benefícios que estavam sendo gerados.

Apontou-se nos itens anteriores o preço que semelhante progresso causou em termos de exploração do trabalho e das condições urbanas de vida numa Metrópole como a Grande São Paulo. Cabe, agora, introduzir outra dimensão do problema, inserindo na discussão os efeitos propriamente ambientais de um crescimento que se realizou com enormes liberalidades concedidas pelo Estado às empresas e que só poderia levar a uma vasta depredação ecológica causada pela produção de um espaço social que foi sendo construído devastando e comprometendo os recursos naturais.

Para dar uma idéia da contaminação ambiental imperante, basta dizer que na Capital e nos municípios industriais circunvizinhos, "em parcela ponderável da área disponível, a poluição do ar e da água na Grande São Paulo já atingiram índices característicos das áreas definidas como críticas... [29] Quanto à poluição do ar que, no conjunto da

29 IPEA – Poluição Industrial no Brasil, série: Estudos para o planejamento, 12, Brasília, p. 16, 1975. "A grande poluição desta área e a elevada concentração industrial fazem com que a atmosfera local se apresente altamente contaminada, tendo já cau-

Região Metropolitana, é causada, particularmente, pela atividade industrial, é digno de nota que, das 33.000 unidades fabris existentes, 600 são consideradas críticas, sendo responsáveis por 80% da contaminação atmosférica. [30]

Complementando este rápido quadro da deterioração ambiental, mencione-se que se no início da década de 50 a cobertura florestal da Grande São Paulo representava 30% da área correspondente a Região, 20 anos após ela é de apenas 9% sendo que, mantendo-se inalteradas as condições de expansão atualmente imperantes, a previsão é de que, no final do século, esta porcentagem será de apenas 2% [31]. Para finalizar esta enumeração de aspectos ligados à depredação do meio ambiente, aponte-se para a baixíssima proporção de área verde que, no Município da Capital, é de 1,6 m^2 por habitante. Contudo, semelhante proporção, situada muito abaixo das recomendações internacionalmente tidas como mínimas, com a criação dos parques ecológicos previstos – dos quais, apenas um deles terá 60 milhões de m^2 – São Paulo passará a ter um padrão próximo aos níveis tidos como aceitáveis. Não obstante tal fato significar uma melhoria não desprezível, é necessário colocá-la nos devidos termos sob pena de deixar de revelar os processos reais que tais números mostram na sua aparência. Isto é, trata-se de áreas verdes que estão situadas em locais extremamente distantes dos centros mais povoados e que, de fato, podem melhorar as

sado graves problemas de saúde e danos ao meio ambiente e às populações que aí vivem". Idem, p. 35. Quanto à poluição hídrica: "os afluentes domésticos e industriais lançados "in natura" nas águas degradam sua qualidade sanitária, transformando os cursos d'água locais em verdadeiros esgotos a céu aberto, impossibilitando a vida vegetal e animal". Idem, p. 36.

30 Em 1975, 407 vezes os poluentes ultrapassaram os padrões normais na Grande São Paulo. Neste ano houve 161 níveis de "atenção" e 2 de "alerta". Conforme: CETESB, Relatório de Atividades, 1976.

31 Em relação ao Estado de São Paulo a cobertura florestal passa de 18% em 1952 para 8% 20 anos após. Entre 1962 e 1973... "em torno da Grande São Paulo (verifica-se uma)... expansão urbana que avança desordenadamente e celeremente, atingindo os últimos redutos de matas das regiões periféricas e serranas (...). A estas alturas, a devastação une-se com outras formas de exploração indevida dos recursos naturais e com a falta de planejamento territorial, geradora de uma ocupação fundiária desordenada, para provocar um quadro caótico de deterioração ambiental. Alguns dos sistemas ambientais globais estão próximos ao colapso. Conforme: VICTOR, Mauro Antônio de Moraes – A devastação florestal, Sociedade Brasileira de Silvicultura, p. 24 e 36. Neste sentido, cabe ainda apontar que o Brasil perde, anualmente, cerca de 500 milhões de toneladas de solo devido a erosão laminar. No Estado de São Paulo, até o momento atual, reflorestou-se apenas cerca de 2,5% do território, o que constitui uma proporção irrisória quando se tem em conta a taxa de desmatamento. Conforme: MARQUES, João Q. de Avelar – Conservação do Solo, O Observador Econômico e Financeiro, Suplemento nº 291.

alternativas de lazer para quem, nas horas de folga, até lá se locomova, mas que de pouco alterarão a qualidade do ar da maioria dos habitantes da cidade.

Esta colocação, aparentemente ingênua, visa introduzir um aspecto que parece ser uma tônica constante na "questão ecológica", pelo menos como ela vem sendo colocada pela discussão oficial e oficiosa imperante no Brasil, segundo a qual, contaminação e depredação do meio ambiente afetam o bem-estar da comunidade como um todo.[32] Assim, são freqüentes as declarações que a assim chamada "qualidade de vida" está sendo posta em risco sem que se especifiquem exatamente, de que risco e de qual qualidade se fala, nem, muito menos, sobre a vida de quem se está falando. Em outras palavras, generaliza-se um problema que, sem sombra de dúvida, tem efeitos extremamente diversos sobre as diferentes camadas sociais. Tanto é assim que os efeitos da poluição do ar nos olhos e nas gargantas das classes abastadas nada tem a ver com os reflexos da contaminação ambiental decorrente da falta de saneamento básico sobre os habitantes das "periferias" ou, ainda, com as nocivas e, muitas vezes, irreversíveis conseqüências dos poluentes industriais que os operários respiram dentro das fábricas.[33]

Diga-se de passagem que os efeitos da poluição industrial dentro das fábricas – como, aliás toda a problemática referente aos acidentes do trabalho – são muito menos noticiados e discutidos pelos órgãos de comunicação de massa do que a contaminação atmosférica: a imprensa falada e escrita, várias vezes por dia, apresenta os índices de poluição do ar e a própria televisão, além dos freqüentes noticiários, fez da poluição do ar o tema de uma novela cotidiana de grande audiência. Novamente, sem miminizar os malefícios da poluição do ar, é necessário situar devidamente a sua dimensão enquanto questão social. De fato, em várias pesquisas de opinião ela aparece como o principal problema da cidade, inclusive na percepção das camadas de renda baixa, que a enxergam como mais danosa do que os "transportes", a falta de "água-esgoto" ou o aumento do "custo de vida". Assim, numa conjuntura política em que muitos problemas deixam de ser realmente discutidos e outros são parcialmente censurados ou totalmente proibidos, onde, enfim, a comunicação de massa deixa de informar e debater

32 Agradeço as observações de Raquel Rolnik que realizou a pesquisa em jornais em torno dos problemas ecológicos e da deterioração do meio ambiente que foi de grande valia para as reflexões contidas neste ensaio.

33 Neste particular, mencione-se que as doenças decorrentes da silicose presentes nas indústrias de vidro, atingem mais de 30 mil operários brasileiros entre 25 e 40 anos. Esta é uma das doenças a que os operários estão sujeitos, sendo que existem várias outras, inerentes a outros ramos de atividade fabril e que afetam a saúde de centenas de milhares de trabalhadores.

alguns temas vitais para o cotidiano da maioria dos trabalhadores, não é de se estranhar que muitos dos que moram nas "periferias" da cidade em loteamentos clandestinos desprovidos de saneamento básico e que gastam várias horas por dia nos transportes coletivos para chegar a seus empregos, nos quais, geralmente, ganham até 2 ou 3 salários mínimos por mês, apontem a contaminação atmosférica como o mal maior de seus problemas.

De fato, acidentes no trabalho, especulação imobiliária, mortalidade infantil ou a contaminação ambiental advinda da carência de infra-estrutura são problemas que aparecem nos debates públicos de forma secundária. Assim parece viável afirmar que os problemas sociais tendem a se tornar questões públicas no sentido de serem enfrentadas pelo Estado na medida em que afetam as camadas dominantes ou, mais precisamente, quando se tornam entraves ao processo de acumulação. Neste sentido, o caso dos transportes é exemplar. De há muito ele é um elemento que tem acirrado o desgaste da força de trabalho. Contudo, só se tornou um problema prioritário quando a elevação dos preços de petróleo começou a obstaculizar o crescimento econômico com o comprometimento da balança de pagamentos.

A primazia dos interesses econômicos diretamente atrelados ao processo de acumulação do capital sobre os interesses sociais – que dizem respeito aos níveis básicos de vida das camadas trabalhadoras – continuará a prevalecer na medida em que os movimentos reivindicatórios levados adiante pelos múltiplos grupos da sociedade civil não encontrarem canais de expressão caracteristicamente políticos, isto é, não passarem pela mediação de partidos legítimos e enraizados nos interesses das classes trabalhadoras. Em outros termos, na medida em que não houver uma articulação sólida e eficaz, entre o "político" (partidos) e o "social" (reivindicações do trabalho e urbanas) os interesses dominantes continuarão a se impor de forma a realizar uma ordem capitalista de caráter não só excludente mas também marcadamente dilapidadora.

Parece claro que a sociedade brasileira dos anos recentes, fruto de uma nova coalizão de forças, está penetrando numa conjuntura mais permeável não só ao debate mas, sobretudo, ao embate sobre problemas que, certamente, passam pelas questões da exploração do trabalho e da espoliação urbana, das quais, algumas foram expostas neste ensaio. Neste particular, parece claro que o encaminhamento dos problemas sociais não é de natureza técnica mas, ao contrário, tem um sentido eminentemente político, pois decorre da capacidade que as camadas subalternas tiverem de conquistar maiores espaços numa arena necessariamente contraditória e conflituosa. Na medida em que isto ocorrer, serão recolocadas as modalidades de um processo cujos resultados a poucos tem beneficiado e cujo preço tem sido altamente oneroso para aqueles que levam adiante as engrenagens de um sistema econômico que tem apresentado feições nitidamente selvagens.

Parte II

Formas de Protesto Popular

PROTESTO URBANO E POLÍTICA: O QUEBRA-QUEBRA DE 1947 *

José Alvaro Moisés

I

Quem quer que se detenha a analisar a peculiar experiência brasileira de democracia que emerge no país no após-guerra (1945-1964) defronta-se, necessariamente, com um paradoxo. Por um lado, é inegável que a chamada democracia brasileira do segundo após-guerra implicava uma série de restrições reais à participação popular na vida do país: é conhecida, por exemplo, a dependência que foi imposta aos sindicatos dos trabalhadores em relação ao Estado, desde o Estado Novo e que, por circunstâncias diversas, perdurou durante todo o período democrático. Por outra parte, entretanto, é visível a existência de uma ampla gama de formas as mais variadas pelas quais as classes populares buscavam participar social e politicamente. Por isso, não deixa de ser fascinante procurar examinar essas formas, muitas vezes espontâneas, pois elas indicam uma determinação poucas vezes conhecida na história do país no sentido da entrada das massas na política.

Na verdade, quando nos voltamos para o período imediatamente após o fim da guerra, deparamo-nos com um quadro marcado por características até certo ponto semelhantes às do presente. As massas po-

* Texto apresentado à reunião do Grupo de Trabalho de Movimentos Sociais Urbanos da Associação Nacional de Pós-Graduação e Pesquisa em Ciências Sociais, outubro de 1980, Rio de Janeiro. Foi escrito, originalmente, como parte da pesquisa do autor sobre os movimentos urbanos e que resultou na tese de doutoramento "Classes Populares e Protesto Urbano", apresentada à USP em 1978 (mimeo.) Embora não tenha sido incluído no corpo da tese, deveria ser visto como parte de uma análise mais ampla das formas de participação popular na democracia brasileira do após-guerra.

pulares saíam de um duro período de abstinência política e emergiam à luz do dia em um cenário que, após mais de uma década e meia, incluía alguns esforços explícitos no sentido da sua mobilização: caso das iniciativas tomadas a partir do Estado por Vargas e do empenho da esquerda que readquiria, então, a sua legalidade.

Entretanto, por suas próprias insuficiências, essas alternativas não esgotavam todas as possibilidades de ação abertas às classes populares pela conjuntura. Bem cedo, elas começariam a se manifestar por formas e por canais inteiramente inesperados – como foi o caso da vaga de greves de 1946, muitas das quais realizadas "fora dos sindicatos". A surpresa da sua irrupção foi tão grande para a direita como, por vezes, para a própria esquerda. Aliás, muitas vezes, nem uns nem outros estavam preparados para entender e canalizar a potencialidade política que irrompia. Ao serem surpreendidos pelo inesperado, as várias forças do espectro político se comportaram como quem não é capaz de qualificar o novo. Sem ter uma alternativa própria diante dele, muitas vezes foram incapazes de dar atenção à novidade do fenômeno e à dinâmica interna que ele expressava.

Não é inútil lembrar que, tratando-se de formas relativamente espontâneas de participação, a incapacidade dos agentes políticos para compreenderem a expressão do movimento social simplesmente preserva os marcos de espontaneidade em que esses fenômenos freqüentemente emergem. Aliás, a análise dos fenômenos que expressam a espontaneidade exige sempre que se tenha em conta que da mesma forma que não se deve estabelecer relações mecânicas entre a economia e a política, não é justo também pensar que a espontaneidade das massas na política é um problema que se explica só em termos de ausência de uma adequada direção política.

Na verdade, para certas formas de participação das massas populares, a direção política é algo de fundamental, pois é sempre em relação a ela que é possível pensar o rompimento dos marcos do que chamamos de *espontaneidade*, da mesma forma que a emergência de novas pautas de comportamento político que, estabelecendo uma orientação definida em face de uma situação concreta, são capazes de imprimir um rumo novo aos acontecimentos.

Entretanto, é inegável que outros fatores podem ser sugeridos para explicar a espontaneidade própria de certas formas de participação popular. No caso do período em foco – a conjuntura imediata do após-guerra –, cresce em importância a consideração do longo período de repressão que se abateu sobre as organizações populares, no Brasil, o que exerceu um peso considerável para destruir os laços que começavam a soldar as tradições de lutas populares que vinham desde antes dos anos 30. O período do Estado Novo, como se sabe, criou um enorme vazio de participação popular que ainda deixaria as classes populares lançadas, por largo período, em uma situação de insuficiência organizatória.

Não obstante, como o esforço analítico que se requer caminha precisamente, na direção de procurar recuperar o significado mais profundo dessas manifestações das classes populares, é inevitável a reconsideração do papel dos agentes políticos em face da dinâmica interna apresentada por esses fenômenos. Uma vez que esses agentes são, muito freqüentemente, os portadores de uma tradição que explicitamente busca restabelecer a ligação entre o passado e o presente, não resta dúvida que a eles está creditada parte da importante tarefa de restabelecer o vínculo entre a tradição de lutas populares anteriores e a que se desenvolveu no período do após-guerra. É nesse sentido que a referência à questão da espontaneidade é necessária: ela serve para ilustrar uma padrão de comportamento social e político definido como insuficientemente organizado, isto é, como exemplar de uma situação em que ainda não se estabeleceram critérios de organização que sejam considerados racionais com relação aos seus fins. E, por isso mesmo, a menção ao papel dos partidos políticos, nesse quadro, é imprescindível.

II

Em trabalhos anteriores [1], já discuti alguns movimentos sociais oriundos das classes populares que, em certo sentido, apresentam um padrão conhecido, segundo a tradição latino-americana, de participação popular: manifestações massivas, participação eleitoral intensa, fraca adesão aos partidos etc. Neste trabalho desejo insistir na análise de certas formas de participação social e política que, a meu ver, podem dar novas indicações para uma avaliação global do papel das massas nestas etapas históricas. Essas formas incluíram o movimento popular de reinvidicações urbanas que começou a surgir a partir de meados dos anos 40, na periferia de São Paulo, bem como episódios de explosão violenta das massas, com características de "turba urbana", nos termos de Hobsbawm [2]. Parece interessante, por isso, dedicar alguma atenção a pelo menos um desses exemplos de ação coletiva das

1 *J. A. Moisés e V. M. Allier*, "Patrão, o trem atrasou ou a Revolta dos Suburbanos", in Moisés et alii, "Contradições Urbanas e Movimentos Sociais", Ed. Paz e Terra, Rio, 1977, e "Experiências de Mobilização Popular: o caso de São Paulo", Revista Contraponto, Rio, nº 3.

2 *E. J. Hobsbawm*, "A Turba Urbana" in "Rebeldes Primitivos", Zahar Ed., Rio, 1970, capítulo VII.

massas populares, pela importância das questões que a sua emergência suscitou à época.

No quadro de manifestações coletivas que irrompem a partir de 1945 (e que incluíram greves de defesa econômica e alguns aspectos envolvidos na atuação dos chamados Comitês Democráticos Populares), pode ser útil a consideração de um tipo de participação popular cujo padrão foi dado, não pelos canais institucional-legais do regime pós-45, mas pela sua total marginalidade em relação à política da época, até mesmo à política desenvolvida pelos grupos de esquerda, como o PC e/ou os socialistas (como a Esquerda Democrática). É o caso das manifestações violentas de furor popular que começaram a surgir a partir de 1947, em São Paulo, por ocasião de um aumento de passagem dos transportes coletivos administrados pela CMTC, durante os primeiros meses do governo de Adhemar de Barros, que terminam em um quebra-quebra, e cuja tradição reaparece ao menos como tentativa, em 1954, durante a vigência do *Janismo* em São Paulo [3].

O que mais impressiona na descrição que a grande imprensa ofereceu, na época, a esse quebra-quebra de ônibus e bondes [4] é o ímpeto com que amplos setores da população da cidade aderem, espontaneamente, às arruaças e à violência que caracterizaram os acontecimentos do dia 1º de agosto de 1947 e, ao mesmo tempo, a simultaneidade com que explodem em diferentes pontos da cidade, no centro e nos bairros. As manifestações de violência vão num crescendo, num processo que se inicia com o ataque a unidades de transportes coletivos e atinge o seu clímax no enfrentamento com as tropas da Força Pública do Estado, mobilizada para reprimir o movimento e restabelécer a ordem.

O aumento de 50 centavos (preço da época) nas passagens de ônibus e bondes da Capital – agora sob responsabilidade da recém-criada CMTC – tinha sido decidido pelo prefeito de São Paulo, com a aprovação do Governador Adhemar de Barros, em que pese as advertências em contrário da oposição na Assembléia Legislativa, de algumas associações voluntárias, como a Sociedade dos Amigos da Cidade, e de alguns jornais da grande imprensa. O aumento vinha em meio às al-

3 Em 1954, quando Jânio Quadros era prefeito de São Paulo, decreta-se um aumento nas passagens dos transportes coletivos. Então, surgem rumores de ameaça de quebra-quebra, como tinha ocorrido em 1947. Diante dos boatos, Jânio mobiliza um intenso esquema político nos bairros periféricos para justificar o aumento em função da renovação da frota de ônibus da CMTC e o quebra-quebra não acontece. Ver a respeito, *J. A. Moisés*, "Classes Populares e Protesto Urbano" tese de Doutoramento apresentada à USP, 1978, mimeo.

4 Arquivos da Biblioteca Municipal de São Paulo, coleção dos jornais "O Estado de São Paulo" e "Correio Paulistano", de modo particular, dias 31 de julho, 1º, 2 e 3 de agosto de 1947. Ver, também, os editoriais dos jornais e a sua reação diante dos acontecimentos.

tas do custo de vida, que crescia ao ritmo da espiral da inflação, em crescente acentuação. Os salários dos trabalhadores industriais e demais assalariados estavam submetidos a um completo congelamento e, nas condições de repressão às atividades sindicais impostas pelo Governo Dutra, assumiam um caráter mais grave ainda, pois praticamente impediam as classes populares de lutar pela sua defesa econômica, isto é, por um padrão que permitisse a sua reprodução nas condições históricas requeridas pela sociedade brasileira da época.

É em meio a essas condições que irrompem as manifestações no primeiro dia em que passa a vigorar o aumento. Pela manhã, os trabalhadores e a população em geral mantém a rotina normal de vida da cidade, sem dar qualquer sinal do que iria acontecer a partir das 11 horas, quando as primeiras turmas de trabalhadores começam a deixar as fábricas para o horário de almoço e descanso. De repente, em diversos pontos da cidade – Largo São Francisco, praça João Mendes, praça do Patriarca, Vale do Anhangabaú, praça da Sé, pontos da Rua da Consolação, Rua da Liberdade e diferentes bairros – grupos de populares tomam a iniciativa das depredações, quebrando vidros dos veículos de transporte, ateando fogo às cortinas e destruindo bancos, relógios de marcação de passagens (comuns na época) e tudo o mais. Segundo os relatos dos jornais, as iniciativas de pequenos grupos são imediatamente acompanhadas por populares que estão nas filas de ônibus ou bondes e recebem a adesão de pedestres que passavam pelos locais. Não há, nesses fatos, indícios de organização prévia no que acontecia então. Entre as onze horas da manhã e as quinze horas da tarde são incendiados centenas de ônibus e bondes nos locais mencionados, e onde os veículos ardiam, começa a se juntar uma multidão que, segundo as descrições da imprensa, não esconde o seu entusiasmo com o espetáculo dos veículos destruídos.

Há uma indicação de que o ajuntamento de populares serve a manifestações com discursos, mas, curiosamente, as reportagens dos jornais demonstram que quando ocorria uma nova iniciativa de incêndio de um ou mais veículos de transporte, depois que a multidão se concentrava em volta para apreciar o espetáculo, logo surgiam pessoas trazendo notícias de que fatos idênticos estavam ocorrendo em outros pontos da cidade. Outro aspecto digno de nota é que, após o início das depredações, os seus participantes passavam a utilizar alavancas, pedaços de pau e restos dos veículos danificados como instrumentos para dar início a novas depredações.

É impossível avaliar a extensão das manifestações, já que nem a imprensa foi capaz de calcular, na época, o número dos participantes, pois ela mesma fora surpreendida pelos acontecimentos e fora incapaz de dar cobertura ao que acontecia em todos os bairros, nem contemporâneos entrevistados recentemente, se arriscaram a fazer uma estimativa. Para se ter uma idéia do signifcado do quebra-quebra, vale a pena transcrever alguns trechos das reportagens publicadas em "O Estado de São Paulo", no dia 2 de agosto (grifos meus, J.A.M.):

"...cerca do meio-dia, toda a cidade começava a ficar sobressaltada com o vulto dos acontecimentos. A polícia já entrara em ação e os movimentos da multidão processavam-se num vai-e-vem pelas praças centrais e vários ônibus foram destruídos. A essa altura, parte do comércio cerrara as suas portas. *As correrias sucediam à miúde e já tinham conhecimento de carga de fuzilaria. Não obstante, a fúria não diminuía.* Alcançava o Anhangabaú, onde veículos que não puderam ser recolhidos, começavam a arder".

"*A massa humana que se concentrava na praça do Patriarca, em dado momento, acossada por um grupo de amotinados, avançou até a sede da Prefeitura, na rua Líbero Badaró, que foi completamente apedrejada...*". "... A essa altura a cavalaria tomava conta da rua Líbero Badaró, acossando o povo que descia para o Anhangabaú".

"... *A turba, embaixo, agitada e furiosa, numa das vezes, por idéia de um popular, arrancou vários postes de ônibus e imediatamente, pondo em funcionamento este instrumento, rompeu as janelas dos porões da Prefeitura.* Foi invadida a dependência onde se encontravam os fichários de processo da divisão do Arquivo...". "... Alguns elementos tentaram pôr fogo, mas a infantaria atacou de baioneta calada e deu alguns tiros para o chão".

"Em frente à sede da Prefeitura, foram queimados dois carros oficiais".

"... às 15 horas, um grupo de escoltados, a que em breve se juntou uma multidão, tomou a direção da sede da CMTC e tentou invadir o prédio para destruir as suas instalações, no que foi impedido pela polícia".

A manifestação ocorrera num crescendo, cujo processo se iniciara com as depredações de veículos de transporte para, em seguida, dirigir seu furor contra as sedes das administrações dos serviços ou do poder local. As descrições da imprensa indicam ainda que, diante da sede da Prefeitura, os manifestantes passaram a pedir a presença do Prefeito da cidade, com quem desejavam "ajustar contas". Só a intervenção da cavalaria e infantaria da Força Pública impediu que a multidão invadisse a prefeitura, de onde o Prefeito já tinha fugido. Além disso, as manifestações de raiva popular que, em princípio se dirigiram contra o serviço de transportes coletivos, em seguida se voltaram contra o comércio e algumas tendas de gêneros alimentícios existentes no Vale do Anhangabaú, como as que o governo estadual mantinha com o nome de tendas "Adhemar de Barros". Tudo é saqueado e destruído, desaparecendo das lojas de gêneros de primeira necessidade, doces, frutas, e até mesmo algum maquinário de escritório e dinheiro. Os saques e roubos só não ocorreram onde a polícia interviu, como no caso de lojas de praça João Mendes, onde formou-se um cinturão de segurança, integrado por milicianos, em torno das lojas ameaçadas.

Além disso, registraram-se inúmeros acidentes como quando a multidão enfrentava os policiais e as tropas cavalarianas, pondo-os em fuga, em alguns casos [5]. Quando as autoridades anteviram a possibilidade de perder o controle da situação, a repressão cresceu em violência: várias pessoas foram feridas a tiros e 350 populares foram detidos pelo DOPS, dos quais após os primeiros dias de interrogações, 50 foram incursos em processo.

Ao final das manifestações, no começo da noite, a cidade voltou à calma, e constatou-se o seguinte quadro:

Veículos danificados pelo quebra-quebra de ônibus e bondes de 1947, em São Paulo

Veículo/ Transporte	Total da Frota	Completamente Destruídos	Danificados s/ Condições de uso	Parcialmente Danificados
Ônibus	600	15	30	100
Bondes	–	15	150	400

Fonte: Arquivos da Biblioteca Municipal de São Paulo, Coleção dos Jornais "O Estado de São Paulo" e "Correio Paulistano", dia 02 de Agosto de 1947 e seguintes.

Trinta veículos, entre ônibus e bondes, estavam completamente destruídos e outros 180 teriam de ser postos fora de circulação, em vista do seu estado de danificação. Na impossibilidade de saber, exatamente, a extensão dos acontecimentos, em termos do número de seus participantes, as cifras de veículos danificados servem a uma boa indicação da amplitude que eles tiveram entre as camadas da população que se utilizavam de transportes coletivos na época. Segundo informações da imprensa, como se pode ver no quadro, a frota de ônibus que servia a cidade na época não ultrapassava a 600 unidades, o que significa que 1/4 do seu total chegou a ser atingido pelos acontecimentos. Por outro lado, no dia seguinte, o Corpo de Bombeiros da cidade informava, complementando as informações anteriores, ter recebido 32 chamadas para apagar incêndios em veículos de transporte coletivo, em diferentes pontos da cidade.

5 Um relato da imprensa ("Correio Paulistano" de 02 de agosto de 47, por exemplo), informa que num dos momentos mais dramáticos dos acontecimentos no Vale do Anhangabaú, um popular, diante do avanço das tropas que foram mobilizadas para reprimir o quebra-quebra, apela, aos gritos, para os sentimentos patrióticos dos soldados e para a sua condição de "homens do povo". Um soldado, então, aos prantos, deixa a sua arma e abandona as suas funções.

Por outra parte, as manifestações exigiram a mobilização conjunta dos efetivos da Cavalaria e Infantaria da Força Pública do Estado, do Corpo de Bombeiros da Guarda Civil, sem contar os elementos da polícia civil. Alguns soldados encarregados da repressão às manifestações confessaram mais tarde à imprensa e às autoridades que tinham permanecido inativos e tomados de medo diante da impetuosidade da fúria popular. Em um comunicado oficial, a Secretaria de Segurança do Estado tentará explorar este aspecto, para argumentar que tanques e metralhadoras só não entraram em ação porque as autoridades condescenderam diante do ímpeto popular. O comunicado oficial, obviamente, retira qualquer responsabilidade das autoridades estaduais, para anunciá-la como arte de "elementos desclassificados e reacionários, interessados em tumultuar a ordem". Note-se bem, nesse momento, a polícia estadual não fala da presença de agitadores nos acontecimentos e caberá ao governador Adhemar de Barros, que havia viajado para o interior do Estado, durante a tarde dos distúrbios, anunciar ter conhecimento da participação de "políticos tradicionais" no incitamento ao povo que, simplesmente, teria se deixado conduzir por eles.

Curiosamente, os inquéritos instaurados para apurar as responsabilidades não apresentaram resultado algum, a não ser que, mais de um ano mais tarde, numa outra conjuntura, quando o governo já perseguia os comunistas e o PC estava posto na ilegalidade (e, portanto, já não podia oferecer vantagens eleitorais ao governador Adhemar de Barros), estes são acusados da iniciativa do quebra-quebra.

Entretanto, essa hipótese não se sustenta, absolutamente, por várias razões. Em primeiro lugar porque logo no dia seguinte às manifestações, o deputado federal Carlos Marighela, falando em nome da bancada comunista, analisa a gravidade dos acontecimentos e conclui que os comunistas não apenas não tinham participação como haviam sido tomados de surpresa pelos acontecimentos. Além disso, muitos anos mais tarde, essa versão seria confirmada por alguns depoimentos, sob o argumento de que "essa não era a linha nem o método dos comunistas" [6]. Esse, a meu ver, é o aspecto crucial. Nem a linha política do partido, nos anos anteriores, permitia incluir esse tipo de manifestação nos seus horizontes, já que para os comunistas o essencial era

6 Depoimentos de antigos militantes dos Comitês Democrático-Populares, em São Paulo, e do ex-deputado estadual, Taibo Cadornega, eleito pela bancada Comunista, em 1946.

consolidar as condições de "Ordem e Tranqüilidade" para construir a democracia de colaboração de classes, que então começava a se edificar, nem a conjuntura do momento – meados de 47 – aconselhava a qualquer aventura daquela espécie. Creio que a hipótese mais plausível é mesmo a de que o PC foi pego de surpresa pelos acontecimentos e isso se justifica plenamente em face da distância que seus dirigentes se encontravam em relação a certos anseios das massas urbanas. Além do mais, o PC colaborava com o governo Adhemar de Barros, de cuja eleição tinha participado, e não tinha interesse em criar dificuldades.

Em qualquer caso, menos do que especular em torno dos eventuais responsáveis pelos acontecimentos do dia 1º de agosto de 1947, o que importa assinalar são as características das turbulências e o caráter eventual que elas puderam apresentar a quem quer que estivesse, a essa época, interessado na sorte das classes populares urbanas. Em primeiro lugar, o que salta aos olhos de qualquer analista é o caráter de defesa econômica da explosão popular. O seu estopim é o aumento do preço das passagens do transporte, componente importante dos custos de reprodução da força de trabalho em uma cidade como São Paulo, cuja urbanização isolou as classes assalariadas na periferia, longe de seus locais de trabalho e, ao mesmo tempo, não ofereceu um sistema rápido e barato de locomoção no interior do aglomerado urbano. Esse caráter econômico fica bem claro pelo fato de que os distúrbios de rua se iniciam com o problema imediato do aumento nas passagens, mas acaba por convergir para o ataque a lojas e armazéns que comerciavam gêneros de primeira necessidade, igualmente relacionados com os custos de reprodução da força de trabalho.

Todavia, – e esse é, a meu ver, o aspecto mais interessante para a teoria – as manifestações não têm apenas caráter econômico. Elas partem de uma luta elementar, desorganizada se se quiser, de defesa econômica. Mas o fundamental é que, no processo das manifestações, a massa que vai aderindo espontaneamente acaba por identificar o seu antagonista em um setor do Estado, que é a prefeitura Municipal de São Paulo. O prefeito – que é a autoridade local mais importante – é imediatamente identificado como o responsável por um estado de coisas que se deseja ver mudado e, nas condições políticas da época, a solução que as massas encontram é partir para um ataque à sede da prefeitura e exigir do prefeito "um ajuste de contas". Não deve passar desapercebido, também, o fato de que a turba se dispõe, em diversos momentos, a enfrentar diretamente as forças de repressão do Estado, representadas pela polícia e pelos contingentes da Força Pública de São Paulo. Há como que um ritual de mútua identificação entre os agentes em cena. Mas isso não quer dizer que houvesse qualquer lógica nessa disposição de enfrentamento ou que os motins pudessem ser o estopim de algo como uma insurreição urbana. Não é disso que se trata. Entretanto, algo de político havia nesse profundo dissabor das massas que, além de identificar o próprio objeto de sua insatisfação, identificava também os protagonistas que, a seu ver, eram os responsáveis pela situação que provocou o seu descontentamento.

Hobsbawm, ao tratar das rebeliões das turbas urbanas dos séculos XVIII e XIX, demonstra que esses movimentos das classes sociais pobres das cidades, que então se formavam no contexto do capitalismo europeu da época, são manifestações que contém implícita ou explicitamente ideais políticos, cujos fins visam também a resolver problemas de natureza econômica. As rebeliões visam a lutar contra o desemprego e a favor do rebaixamento dos custos de subsistência das massas. O caráter de luta pela subsistência é dado pelo seu furor contra os mercadores e comerciantes que aumentam os preços dos gêneros mais importantes, ou, então, contra os aumentos constantes dos impostos locais. Na hipótese de Hobsbawm, a turba urbana dos séculos XVIII e XIX era formada pelos deserdados do sistema, pelos assalariados, pelos pequenos proprietários que resistiam às mudanças sociais em curso e pelos desclassificados sociais. Ou seja, em uma palavra: o baixo povo.

Certamente, não se trata de fazer uma comparação mecânica com os movimentos europeus mencionados. Mas no caso brasileiro, da mesma forma que no caso das turbas urbanas analisadas por Hobsbawm, a composição social das multidões enfurecidas é dada pelos escalões mais baixos da pirâmide social que compõem a estrutura social das cidades. São os operários de baixa qualificação, os pequenos funcionários e o que, em linguagem comum, designa-se como a "baixa classe média". Também aqui as explosões se deram em função do aumento da curva dos preços dos produtos ou serviços básicos e componentes essenciais da cesta de subsistência das classes populares. Mas o fundamental, para uma comparação profícua com os casos estudados pelo historiador inglês, são não apenas as suas condições econômicas e sociais, mas o seu sentido político. Da mesma forma que no caso clássico, as explosões da turba urbana no Brasil visam a obter o atendimento de suas aspirações, em caráter imediato, e se dirigem contra os ricos ou os poderosos do sistema, os quais são identificados em função de seus cargos e suas funções administrativas e pela simbologia a que estas se referem no sistema político. Daí as tentativas de ataques à prefeitura ou à sede da CMTC. São "os que decidem" os visados pela fúria popular. As massas sabem que os responsáveis são os que estão à testa das gestões que afetam a sua situação imediata.

No caso clássico, estudado por Hobsbawm, a industrialização, com o conseqüente aparecimento do movimento operário, e a urbanização, com o surgimento dos bairros periféricos dos grandes centros europeus do século XIX, põem um paradeiro aos movimentos levados a termo pela turba. Nisso reside a diferença fundamental do caso brasileiro. Aqui, é a industrialização limitada e o processo de urbanização excludente, que gradativamente expulsa as massas urbanas para a periferia da cidade, que as lança no processo que irá conduzi-las a reivindicar aspectos de sua cidadania. Aqui, as explosões da turba urbana demonstram que as massas não aceitam, exatamente, serem chamadas a constituir o novo regime democrático do após-guerra e, ao mesmo tempo, não serem ouvidas por esse regime nos problemas que, real ou ilusoriamente, afetava-as e, para os quais, certamente, tinham o que dizer. Como as condições políticas da época incluíam estímulos ideológicos que apelavam à sua participação em um Estado que era apresentado como de "todos" e, ao mesmo tempo, as alternativas oferecidas não lhes permitia identificar uma forma cabível de canalizar o seu potencial de luta, uma face dos resultados foram as explosões de fúria popular que nem resolveram os seus problemas imediatos, nem somaram no sentido de criar uma tradição organizatória. Nesse sentido, cabe indicar, como também se pode notar contemporaneamente, que as explosões de violência urbana colocam mais problemas do que resolvem. Colocam problemas de natureza organizatória, cuja solução só pode estar relacionada com o papel que as organizações políticas que se dizem representantes das massas está desempenhando no momento da sua emergência: os movimentos e os partidos políticos.

Em realidade, explosões de furor popular, como a que ocorreu em São Paulo, em 1947, são bastante comuns na América Latina e, mesmo no Brasil, tem uma tradição largamente firmada. São indicativos disso os eventos de 1959, em Niterói e, mais recentemente, os eventos de 1974 a 1976 no Grande Rio e na Grande São Paulo, quando ocorre uma verdadeira *onda* de quebra-quebras de transportes coletivos destinados a conduzir amplas faixas da população assalariada, de seus subúrbios de residência aos seus locais de trabalho, e cuja motivação são as precariedades desse serviço de consumo coletivo, quase sempre administrado pelo Estado [7].

É interessante observar a dinâmica desses eventos, freqüentemente, marcados apenas pela presença de dois agentes: de um lado, setores das massas populares, articulados em torno da sua condição de usuários de certos serviços públicos precários, administrados pelo Estado; e, de outro, o próprio Estado, freqüentemente intervindo em reação defensiva à ação das massas, que depredam, destroem ou atacam as

7 Sobre os acontecimentos de 1959, em Niterói, e 1974 a 1976, no Grande Rio e na Grande São Paulo, ver *E. O. Nunes*, "A multidão violenta", IUPERJ, Rio de Janeiro, 1975, e *J. A. Moisés* e *V. M. Allier*, "A revolta dos suburbanos..." op. cit.

próprias unidades de serviço público (ou então, como é o caso de 1947, 1959 e 1974 a 76, os "próprios públicos", identificados como sede de administração e gestão desses serviços. Quer dizer, a sede mais visível, a partir da qual o Estado realiza a gestão desses serviços). A presença dos empresários (ou, mais genericamente, dos grupos economicamente dominantes) que, ao menos teoricamente, são também afetados pelas ações, já que a questão dos transportes está diretamente relacionada com a viabilização de imensas parcelas da mão-de-obra como força de trabalho, é quase nula. Eles se limitam à condição de observadores interessados, mas não chegam a agir direta, ou mesmo, indiretamente. Quando muito, chamam a atenção do Poder Público para a importância do problema e a necessidade de se fazer mais investimentos públicos destinados à sua solução. Mas não passam disso.

Entretanto, o que interessa mais para o caso considerado é o fato de que, em sua maior parte, as ações espontâneas mencionadas aqui acabam, quase sempre, por produzir efeitos políticos, ao nível do Estado, que fazem com que o próprio Estado se veja na obrigação de dar alguma sorte de resposta às massas populares, seja em termos da simples repressão às ações violentas, seja em termos de alguma solução para problemas que motivaram a ação popular. Quer dizer, o Estado se vê diante da contingência de reconhecer nos setores das classes populares mobilizados pela ação específica o agente ao qual deve algum tipo de satisfação. Isso, no contexto da formação do Estado moderno brasileiro, está diretamente relacionada com a reivindicação dos direitos de cidadania que, aliás, a ideologia oficial reconhece como próprios às classes populares.

Isso é particularmente mais verdadeiro para o período histórico em consideração, isto é, a democratização do após-guerra, quando todo o debate político tendeu a projetar a imagem de um Estado acima das classes, capaz de "prover a todos", independentemente das diversidades sociais. Não creio que seja irrelevante, para a consideração do papel histórico das classes populares no período democrático, essa imagem que se vai formando no país, com a participação praticamente de todos os grupos políticos existentes na época, inclusive a esquerda, e que tendia a apresentar o Estado de após-30 como a única agência capaz de realizar os "interesses públicos" (entendia-se por essa expressão, algo como "as necessidades gerais" do povo). É diante disso que cabe falar na imagem do Estado como expressão de uma "vontade geral", cuja mediação, no Brasil da época, deveria ser feita pelos líderes populistas como Getúlio Vargas, Adhemar de Barros e, mais tarde, Jânio Quadros. Afinal, não era isso que o voto popular representava: a possibilidade da intervenção das massas na política, através da escolha dos dirigentes do Estado, figuras "meio-míticas, meio-reais" que pareciam pairar sobre elas?

Por isso, não é de surpreender que, em situações-limite, diretamente relacionadas com as suas condições de sobrevivência nos grandes centros urbanos, as massas se sentissem no direito de ir à ação direta, num ataque que golpeava parte dos serviços públicos, mas se dirigia aos setores encarregados da sua gestão pública – os detentores do Estado. Por isso, ainda, em que pese toda a espontaneidade presente nessas ações, a grande questão que se colocava (e se coloca até hoje), para quem quer que estivesse interessado na sorte das classes populares, *é a de alguma alternativa político-organizatória que servisse, por um lado, para afirmar os direitos que as próprias massas – pela sua ação – reconheciam serem seus; e, por outro, que garantisse a continuidade de sua capacidade de intervir em certos problemas que consideravam do seu interesse, como era o caso da questão dos transportes coletivos.*

Em uma palavra: a emergência de eventos, como esses de 1947, colocava, por assim dizer, uma demanda da parte de setores das classes populares à sua própria organização social e a sua direção. Não ser capaz de reconhecer esse fenômeno, naquela conjuntura de meados dos anos 40, quando o grande tema que se projetava para a sociedade era a questão da participação popular, era, praticamente, afirmar uma incapacidade de direção política extremamente grave, nas condições da época, embora isso valesse, igualmente, para os conservadores, os liberais e até mesmo a esquerda. Diante das explosões de furor popular, as diversas forças políticas nada tinham a oferecer a não ser lamentar que a ação das massas, destruindo parte da frota de transportes, aumentasse ainda mais as suas próprias dificuldades de vida.

Por isso, é surpreendente, sob diversos aspectos, que aqueles acontecimentos de 1947 (que não foram os únicos), tenham passado tão desapercebidos para a esquerda e para as demais forças políticas interessadas em assumir a representação das classes populares na política. Era, quando menos, uma demonstração da distância que separava as elites (ou as "vanguardas") das massas, cuja ação, ainda que inconseqüente em termos de resultados imediatos, marcava a presença de atores que não desejavam ser considerados, somente, no momento do voto.

Por essa razão, a afirmação, por parte da esquerda (como é o caso do PC), de um completo alheamento diante dos acontecimentos, ou mesmo, de que eles não correspondiam aos seus "métodos de ação" era, quando menos, uma declaração de impotência. Ou, um reconhecimento de sua incapacidade de oferecer solução para certos fenômenos de emergência espontânea das massas, cujo sentido último era uma busca de expressão política, ou, por outras palavras, de organização e de direção.

Mas a emergência das explosões de furor popular era, também, uma indicação dos limites até onde podia chegar o regime democrático da época, pois indicava, nas condições então conhecidas, a inexistência de canais institucionais pelos quais os reclamos e as reivindicações dos usuários públicos pudessem se expressar. Diante disso, a indiferença da esquerda era uma demonstração de que ela não tinha horizontes pelos quais pudesse definir uma política de afirmação dos direitos de participação das massas. Aliás, se é verdade, como é fácil de imaginar, que a conjuntura de meados de 1947 dava sinais de fechamento político e, nesse sentido, desaconselhava uma encampação, pura e simples, por parte do PC, dos quebra-quebras de bondes e ônibus, é verdade também que a sua própria ocorrência indicava uma área de problemas que o novo regime democrático não podia ignorar. Jogar como se as insatisfações das massas pudessem, simplesmente, ser ignoradas, era jogar contra a própria democracia que a esquerda afirmava desejar construir e que, de outra parte, interessava à sua própria sobrevivência política.

É difícil entender, portanto, o papel jogado pela esquerda, nessa época, em face de um padrão espontâneo de ação das massas na cena política. Se essa espontaneidade era uma procura de direção política, a recusa da esquerda em dar resposta a ela era uma renúncia ao desempenho das funções que ela mesma se propunha a realizar. Não é fácil, entretanto, dar uma explicação para fenômenos como esse, já que não se trata, certamente, de comodamente condenar o passado. Talvez a única explicação plausível para essa incapacidade de direção, em face de acontecimentos tão expressivos da espontaneidade das massas, esteja na própria concepção que se tinha do fenômeno. Mais do que um sinal de aspiração de participação, a espontaneidade era vista, por amplos setores da esquerda da época, como puro sinônimo de "espontaneísmo", como concepção da política. Assim, era uma manifestação que cabia desqualificar e que, portanto, não merecia nem mesmo um esforço no sentido da sua redefinição, quer dizer, um esforço de rompimento da própria espontaneidade, o que, na prática, só podia significar um esforço de organização dessas mesmas massas.

A outra hipótese, à qual eu creio que a anterior pode se associar, diz respeito ao modo pelo qual a questão da própria democracia era pensada. Definida no quadro de uma política de "colaboração de classes", o problema era sempre pensado em termos da construção genérica de um regime democrático que, supostamente, era "igual para todos". A prática social, entretanto, demonstrava que isso não era verdade e essa realidade não escapava a setores das classes populares urbanas. Na verdade, adotar uma concepção de democracia, no quadro de uma política de "colaboração de classes", exigia, quando menos, definir um espaço próprio às classes populares a partir do qual elas também fossem incluídas no novo regime democrático.

Esta questão remete, imediatamente, à questão da extensão dos direitos de cidadania. É fora de dúvida que certas formas de mobilização e participação popular pressionam no sentido de uma incorporação da massa ao sistema político. O problema, entretanto, está em saber em que sentido essa mobilização pode ser o ponto de partida para consolidar uma participação mais permanente. Sem o reconhecimento formal dos direitos de participação das massas e sem um suporte institucional para garantir esses direitos, não há participação popular que perdure.

O problema, no caso do após-guerra imediato, está em que, de uma ou outra maneira, nem os liberais nem a esquerda foram capazes de apresentar qualquer alternativa concreta pela qual as classes populares pudessem se sentir representadas no novo regime democrático. Por isso, elas cultivaram um respeitável sentimento de marginalização de um sistema que não era visto como seu. É desnecessário insistir no quanto isso é disfuncional para a estabilidade democrática, pois, nos momentos de crise as massas não se sentem identificadas, nem comprometidas com o regime democrático. Mas, mais grave do que isso, é necessário enfatizar que deste modo a democracia do após-guerra não foi, para as classes populares, mais do que um aceno à participação, o que valeu em algumas conjunturas, mas que não ofereceu canais e suportes reconhecidos para efetivar a sua entrada na política.

Concluindo: é nesse sentido que é preciso recuperar os termos da discussão contemporânea sobre a extensão dos direitos de cidadania. Por vezes, a pressão nesse sentido emerge de forma inorgânica, até mesmo "caótica", mas ela surge onde o povo sente que os seus problemas e os seus interesses estão presentes. Não reconhecer isso, por parte dos agentes políticos que desejam representar esse mesmo povo na política, é recusar ao seu próprio papel. No que diz respeito aos acontecimentos de 1947, à parte outras considerações, é fora de dúvida que a explosão de furor popular não logrou ser canalizada em termos de uma política duradoura de organização das massas, nem de um esforço específico no sentido de ampliar a sua cidadania.

QUEBRA-QUEBRAS NA CONSTRUÇÃO CIVIL: O CASO DOS OPERÁRIOS DO METRÔ DO RIO DE JANEIRO *

Lícia do Prado Valladares

Durante o ano de 1979 uma verdadeira onda de greves e revoltas de operários da construção civil alastrou-se por mais de sete cidades brasileiras, [1] tomando de surpresa todos aqueles atentos ao movimento operário no Brasil. [2] Assistiu-se assim, em princípios de agosto em Belo Horizonte, a uma greve de mais de 10 mil trabalhadores da construção civil que transformou partes da cidade em campo de batalha entre tropas da Polícia Militar e operários, causando a morte de um destes. Em meados do mesmo agosto são os que trabalham na construção civil em Brasília e Porto Alegre que se mobilizaram (três mil e sete mil trabalhadores em cada capital respectivamente) realizando greves com piquetes e passeatas. Em setembro chega a vez de Vitória do Espírito Santo onde cerca de 20 mil operários paralisaram quase todas as obras da cidade por um período de dez dias. A seguir, em outubro, foi Volta Redonda o palco de manifestações com três mil operários participando de ações violentas, que levaram à destruição de

* Este artigo é uma versão ligeiramente modificada do trabalho apresentado na 30ª Reunião Anual da Sociedade Brasileira para o Progresso da Ciência, realizada em São Paulo, em julho de 1978. Agradeço a Estela dos Santos Abreu pelos comentários à presente versão.

1 Tenho conhecimento de greves ocorrendo nas seguintes cidades: Belo Horizonte, Ouro Branco (Minas Gerais), Brasília, Porto Alegre, Vitória, Goiânia, Volta Redonda e Curitiba.

2 Vale lembrar que, na história das lutas operárias no Brasil, o setor da construção civil sempre se caracterizou por sua reduzida participação e fraca incidência de greves, registrando-se alguma atuação reivindicatória destes operários mormente no período que vai do início do século até a Primeira Guerra Mundial. Ver Fausto, Bóris – *Trabalho Urbano e Conflito Social* (1890-1920). São Paulo, DIFEL, 1976.

cantinas e escritórios, à luta com a polícia e à eclosão de uma greve que durou oito dias e colocou em risco a construção das novas dependências da Companhia Siderúrgica Nacional. Curitiba, por fim, foi a metrópole onde ocorreram as últimas manifestações do ano, assistindo-se em novembro a uma greve que, tendo começado com cinco mil trabalhadores da construção civil, culminou com a adesão de vinte mil e a paralisação de 300 obras.

No Rio de Janeiro a mobilização dos trabalhadores da construção civil foi anterior à série de manifestações acima referidas, revestindo-se inclusive de um teor distinto. Aqui ocorreram quebra-quebras de cantinas e alojamentos, inicialmente em dois grandes canteiros de construção habitacional,[3] alastrando-se em seguida até os superpovoados "lotes" (canteiros de obra) do Metrô. Começando em fins de 1977, a onda de quebras ganha impulso no primeiro semestre de 78, acabando por esvair-se antes do final do ano. Registraram-se um total de onze quebras, dos quais dois, como mencionado acima, em canteiros de empreendimentos imobiliários e nove em lotes de subempreiteiras do Metrô.

É desses acontecimentos que este artigo trata. O estudo específico dessas revoltas ocorridas no Rio parece justificar-se. Praticamente nada ainda foi escrito[4] sobre o novo movimento de operários da construção civil que começa a tomar âmbito nacional, passando a integrar a história recente das lutas operárias no Brasil; um primeiro passo, neste sentido, poderia ser a análise das manifestações ocorridas em cada cidade separadamente. Além disso, os quebras promovidos por operários trabalhando na cidade do Rio de Janeiro parecem ter encabeçado o movimento que se desenvolveu no decorrer de 1979, servindo de exemplo estimulante aos trabalhadores dos outros estados. Convém lembrar a própria natureza das manifestações ocorridas na antiga capital federal que contrastam com as greves promovidas um ano mais tarde pelos operários de Belo Horizonte, Brasília, Porto Alegre, etc. No Rio elas foram sobretudo ações violentas, explosivas, destrutivas; nas outras capitais a forma de expressão primordial foi a greve, o que não significou em certos casos ausência de violência. Neste sentido, considerando historicamente essa série de manifestações, parece ter havido uma evolução do movimento pela alteração substancial do instrumento de reivindicação e de luta.

3 Localizados em São Conrado e Barra da Tijuca.

4 Conheço apenas o texto de Nair H. Bicalho de Souza – "Notas sobre as greves dos operários da construção civil em Brasília". In: *Chão*, nº 8, p. 26-27.

Não pretendo examinar todos os quebras verificados no Rio de Janeiro mas deter-me naqueles que ocorreram exclusivamente dentro dos canteiros de obra do Metrô, por formarem um subconjunto com características bem específicas: a obra do Metrô congregava em 1978 nada menos que 14.000 operários; quebra-quebras se repetiram em curto espaço de tempo, reincidindo inclusive nos mesmos canteiros; foi considerável sua repercussão na imprensa, vindo a público as condições limites em que os operários do metrô vendiam sua força de trabalho; e, finalmente, estas revoltas ocorreram no âmbito de uma obra pública de grande porte, com sensível significado político.

A escolha dos quebras do metrô enquanto objeto de estudo deve-se ainda a razões até certo ponto circunstanciais. Eu estava iniciando uma pesquisa sobre força de trabalho no setor da construção civil [5] e assistia a cursos de formação profissional oferecidos pelo SENAI em um dos lotes do metrô, quando começaram a irromper os primeiros quebras de 1978. Os acontecimentos logo chamaram minha atenção, parecendo-me inclusive conseqüência natural do regime de exploração a que estavam submetidos os operários na época.

A partir das primeiras ocorrências passei a coletar todo o material que saía em jornais e a refletir sobre os quebra-quebras e o seu significado. Por sorte ou por azar nunca presenciei nenhuma destas manifestações mas a partir do momento em que me interessei em estudá-las passei a considerar mais atentamente as condições de trabalho dos operários e suas relações com a Companhia do Metropolitano, empresa estatal responsável, e as várias empreiteiras encarregadas da execução da obra. Interessei-me ainda em estudar a organização interna do canteiro, ao mesmo tempo um espaço coletivo de produção e de consumo, na medida em que este, pelas condições de vida e de trabalho que oferecia aos operários, era o palco mesmo das revoltas.

Neste texto vou analisar inicialmente as condições objetivas que propiciaram a emergência dos quebra-quebras do Metrô; em seguida examinar a dinâmica e seqüência das revoltas, bem como sua repercussão quanto às relações entre a Companhia do Metropolitano e as grandes empresas de construção civil executoras do empreendimento; enfim, discutir o significado e a eficácia dos quebra-quebras enquanto forma de luta. [6]

5 Pesquisa financiada pela FINEP, realizada no IESAE-FGV, com a colaboração das mestrandas Verônica de Araújo Capelo, Marina T.B. Rebello e Eleide Abril.

6 Não pretendo de modo algum ter esgotado o assunto, nem ter discutido todos os ângulos da questão. Fica para outra ocasião uma comparação com os quebra-quebras de trens suburbanos estudados por José Álvaro Moisés e Verena Martinez-Alier, cujo trabalho não deixou de certa forma de inspirar o presente texto. Cf. MOISÉS, J.A. & MARTINEZ-ALIER, V. A revolta dos suburbanos ou 'Patrão, o trem atrasou'. In: ____ *Contradições urbanas e movimentos sociais.* Rio de Janeiro, Paz e Terra/CEDEC, 1977, p. 13-64.

1. *As condições objetivas que propiciaram a emergência das manifestações*

Os quebra-quebras não surgiram de repente, nem do nada. Pelo contrário, se inseriram num quadro de condições e situações objetivas que cercavam a realização da obra do metrô, nos idos de 77/78.

Eram então 37 km de extensão que começaram a ser construídos em 1975 por seis grandes empreiteiras contratadas para prestação de serviços pela Companhia do Metropolitano: a Ecisa, a Ecel, a Mendes Júnior, a Cetenco, a C.B.P.O., e o consórcio Ecicel, todas empresas de grande porte, realizando obras em outras áreas do país, e em alguns casos contando com a experiência anterior da construção do Metrô de São Paulo.

Eram 5.000 operários em 1976, 11.300 em 1977, [7] 14.000 em inícios de 1978 [8] e 19.000 previstos até o final desse ano. Estes números chamam a atenção para o volume da força de trabalho engajada nas obras do metrô e sua progressão crescente. Dados levantados pela *Pesquisa entre operários do Metrô*, realizada pela Companhia do Metropolitano, em dezembro de 1977, [9] permitem apontar as características básicas desse segmento.

Tratava-se de uma população predominantemente jovem com 20,9% dos operários situados na faixa que vai dos 16 aos 20 anos, 53,7% na faixa dos 21 anos aos 30 anos, 15,8% na faixa dos 31 a 40 e apenas 9,6% com idade superior a 40 anos. Em outras palavras a grande maioria (74,6%) concentrava-se entre os 16 e 30 anos, vendendo sua força de trabalho no apogeu de suas potencialidades físicas e produtivas. Outra característica básica diz respeito à origem geográfica dos operários do metrô: apenas 12,4% nasceram na cidade do Rio de Janeiro e 9,6% no Estado do Rio. Os demais 78% eram oriundos de outras áreas do Brasil [10] podendo ser chamados de migrantes recentes, pois em 56% dos casos só tinham, no máximo, um ano de residência nesta cidade. [11] Vieram, inclusive, para trabalhar diretamente no me-

7 Cf. *Jornal do Brasil*, Rio de Janeiro, 14.9.77, "Metrô promete exigir melhor alojamento para operários".

8 Cf. *Jornal do Brasil*, Rio de Janeiro, 7.1.78, "Metrô promete punição para empreiteira que não cumpre os direitos dos operários".

9 O universo da pesquisa compreendeu os 8.228 operários então trabalhando nos lotes 1, 2, 3, 4, 7, 8, 9, 21, 22, 23 e 30. A pesquisa foi feita por amostragem, sendo entrevistados um total de 1.366 operários.

10 A mesma fonte informa que os maiores estados fornecedores de mão-de-obra têm sido Minas Gerais (20,2%) e Paraíba (10,3%). Os vários Estados do Nordeste reunidos fornecem 30,7% do total de migrantes. Cf. Companhia do Metropolitano do Rio de Janeiro. *Pesquisa entre operários do Metrô*. Rio de Janeiro, 1977.

11 Idem.

trô, seu recrutamento se dando muitas vezes no próprio estado de origem ou local de residência anterior, atendendo a anúncios de rádio e jornais, colocados pelas próprias empreiteiras. Frente a uma gradual escassez de mão-de-obra, acionada pela aceleração do ritmo das obras do metrô e pela concorrência com as construtoras do setor habitacional, as grandes empreiteiras passaram a recrutar diretamente em outros estados, numa tentativa de contornar, também, o problema do *turn over*. [12] A rotatividade era, com efeito, outra marca da população em questão: se 69% dos operários tinham mais de um ano no setor da construção civil, apenas 20,6% tinham mais de um ano de trabalho nas obras do metrô. [13] Integrando o exército industrial de reserva que fornece mão-de-obra ao setor da construção civil como um todo, os operários do metrô sobrevivem no regime da intermitência, [14] seja passando de uma empreiteira a outra, seja deixando o setor de obras públicas para ingressar no setor da construção habitacional, um pouco ao sabor das flutuações da demanda, enfrentando inclusive pequenos períodos de desemprego.

Esta mão-de-obra circulante era predominantemente constituída por operários com baixíssimo grau de escolaridade e sem formação profissional escolar: 15% sem instrução e 62,5% sem o primeiro ciclo completo. [15] A distribuição dos operários por ocupações revelava uma certa heterogeneidade na composição da força de trabalho: ao mesmo tempo em que se constatava uma predominância de serventes (23%) existia a presença considerável de operários qualificados. Dentre estes últimos destacavam-se carpinteiros (18,1%), pedreiros (13,3%), armadores (10,5%), maçariqueiros (4,7%) aparecendo ainda 30,4% distribuídos entre operadores de máquina e as várias atividades de serviço que o canteiro de obra requer. [16] A distribuição dos operários por salá-

12 As grandes empreiteiras como a Ecisa e a Mendes Júnior têm escritórios em outras cidades onde funcionam os serviços de recrutamento que oferecem transporte grátis até o Rio. Aqui as empresas tentam recrutar pessoal tanto através de anúncios em jornais populares (*O Dia*, *A Notícia*, etc.), como através de tabuletas colocadas em frente aos próprios canteiros de obra, ou ainda através de um serviço de kombis que circulam pelos subúrbios e periferia da cidade ou que se instalam em pontos-chaves como em frente à Central do Brasil, por onde passam, diariamente, milhares de pessoas.

13 Cf. Companhia do Metropolitano do Rio de Janeiro. *Pesquisa entre Operários do Metrô*, op. cit.

14 Para uma análise do trabalho intermitente com referência especial aos trabalhadores da construção civil, ver ANA CLARA T. RIBEIRO, "Trabalho urbano: biscate e biscateiros". Rio de Janeiro, IUPERJ, 1977 (Tese de Mestrado).

15 Cf. Companhia do Metropolitano do Rio de Janeiro. *Pesquisa entre Operários do Metrô*, op. cit.

16 Idem. Os serviços incluíam atividades vinculadas à administração do canteiro de obra, limpeza, produção de alimentos, segurança, etc.

rio mensal (embora a unidade de remuneração fosse a hora) traduzia entretanto uma maior homogeneidade da massa trabalhadora, bem como o baixo custo de reprodução da força de trabalho: 56,1% encontravam-se na faixa de um salário-mínimo mensal, 31,3% na faixa de dois salários-mínimos e apenas 12,6% ultrapassavam o equivalente a mais de dois salários-mínimos mensais.[17]

As condições de exploração desta força de trabalho ficam mais claras ainda se penetrarmos no espaço de produção-consumo que é o canteiro de obras do metrô. Delimitados claramente por tapumes azuis que levam a sigla do metrô, estes espaços – denominados oficialmente de "lotes" – reúnem máquinas, caminhões, oficinas, escritórios, ambulatórios, alojamentos e cantinas por onde circula diariamente um verdadeiro formigueiro humano. Assim, o lote 4 (Largo da Carioca), da Ecicel reunia 2.000 operários; o lote 21 (Mangue), da Mendes Júnior, 1.800 homens; no lote 9 (Botafogo), da Cetenco eles eram 1.300; e no Centro de Manutenção (Cidade Nova), da Ecisa eles eram 2.000 – para citar apenas alguns exemplos.[18] Do total de operários trabalhando no metrô, sabe-se que 67,4% residiam dentro de seus próprios canteiros.[19]

Ocupando grandes áreas, cortando ruas, praças e avenidas, aglomerando grande número de trabalhadores, os lotes constituíam espaços fechados e controlados. Seu acesso se dava por uma ou duas entradas, após identificação, procedimento a que estavam sujeitos inclusive os operários que vinham apresentar-se pela primeira vez ao setor de pessoal.[20]. Lá dentro, a circulação também era controlada. Os operários tinham seus passos vigiados pelos agentes de segurança da empresa, encarregados de garantir o funcionamento do canteiro de obras como ditado pela empreiteira: às 5 da manhã acordar; às 6 dirigir-se até a cantina para o café da manhã, e às 7 começar o trabalho. Às 11 horas interromper para o almoço e entrar na fila da cantina. À 1 da tarde recomeçar o trabalho e às 18 horas interromper para jantar. O uso da cantina se dava sob os olhares dos seguranças que controlava a

17 Idem.

18 O número de operários em cada lote variava, inclusive, em função do estágio em que se encontrava a obra. Estes dados referem-se às seguintes datas: lote 4 – janeiro 1978; lote 21 – dezembro 1977; lote 9 – fevereiro 1978; Centro de Manutenção – março 1978.

19 Cf. Companhia do Metropolitano do Rio de Janeiro. *Pesquisa entre os operários do Metrô*. Situação em dezembro de 1977.

20 Visitas ao metrô, por exemplo, só se verificam quando permitidas pela Companhia do Metropolitano. Jornalistas necessitam de credenciais e pesquisadores precisam de carta de apresentação. As entrevistas com operários se realizam sob os olhares de funcionários do Setor de Pessoal.

fila, e o acesso aos alojamentos só era permitido após as 18 horas, quando se encerrava, oficialmente, a jornada de trabalho.[21]

Apesar das leis trabalhistas limitarem a 10 horas a extensão máxima da jornada de trabalho, os operários do metrô costumavam trabalhar das 7 às 22 horas,[22] seja para atender a exigências do cronograma da empresa, seja para tentar assim complementar com horas extras os seus parcos salários. Muitos operários praticavam com freqüência o regime da "dobra", jornada de 36 horas seguidas, com apenas 8 de interrupção, consumidas pelas refeições. A "dobra" consistia em começar o trabalho às 7, interromper duas horas para o almoço, continuar até às 19 horas, interromper duas horas para o jantar, emendar até às 7 da manhã do dia seguinte, interromper uma hora para o café da manhã, retomar o trabalho até a hora do almoço, parar duas horas para almoçar e seguir até às 19 horas quando, enfim, a "dobra" se dava por encerrada.[23]

Sobrecarregados em horas de trabalho, os operários enfrentavam, outrossim, um canteiro de obras onde os acidentes de trabalho eram freqüentes. Tratores, guindastes, escavadeiras, britadeiras e outras máquinas pesadas circulavam de um lado para outro, manobrando sem parar frente à centenas de operários que efetuavam trabalhos braçais, usando não mais que um capacete e quando muito botas e luvas, como proteção. Os arquivos do Hospital Souza Aguiar, para onde eram encaminhados praticamente todos os trabalhadores acidentados do metrô, registravam em 1977 um total de 3.221 ocorrências,[24] núme-

21 Vale a pena transcrever aqui a descrição feita pelo jornalista Tim Lopes que se fez de operário e passou dois dias trabalhando no metrô:
"São 5 horas da manhã. Os alojamentos estão numa algazarra geral. Pelo corredor estreito que leva ao banheiro os "peões", num vozerio, se esbarram apressados disputando torneiras e latrinas. Os rádios ligados em programas sertanejos ou na Rádio Relógio se misturam com a rouquidão, a tosse, espirro, dores de dente, ouvido e cachumba dos operários que trabalham para não perder o dinheiro do dia. (...) Serventes, pedreiros, carpinteiros, apontadores e encarregados, na entrada do alojamento A e B, na Rua Ana Néri, vão entregando na guarita as chaves dos quartos e recebendo as plaquetas de identificação das mãos do segurança "Didi". (...) Ainda está escuro e faz um frio que deixa a gente tremendo. A fila do café está grande e à medida que vão entregando as cartelas de refeição, os operários entram na cantina em grupos de 5. (...) A cantina fecha às 6 e 30 e quem não tomou café com leite e um pão com gosto de manteiga, trabalha de estômago vazio e ainda aposta uma corrida para ser o primeiro da fila do almoço, às 11 horas." Cf. *Repórter*, Rio de Janeiro, nº.7, jun. 1978, "Inferno no Metrô".

22 É claro que havia exceções, sobretudo naqueles lotes que estavam adiantados em relação ao cronograma.

23 Cf. *Jornal do Brasil*, Rio de Janeiro, 4.9.77, "Metrô tem 11 mil operários mas só 100 sindicalizados".

24 Cf. *Repórter*. Rio de Janeiro, nº 7, jun. 1978, "Inferno no Metrô". Pode-se supor que este número não expresse o total de acidentes, uma vez que os menos graves eram atendidos nos próprios ambulatórios dos lotes.

ro muito elevado se comparado com o total de operários do metrô em fins de 1977, ou seja, 11.300. A tendência parecia ser, inclusive, a do aumento de acidentes pois entre janeiro e março de 1978 já se haviam registrado, naquele mesmo hospital, 1.186 casos.[25]

Aos acidentes de trabalho somavam-se ocorrências mais esporádicas, mas não menos graves, como os incêndios de alojamento. Em agosto e setembro de 1977 eles ocorreram em maiores proporções em dois lotes de empreiteiras distintas - lote 8 da C.B.P.O. e lote 23 da Ecisa - quando 300 e 280 operários, respectivamente, ficaram desalojados, perdendo seus documentos, pertences e objetos de uso pessoal. As causas dos incêndios costumavam permanecer desconhecidas e quando chegavam os bombeiros o fogo era dificilmente debelado pois os extintores locais não eram suficientes ou não funcionavam. Em poucas horas os galpões de madeira que serviam de dormitório eram consumidos pelo fogo.

Tanto nos casos de incêndio como nos casos de acidentes do trabalho, os operários saíam duplamente lesados já que as empresas tentavam contornar a indenização e fugir às leis trabalhistas.[26] Não faltaram, por exemplo, depoimentos de acidentados que permanecem à espera de uma indenização que dificilmente sairá.[27] A declaração seguinte, de um operário à sua mulher, mostra inclusive o quão cientes estavam da situação: "Trabalho num lugar muito perigoso. Ligue sempre o noticiário porque se acontecer alguma coisa comigo você já sabe onde eu estou morto. E vai até lá porque lá na obra eles fazem isso, somem com as roupas, queimam os documentos pra não pagarem a indenização. Vale 35 mil cruzeiros a vida de uma pessoa lá."[28]

A tentativa das empresas de fugir à indenização não era muito diferente no caso dos incêndios de alojamento. Providenciava-se a expedição de segunda-via de documentos mas a indenização de objetos tendia a ser parcial. Pelo menos é o que se depreende dos depoimentos: "A empresa pediu que nós fizéssemos listas do que perdemos com o incêndio, dizendo que vai indenizar. Ontem muita gente apresentou a lista, mas eles cortaram a metade, dizendo que a gente não tinha tanta coisa. Tanta coisa? A minha lista, por exemplo, é pequenininha: um rádio, umas roupas, umas fitas de música jóia, internacional, e Cr$ 200,00. Será que isto é muito?"[29]

25 Idem.

26 O filme "A Queda", de Ruy Guerra e Nelson Xavier, é baseado justamente em um caso de acidente de trabalho no metrô, mostrando a tentativa da empresa, e o seu sucesso, em contornar a indenização de uma família que perdeu o marido e pai.

27 Ver, a este respeito, os depoimentos publicados em o *Repórter*, op. cit.

28 Idem.

29 Cf. *Jornal do Brasil*, Rio de Janeiro, 27.8.77, "Operários que perderam tudo no incêndio já recebem documentos".

Para fugir à indenização a empresa podia usar até mesmo o artifício da dispensa de pessoal, como relatado por operários demitidos após o incêndio no lote 8, em agosto de 1977: "Mais de 20 pessoas foram despedidas. É tudo gente que perdeu o que tinha no incêndio e agora a empresa manda embora para não indenizar." [30]

Os incêndios de alojamento chamam a atenção também, e sobretudo, para as precárias condições de moradia oferecidas aos trabalhadores. Os alojamentos (até março de 1978) eram em número de 43 e consistiam seja de galpões de madeira, seja de casarões desapropriados que ofereciam um total de 5.000 vagas. Sem dispor de água potável e chegando a situações extremas como a de 4 banheiros para 250 homens, [31] os operários dormiam amontoados em camas beliches justapostas ao longo dos dormitórios, ou se comprimiam dentro de cubículos. Havia insuficiência de extintores de incêndio assim como não existiam quaisquer prevenções sanitárias contra ratos, ratazanas e percevejos. [32] Até setembro de 1977 já estava em 800 o número de autos de infração lavrados contra as empreiteiras do metrô pela Delegacia Regional do Trabalho em conseqüência das condições oferecidas aos operários. [33]

Se as condições dos alojamentos eram estas, o que dizer das cantinas e da alimentação dos operários? As cantinas costumavam ser arrendadas a particulares que exploravam o comércio de alimentação

30 Cf. *Jornal do Brasil*, idem.

31 Trata-se de alojamento da Ecicel, na Presidente Vargas. Cf. *Jornal do Brasil*, Rio de Janeiro, 6.1.78, "Empreiteiras não cumprem exigência para melhorar alojamento do Metrô".

32 Vale a pena transcrever aqui a descrição de alguns destes alojamentos:
"Este alojamento funciona num velho prédio de sobrado, onde ficava a extinta Lavanderia Astral. Seu aspecto é deprimente, a começar pela entrada. As portas são de aço, o ambiente é escuro, e não tem ventilação. As paredes estão cheias de infiltrações, há rachaduras visíveis em todo o teto, o chão do segundo pavimento está sem várias tábuas, e os banheiros são imundos. A sujeira é total. Ali dormem cerca de 150 homens – a maioria após 10 horas de trabalho – em pequenos cubículos de oito metros quadrados, às vezes com 10 camas. A empreiteira fornece apenas o colchão. As roupas de cama de travesseiros são improvisados pelos operários, utilizando trapos ou sacos de farinha".
"Instalado em um galpão de cerca de 300 metros quadrados possui 67 camas do tipo beliche, fabricadas com madeira da própria obra. A largura não passa dos 70 centímetros e cada uma está colocada ao lado da outra, a uma distância de no máximo 50 centímetros. (...) Nesse alojamento há 12 sanitários estilo turco e 12 chuveiros, apenas os canos, por que segundo o porta-voz da empresa "o chuveiro em si eles tiram". (...) Os operários tomam água em uma caneca amarrada com um fio no poste que serve de sustentação para as caixas d'água que abastecem os banheiros".
Cf. *Jornal do Brasil*, Rio de Janeiro, 4.9.77, "Metrô tem 11 mil operários mas só 100 sindicalizados".

33 Cf. *Jornal do Brasil*, Rio de Janeiro, 14.9.77, "Metrô promete exigir melhor alojamento para operários".

no lote, ou eram entregues a firmas especializadas em fornecimento de alimentação preparada. A empreiteira só excepcionalmente se encarregava diretamente da produção de refeições. No lote 4 da Ecicel, por exemplo, a cozinha e o refeitório, que serviam a 1.500 operários, estavam arrendados a um particular e funcionavam com 9 cozinheiros trabalhando no local. "A comida é feita dentro de grandes bacias e no piso enlameado há um enorme buraco onde são jogados restos de comida. (...) O refeitório foi construído sobre uma galeria de esgotos da Avenida Chile". [34] Já no lote 9, da Cetenco, a alimentação vinha de uma firma fornecedora, sendo apenas requentada no local: "No refeitório dos operários foi notado que a cozinha estava imunda, os cozinheiros com roupas sujas e a comida de péssima qualidade. (...) Alguns operários comiam com um pedaço de madeira, outros com as mãos mesmo e a maioria com talheres quebrados". [35]

Mais grave ainda era a qualidade da comida oferecida. A queixa de que a galinha vinha crua ou o feijão estragado já começara no ano anterior quando operários denunciaram ter encontrado, misturados à comida, pedras, pedaços de pau, barbante e até pedaços de vidro. [36] É claro que havia cantinas onde o serviço não atingia tais extremos mas no geral as refeições oferecidas repetiam os mesmos ingredientes – arroz, feijão, miúdo de boi ou galinha – não tendo as 1.400 calorias exigidas por lei. A gravidade da questão se prendia não apenas à insuficiência calórica impingida aos operários mas também ao fato de que as empreiteiras do Metrô estavam inscritas no Programa de Alimentação do Trabalhador e, enquanto tal, beneficiavam-se de incentivos fiscais, deduzindo do seu imposto de renda as despesas com alimentação dos seus empregados. [37]

A alimentação, apesar de ser uma obrigação contratual, passou, na verdade, a funcionar como mais um elemento de exploração da força de trabalho pois o custo da alimentação era quase sempre descontado em folha. Como o custo unitário de cada refeição era subsidiado (o operário teoricamente só devia pagar 20%, os demais 80% sendo custeados pela empresa e pelo Governo) e como a grande maioria dos

34 Cf. *O Globo*, Rio de Janeiro, 12.3.78, "Operários comem e dormem mal e não sabem o que constróem".

35 Cf. *Luta Democrática*, Rio de Janeiro, 28.2.78, "DRT: operário come como índio".

36 Cf. *Jornal do Brasil*, Rio de Janeiro, 14.9.77, "Metrô promete exigir melhor alojamento para operários".

37 O Programa de Alimentação do Trabalhador foi criado em 1976, com a Lei 6.321. A partir de janeiro de 1978 a Companhia do Metropolitano passou a exigir das empreiteiras sua inscrição no Programa. Cf. *Jornal do Brasil*, RJ, 11.1.78, "Obras públicas exigirão inscrição de empreiteiras no Plano de Alimentação".

operários residia nos alojamentos, todos eram levados a comer nas cantinas e a se submeter ao sistema de carnês, distribuídos semanalmente, dando direito a 14 refeições.[38] Algumas empreiteiras, no intuito de tentar reter mão-de-obra, instituíram a distribuição grátis de carnês para os empregados na categoria de serventes. A "doação" não se fazia, entretanto, sem alguma contrapartida: o jantar só era grátis se o trabalhador fizesse horas extras e perdia efeito quando este, eventualmente, ficava "encostado no Instituto" ou tirava um dia de licença.[39] A alimentação fornecida pela empresa passava, assim, a assumir também uma função de controle da força de trabalho: por seu intermédio tentava-se não apenas reter os operários na empresa como fazer com que produzissem mais, permanecendo dentro dos limites do espaço de produção.

2. *A dinâmica das revoltas e a resposta das empresas e do Estado*

Apesar de se caracterizar como espaço fechado, altamente controlado, cumulando as funções de local de trabalho e de moradia, o canteiro de obras do metrô paradoxalmente reuniu requisitos que favoreceram o desenvolvimento de manifestações de protesto. Existia aí, em primeiro lugar, um quadro objetivo de exploração que podia ser interiorizado coletivamente dada a freqüência e densidade dos contatos – praticamente todos dormiam, comiam e trabalhavam juntos. Existia em segundo lugar, uma grande concentração de operários, o que costuma favorecer o surgimento de mobilizações de massa.[40] E, finalmente, os operários se viam inseridos num espaço altamente repressivo e controlado, por si só gerador de violência.

Os operários, no entanto, não partem diretamente para a ação coletiva. Tudo faz crer que o recurso a manifestações violentas, da massa, só ocorre após tentativas de protesto individual ou de pequenos grupos, via canais competentes. Assim, uma primeira denúncia das

38 Até maio de 1978 o custo de cada refeição era de Cr$ 1,00 para os serventes. Já os profissionais pagavam 50% do valor unitário de cada refeição.

39 Informações colhidas em junho de 1978 junto à Ecel.

40 Ao se referir ao primeiro surto industrial de São Paulo, Boris Fausto mostra, por exemplo, como do ponto de vista da formação da classe operária a dispersão da força de trabalho pesava como elemento negativo. A concentração de operários é tida, por outro lado, como condição quase que indispensável para a organização dos trabalhadores e a eclosão das greves.
Cf. FAUSTO, Boris – *Trabalho Urbano e Conflito Social* – (1890-1920). São Paulo, DIFEL, 1976.
Deve-se entretanto frisar que no caso dos operários concentrados em canteiros de obra ocorre o fenômeno da rotatividade que, se não impede a emergência de mobilizações de massa, dificulta, de certa forma, o surgimento de movimentos mais organizados.

condições de vida e de trabalho dos operários do metrô chegou em início de 1977 à Delegacia Regional do Trabalho (DRT) trazida por um grupo de operários recém-chegados do Paraná onde haviam sido aliciados com promessas de bons salários, televisão e outras "vantagens" no canteiro de obras.[41] Seguiu-se uma série de queixas prestadas individualmente por operários que também se deslocaram até a DRT para relatar as condições precárias de higiene, alojamento, alimentação e segurança do trabalho que a empreiteira lhes impunha.

No canteiro de obras os operários também tentavam levar adiante uma reivindicação ou uma queixa. Dirigiam-se geralmente ao chefe de pessoal ou ao escritório local da empresa, quando se tratava de horas extras não pagas, descontos indevidos, etc. Recorriam aos agentes de segurança quando a reclamação girava em torno de um dos serviços por eles fiscalizados – cantina e alojamento. Em ambos os casos os protestos tendiam a surtir um efeito totalmente desfavorável ao operário: "qualquer reclamação dá em demissão" alegavam os operários,[42] frisando que "se o cara reclama muito recebe logo uma justa causa, por irresponsabilidade".[43] As queixas dirigidas aos agentes de segurança[44] muitas vezes tinham respostas tão ou mais drásticas ainda, como o próprio espancamento dos queixosos.[45] Convém lembrar que muitos dos seguranças são ex-policiais ou ex-presidiários e que suas práticas arbitrárias ocasionaram, em certos casos, a sua própria demissão da empreiteira.[46]

O fato é que os operários foram gradualmente percebendo, através de experiências vividas, que o protesto individual não surtia efeito e que os canais competentes – como a Delegacia Regional do Trabalho

41 Cf. *Jornal do Brasil*, Rio de Janeiro, 17.3.78, "DPPS avoca a apuração dos tumultos em obras do metrô".

42 Ver a este respeito o relato do jornalista que assistiu à represália de que foi vítima um "peão" por ter se queixado da comida diante daquele e do "feitor". *Jornal do Brasil*, Rio de Janeiro, 4.9.77, "Metrô tem 11 mil operários mas só 100 sindicalizados".

43 Cf. *Jornal do Brasil*, Rio de Janeiro, 27.8.77, "Operários que perderam tudo no incêndio já recebem documentos".

44 Não são casuais os apelidos dos Seguranças: "Naval", "tenente", "capataz".

45 Os jornais estavam cheios de referências a canteiros onde espancamentos ocorriam freqüentemente. Cf. *Jornal do Brasil*, Rio de Janeiro, 6.1.78, "Empreiteiras não cumprem exigência para melhorar os alojamentos do metrô".
Ver também o relato do jornalista que assistiu a um espancamento enquanto passava por operário: *Repórter*, op. cit.

46 É notória a declaração do próprio presidente da Companhia do Metropolitano de que "tomou conhecimento do que ocorreu no lote 22, na Tijuca, e o responsável pela segurança, "um indivíduo arbitrário", foi imediatamente demitido e proibido de trabalhar em qualquer obra do metrô".
Cf. *Jornal do Brasil*, Rio de Janeiro, 7.1.78, "Metrô promete punição para empreiteira que não cumpre os direitos dos operários".

– registravam as ocorrências sem entretanto solucionar seus problemas. Neste passo é preciso lembrar que os operários tinham um órgão que os representava como "classe" – o Sindicato dos Trabalhadores nas Indústrias da Construção Civil, de Ladrilhos Hidráulicos e Produtos de Cimento, e de Mármores e Granitos do Município do Rio de Janeiro – mas que não funcionava como tal. Sua pouca representatividade pode ser avaliada em primeiro lugar pelo número de operários que eram sindicalizados: não mais que cem. [47] Por outro lado, a ação do sindicato se concentrava quase que exclusivamente na questão da segurança do trabalho e se caracterizava pelo silêncio frente às questões trabalhistas. O jornal do sindicato (*A Voz da Construção*), por exemplo, não trazia quaisquer matérias, nem costumava fazer menção a problemas de relacionamento entre operários e empresa ou às condições de vida e de trabalho nos canteiros de obra, ao contrário da imprensa cotidiana que regularmente denunciava as condições de sobrevivência e exploração da força de trabalho. [48] Afastado dos trabalhadores, o sindicato parecia estar claramente comprometido com as empresas construtoras e com os poderes constituídos.

Desiludidos, e vendo serem reforçadas as condições limites de sua sobrevivência, os operários do metrô foram pouco a pouco sendo levados a apelar para um recurso (com o qual já estavam familiarizados) que dispensa qualquer mediação institucional e que faz apelo à violência coletiva: os quebra-quebras, "formas peculiares de intervenção social e política de alguns setores das classes populares urbanas brasileiras". [49] Com efeito, na própria cidade do Rio de Janeiro assistira-se no período 1974-76 a uma onda de depredações de trens suburbanos e no ano de 1977 a dois quebra-quebras em canteiros de obra situados em São Conrado e na Barra da Tijuca. [50]

Se o efeito de demonstração funcionou, ele não foi entretanto suficiente para deflagrar a onda de quebra-quebras que eclodiu entre janeiro e agosto de 1978 nos lotes do Metrô. Na verdade, estes só começaram a ocorrer após se terem esgotadas as várias tentativas de reivin-

47 Cf. *Jornal do Brasil*, Rio de Janeiro, 4.9.77, "Metrô tem 1[illegible] mil operários mas só 100 sindicalizados".

48 Foram consultados os números da *Voz da Construção* relativos aos meses de abr./maio, jul./agosto e set./dezembro de 1977 e jan./abril de 1978, e notou-se inclusive que não havia qualquer menção aos incêndios e quebra-quebras ocorridos nos lotes do metrô.

49 Cf. MOISÉS, J.A. & MARTINEZ-ALIER, V., op. cit., p. 15.

50 A análise dos quebra-quebras de trens está no trabalho acima assinalado. Os quebra-quebras em São Conrado e Barra da Tijuca ocorreram em canteiros de empreendimentos habitacionais de grande porte, o primeiro da firma Carvalho Hosken (1.880 operários no local) e o segundo no "Novo Leblon" da Construtora Gomes de Almeida Fernandes (3.000 homens).

dicação anteriormente descritas bem como as primeiras promessas da Companhia do Metropolitano de intervir na situação.

De fato, após a ocorrência dos incêndios em alojamentos de operários (agosto e setembro de 1977), que tornaram públicas e notórias as condições de vida e de trabalho dentro dos lotes do metrô, a Companhia do Metropolitano, na qualidade de responsável geral pela realização dos trabalhos, não teve como não tomar uma atitude. Na ocasião, viu-se também pressionada pelo elevadíssimo número de autos de infração (800 até setembro de 1977) com os quais a DRT autuava as empreiteiras, bem como com os ofícios recebidos daquela Delegacia, denunciando irregularidades e pedindo providências. [51] Assim é que o presidente da Companhia convocou, ainda em setembro, os representantes das empreiteiras para pedir o imediato cumprimento de cláusulas contratuais que se relacionavam com higiene, segurança, alojamento e alimentação. [52] Deu-lhes um prazo de um mês enquanto lançava um Programa de Ação Social que incluía não apenas a remodelação dos alojamentos e a melhoria da alimentação, como também a instalação de televisores, a exibição de filmes, entradas para jogos de futebol, ingressos de cinema e promoção de torneios esportivos. [53]

Passaram-se os meses. As empreiteiras tomaram apenas as providências fáceis, todas relativas ao lazer dos operários. [54] As questões básicas, porém, permaneceram intactas: a comida continuou péssima com o feijão queimado, o arroz azedo, a quantidade insuficiente; os alojamentos permaneceram sem banheiros suficientes, sem água potável, com um amontoado de beliches. [55] A Companhia do Metropolitano não se manifestou nem pareceu exigir o cumprimento do que permaneceu não-cumprido.

Para os operários as condições chegavam, gradativamente, a um ponto de saturação. Ouviram falar em promessas mas as condições materiais que enfrentavam no trabalho cotidiano do metrô continua-

51 Cf. *Jornal do Brasil*, Rio de Janeiro, 14.9.77, "Metrô promete exigir melhor alojamento para operários". É curioso notar que o Jornal do Sindicato dos trabalhadores da construção civil – *A Voz da Construção* – não faz referência às autuações sofridas pelos empreiteiros do metrô.

52 Idem.

53 Cf. *Jornal do Brasil*, Rio de Janeiro, 6.10.77, "Metrô será inaugurado com um desvio provisório sobre viaduto na Praça da Bandeira".

54 Para dar um exemplo: em outubro, no lote 9, a Cetenco já havia providenciado uma quadra de futebol, instalado televisores e começara a exibição de filmes às sextas-feiras.
Cf. *Jornal do Brasil*, idem.

55 Excepcionalmente um e outro lote viram iniciar a construção de novos alojamentos, em tijolos e com quartos para um menor número de operários, como os lotes 23 e 32 (Ecisa).

vam as mesmas. Enquanto isto conseguiam cada vez menos acompanhar a crescente alta do custo de vida com a venda da sua força de trabalho. Cada vez mais aproximavam-se dos limites mínimos da subsistência. Estavam prontos a explodir, faltando apenas o estopim.

Em 1º de janeiro de 1978 irrompe o primeiro quebra-quebra no lote 21, (Estácio) da Construtora Mendes Júnior onde trabalhavam então cerca de 1.800 operários, dos quais 700 residiam nos alojamentos. O tumulto teve por móvel imediato a falta de comida e o estopim foi a fome. A ação se deu num crescendo, podendo ser resumida da seguinte maneira: [56] no sábado, dia 31, os operários receberam o pagamento semanal às 11 horas e foram avisados de que só voltariam ao trabalho na segunda-feira, excetuando-se aqueles escalados para as equipes de plantão dos setores de manutenção, segurança e apontadoria (segundo a empreiteira, um total de apenas 110 pessoas). À noite, quando se dirigiram à cantina, foram avisados de que não haveria jantar. Reclamaram mas voltaram aos alojamentos ou ao trabalho. Muitos estavam fazendo a "dobra". Na manhã do dia 1º não havia café da manhã Os trabalhadores assim mesmo voltaram aos seus postos. Às 11 horas porém pararam de trabalhar e se dirigiram até a cantina. Os primeiros 350 receberam suas bandejas e os demais que permaneciam na fila foram avisados de que o estoque de comida tinha se esgotado. Pediu-se aos operários que aguardassem enquanto a Mendes Júnior entrava em contato com a firma fornecedora de alimentação (Refeições Industriais Ltda.). Após uma hora de espera os operários avisaram ao chefe da segurança que iam quebrar a cantina e este teria respondido: "Pois se até Jesus esperou, por que vocês também não podem?" [57] Às 12:30, cansados de esperar, um grupo de cerca de 15 invadiu a cozinha, arrombando as geladeiras à procura de comida. A partir daí o tumulto generalizou-se, depredando-se a cantina, quebrando-se copos e garrafas, amassando-se bandejas e marmitas, arrancando-se até as portas das geladeiras. Os operários só foram contidos com a chegada de patrulhinhas e um contingente de soldados do 1º BPM (cerca de 15) que, empunhando metralhadora, dispersaram os operários e prenderam o "cabeça". Levado até a 6ª Delegacia Policial este foi ouvido e apoiado pelo delegado: "um absurdo deixar alguém, principalmente um trabalhador, sem comer durante tanto tempo, ainda

56 A reconstituição da ocorrência foi feita a partir dos seguintes relatos: *Jornal do Brasil*, Rio de Janeiro, 2.1.78, "Operários do Metrô ficam mais de 24 horas sem comer e promovem quebra-quebra". *O Dia*, Rio de Janeiro, 3.1.78, "Empresa diz que havia gente demais para comer no Metrô". *Istô é*, São Paulo, 11.1.78, "Um inesquecível 'réveillon' no lote 21".

57 Cf. *Jornal do Brasil*, Rio de Janeiro, 2.1.78, "Operários do Metrô ficam mais de 24 horas sem comer e promovem quebra-quebra".

mais quando a alimentação é uma obrigação contratual". [58] Libertado o operário, o delegado ofereceu-lhe um prato de comida e anotou a ocorrência sem citar nomes, dando o caso por encerrado.

A ocorrência, no entanto, não se encerrou ali. O "cabeça" foi despedido dias depois e a empreiteira distribuiu à imprensa uma nota oficial onde alegava que só haviam faltado 75 refeições! A DRT também se manifestou, dizendo na sua nota que a construtora não havia dimensionado corretamente o número de trabalhadores que permaneceriam no canteiro no final do ano, ocorrendo por isso a falta de alimentos. A repercussão dos acontecimentos foi porém mais além. Este primeiro quebra-quebra num lote do metrô soava como um aviso à Companhia do Metropolitano. E antes mesmo que ela pudesse voltar a se reunir com as empreiteiras, irrompeu nova revolta de operários. Recém-gerada, tomou impulso a onda de quebra-quebras, indo atingir desta vez o lote 4 da Ecicel (2.000 operários) localizado no Largo da Carioca, em pleno centro da cidade.

Este segundo quebra-quebra, que ocorreu também na hora do almoço, revestiu-se de algumas características distintas do anterior. Seu móvel não foi propriamente a falta de comida: a galinha é que estava crua. Os eventos tiveram a seguinte seqüência: [59] por volta das 11:30, quando a maior parte das 600 refeições já haviam sido servidas, as 100 pessoas que permaneciam no refeitório deram-se conta de que a galinha, servida juntamente com feijão, arroz e macarrão, estava crua. Passaram a reclamar em voz alta e no coro de protesto queixavam-se também da pouca quantidade de comida diariamente servida pela cantina. Do coro para a ação foi apenas um passo: as mesas começaram a ser reviradas, a comida foi atirada ao chão quebrando-se copos e garrafas. O tumulto só foi controlado às 12:35 com a chegada das patrulhinhas, do camburão da PM e de um choque de 20 soldados. Um operário ficou ferido, outro foi preso em flagrante e, tendo sido identificado como líder, foi levado até a 5ª Delegacia Policial.

Repetiu-se, em linhas gerais, a ação dos operários bem como a reação das empreiteiras que tentaram transformar as revoltas em ocorrências policiais visando assim a encobrir suas verdadeiras origens. [60] A Companhia do Metropolitano, no entanto, não ignorava a situação:

58 Idem.

59 Reconstituição feita a partir do *Jornal do Brasil*, Rio de Janeiro, 5.1.78, "Alimentação servida por empreiteira do metrô gera nova revolta de operários".

60 O lote 4, onde ocorreu o segundo quebra-quebra, era conhecido como um dos piores em termos de alojamento. No momento do quebra-quebra este estava com as tábuas do teto soltas, por onde penetravam sol e água. Havia ratos, falta de ventilação e os colchões eram de palha. Os 2.000 operários dispunham de um único aparelho de televisão na cantina. Cf. *Jornal do Brasil*, Rio de Janeiro, 5.1.78, "Alimentação servida por empreiteira do metrô gera nova revolta de operários".

quatro meses depois de haver pedido às empreiteiras o cumprimento imediato das cláusulas contratuais, apenas sete dos 43 alojamentos passaram a apresentar condições satisfatórias.[61] Uma atitude mais enérgica se mostrava claramente necessária diante do caráter então explosivo dos redutos de trabalhadores. As empreiteiras foram convocadas a título de urgência, logo após o segundo quebra-quebra, e informadas pelo presidente da Companhia do Metropolitano de que esta poderia tomar até medidas drásticas tais como a retenção de verbas ou mesmo a rescisão do contrato, caso as cláusulas contratuais permanecessem ignoradas.[62] Pressionando as empreiteiras de tal forma, a Companhia do Metrô dava-lhes a entender que se encerra a etapa da conivência.

Com efeito, a situação tornara-se insustentável e, vale salientar, condicionada por motivos outros que não apenas as condições de vida e de trabalho dos operários. Por um lado, haviam se intensificado as pressões da imprensa falada e escrita sobre a Companhia do Metropolitano. Um editorial do *Jornal do Brasil,* publicado imediatamente após o segundo quebra-quebra, era taxativo: "Duas demonstrações de descontentamento em apenas quatro dias do novo ano constituem sinal de que *se faz necessária uma ação mais atuante dos poderes públicos*".[63] Na verdade, não era possível comprometer ainda mais a imagem já negativa do metrô e que os tumultos operários só vieram acentuar. Por outro lado, havia também o compromisso assumido pela Companhia do Metropolitano de entregar a obra no prazo previamente estipulado: inauguração, em março de 1979, da linha 1. Caso os tumultos se reproduzissem, haveria o risco do cronograma ter que sofrer alterações. A preocupação central era portanto manter o ritmo das obras e garantir a execução do empreendimento.

Percebe-se inclusive que havia todo um interesse em não deixar vir a público as manifestações que vinham ocorrendo dentro dos limites internos dos canteiros. Sempre que possível abafavam-se os incidentes de pequenas proporções, procurando-se afastar a imprensa dos acontecimentos. Foi o caso do quebra-quebra ocorrido a 26 de janeiro no mesmo lote 4 da Ecicel – o terceiro da série aqui estudada. Segundo o único jornal que noticiou o fato,[64] a revolta ocorreu na cantina, à

61 Cf. *Jornal do Brasil,* Rio de Janeiro, 6.1.78, "Empreiteiras não cumprem exigência para melhorar os alojamentos do metrô".

62 Cf. *Jornal do Brasil,* Rio de Janeiro, 7.1.78, "Metrô promete punição para empreiteira que não cumpre os direitos dos operários".

63 Cf. *Jornal do Brasil*, Rio de Janeiro, 6.1.78, editorial "Novas Diferenças". O grifo é meu.

64 Cf. *Tribuna da Imprensa*, Rio de Janeiro, 27.1.78, "Ecicel e Banguri levam operários do metrô a um quebra-quebra e prisões". Vale ressaltar que o jornal não menciona o número de participantes do evento.

tarde, sem grandes danos para a Ecicel e a Banguri, sub-empreiteira à qual pertenciam os "revoltosos". Não parece ter sido este um quebra da dimensão dos demais mas apenas um início de revolta logo abafada por um camburão, patrulhas e a própria segurança do canteiro, que levaram presos dois operários. Tentou-se, inclusive, desmentir o início de quebra-quebra sob a alegação de tratar-se de briga entre dois colegas de serviço. Os operários, no entanto, conseguiram ser ouvidos por uns poucos jornalistas aos quais manifestaram suas queixas: a comida andava estragada, seu preço era elevado, havia desvio de alimentação por parte do encarregado da cozinha. Segundo ainda a mesma fonte, a Banguri era acusada de vender material de trabalho como botas e luvas, não prestar qualquer assistência médica e manter 300 homens num só alojamento, em péssimas condições.

No intuito de reforçar a pressão sobre as empreiteiras, a Companhia do Metropolitano mandara instituir uma Comissão Especial para averiguação de irregularidades, formada por técnicos da própria companhia e da Delegacia Regional do Trabalho, representantes da Procuradoria Geral da Justiça do Trabalho e do Sindicato dos Trabalhadores da Construção Civil. Um acidente em fevereiro no Centro de Manutenção (obra da empreiteira Ecisa), onde um operário morreu e 29 ficaram feridos, como que apressou os trabalhos da Comissão. Nos últimos dias do mês foram anunciadas algumas das importantes decisões tomadas: [65]

a) todas as empreiteiras teriam obrigatoriamente que operar apenas com as empresas fornecedoras de alimentos que estivessem credenciadas pelo Programa de Alimentação do Trabalhador (pretendia-se, assim, garantir aos operários refeições que tivessem um mínimo de 1.400 calorias bem como dietas aprovadas por nutricionistas credenciados);

b) todos os alojamentos teriam que ser melhorados (em tijolo) e, caso não houvesse espaço, teriam que ser construídos fora dos canteiros, com transporte pago pela empreiteira. Os refeitórios e sanitários teriam que obedecer também aos padrões estabelecidos;

c) os canteiros seriam visitados regularmente pela DRT e pela Comissão, a título de fiscalização;

d) seriam suspensos quaisquer tipos de pagamentos antecipados de futuras empresas que sistematicamente não viessem cumprindo as exigências do Poder Público.

A Comissão se mostrou inicialmente bastante atuante, realizando visitas freqüentes aos canteiros e experimentando até a alimentação

65 A respeito destas decisões ver *O Globo*, Rio de Janeiro, 28.2.78, "DRT dá prazo para melhorar comida e alojamento no metrô".

servida aos trabalhadores.[66] Em inícios de março a DRT estipulou o prazo para o cumprimento das exigências – 90 dias – e avisou que a fiscalização prosseguiria, sendo "inflexível no cumprimento da lei".[67]

Gradualmente assistiu-se a retração da Companhia do Metropolitano quanto as questões relativas à força de trabalho, à medida que o DRT passava a ssumir essa responsabilidade.[68] Rearticulação sem dúvida alguma de natureza tática: a pressão da Companhia do Metropolitano sobre as empreiteiras se havia "esvaziado", marcada que fora pela conivência inicial; a DRT era teoricamente mais isenta de pressões, o que lhe conferia melhores condições de desenvolver uma atuação mais eficaz.

Os trabalhadores do metrô, que haviam passado quase dois meses em compasso de espera, não deram muito crédito à fiscalização que pela primeira vez viam ocorrer, nem às novas medidas que haviam sido anunciadas. Novo quebra-quebra (o quarto da série) deu-se no Centro de Manutenção (construído pela Ecisa), exatamente uma semana após a visita de fiscalização da Comissão e menos de um mês após o acidente que custara uma vida e vários feridos. No local trabalhavam então 2.500 operários. A ação se deu, desta feita, na hora do jantar,[69] tendo por móvel imediato o atraso do serviço da cantina. Cansados de esperar o jantar (a empresa fornecedora atrasou na entrega) os operários quebraram, como de costume, tudo que encontraram à sua frente: mesas, bancos, copos, garrafas, etc. Só que, neste caso, a depredação atingiu proporções até então desconhecidas, uma vez que todas as instalações da cantina, inclusive o telhado, foram destruídas. Sabedores de que, no dia seguinte, uma nova cantina seria inaugurada no local, os trabalhadores fizeram questão de tornar a despedida uma despedida de fato.

Coincidindo uma destruição com uma inauguração, tentou-se dissimular o incidente: "*não chegou a existir tumulto, mas um descontentamento* provocado pelo atraso na chegada da comida" declarava no dia seguinte o presidente da Companhia do Metropolitano.[70] Na verdade buscava-se a todo custo minimizar o movimento de revolta dos operários, que se expandia cada vez mais, de um canteiro a outro.

66 Ver *Jornal do Brasil*, Rio de Janeiro, 28.2.78, "Delegado do Trabalho visita alojamentos e trabalhador do metrô reclama da comida".

67 Cf. *O Globo*, Rio de Janeiro, 8.3.78, "Metrô: 90 dias para exigências da DRT".

68 Constatou-se, por exemplo, que já não era mais o presidente da Companhia quem anunciava medidas mas sim o Delegado Regional do Trabalho.

69 A reconstituição dos eventos foi feita a partir do *Jornal do Brasil*, Rio de Janeiro, 10.3.78, "Cantina nova e comida boa acalmam operários do metrô após quebra-quebra" e *O Globo*, Rio de Janeiro, 9.3.78, "Metrô: aliciados queixam-se a DRT".

70 Cf. *O Globo*, idem. O grifo é meu.

Uma semana mais tarde (15 de março de 1978) a onda de revoltas espraiava-se até o lote 4, dando sinal de grande vitalidade: tratava-se de uma terceira reincidência de quebra-quebra no mesmo local. O tumulto teve início por volta das 17:45, quando o jantar começou a ser servido pela empresa Serv-Kente Ltda., de quem a Ecicel subcontratava os serviços de alimentação.[71] Não parece ter havido, como nos quatro casos anteriores, um elemento deflagrador bem especificado: a comida veio tão ruim quanto nos outros dias e estivera pior ainda no domingo, três dias antes, quando nada acontecera.[72] A ação foi deflagrada pelos operários que se encontravam no interior da cantina e que se puseram a atirar longe pratos, copos, talheres e garrafas. Os que estavam de fora, aguardando na fila, juntaram-se aos primeiros, arrancando as paredes de tábuas do refeitório. Gradualmente a violência foi crescendo: os operários passaram a incendiar aventais e guarda-pós dos serventes da cozinha, ateando fogo também aos montes de madeira. Quando já se dirigiam às outras instalações do lote, chegaram as guarnições do 13º Batalhão da PM, sendo a revolta controlada. Um operário foi preso assim como dois populares que, da passarela da Av. Chile, juntamente com uma pequena multidão, assistiam ao "espetáculo".

Um salto fora dado em relação aos quebra-quebras anteriores: a ação da massa tornara-se mais incisiva, já que agora os operários não se limitavam apenas a quebrar mas também ateavam fogo; e, por outro lado, tendia a ampliar-se o alvo das depredações, até então circunscrito exclusivamente à cantina.

Concomitantemente assistiu-se a um aumento da repressão. Um engenheiro da Ecicel levantara a hipótese de que o tumulto do lote 4 teria sido pressentido desde a véspera e provocado por grupos infiltrados entre os operários.[73] A DPPS interveio e investigou a participação das duas pessoas que haviam sido presas como "agitadores de operá-

71 Quando do quebra-quebra anterior (4 de janeiro) era a mesma Serv-Kente a responsável pelo preparo das refeições. Para a reconstituição deste quebra-quebra fez-se uso das seguintes matérias de jornal: *Jornal do Brasil*, Rio de Janeiro, 16.3.78, "Operários do metrô depredam refeitório na Av. Chile em protesto contra a comida". *O Dia*, Rio de Janeiro, 16.3.78, "Trabalhadores do metrô depredaram o refeitório". *O Globo*, Rio de Janeiro, 17.3.78, "Metrô: Faria Lima ainda não examinou relatório".

72 "As únicas vezes em que a comida é melhorada é quando a fiscalização faz a sua ronda, uma vez por mês". Cf. *O Dia*, Rio de Janeiro, 16.3.78, "Trabalhadores do metrô depredam o refeitório".

73 "Todo o pessoal do metrô sabia que alguma coisa estava por acontecer, mas ignorava-se o que, quando, como e onde, o que foi confirmado com a revolta dos operários e, dentre eles, dois elementos estranhos" (declaração do engenheiro aos jornalistas). Cf. *Jornal do Brasil*, Rio de Janeiro, 17.3.78, "DPPS avoca a apuração dos tumultos em obras do metrô".

rios". Confirmando que as suspeitas existiam, a DRT distribuiu a seguinte nota:

> "O Delegado Regional do Trabalho, L.C. de B., adverte a todos os trabalhadores que militam na área da construção civil, principalmente aqueles que trabalham na construção do metrô, que não sigam agitadores infiltrados na classe, que visam unicamente ao clima de desordem e agitação social. Desta forma, o Delegado recomenda aos trabalhadores que se abstenham de qualquer ato de violência, desde que todas as anormalidades verificadas nos canteiros de obras estão sendo corrigidas".[74]

Os quebra-quebras passaram assim a ser tratados como atos de subversão, com a alegada presença de "agitadores" servindo para legitimar a intervenção cada vez maior das forças repressivas. Procurava-se, outrossim, descaracterizar as revoltas enquanto "reivindicações legítimas frente a um sistema que não garante, de forma completa, a reprodução das massas no contexto urbano".[75]

Para fazer os operários calarem não se viu alternativa outra que tentar corrigir as anormalidades constatadas nos canteiros de obra. Foi assim que em fins de março anunciou-se que oito, dentre um total de 18 alojamentos em construção, seriam inaugurados até 30 de abril e que seis novos refeitórios também seriam entregues.[76] A Ecisa, a mais importante das empreiteiras (detendo 63% da obra e empregando cerca de 10.500 homens) e a mais atingida pelos quebra-quebras, publicou uma página inteira de matéria paga no *Jornal do Brasil:* anunciava o seu programa de construção de 3.105 acomodações em alojamentos de alvenaria e blocos de concreto pré-moldados, bem como a celebração do "maior contrato para fornecimento de alimentação para trabalhadores de obra localizados no Rio", revertendo em 14 mil refeições (almoço e jantar) e mais 7 mil cafés da manhã diários.[77]

Os quebra-quebras funcionaram como instrumento eficaz de pressão. Ainda em fins de março a Ecisa inaugurou no Centro de Manutenção (onde ocorreu o quarto tumulto) alojamentos de tipo *containers* para 234 operários e, no Lote 32, alojamentos em pré-moldados para outros 224 trabalhadores. O novo refeitório do Centro de Manu-

74 Cf. *O Globo*, Rio de Janeiro, 18.3.78, "Não há agitação no metrô, diz o DPPS".

75 Ver a este propósito o estudo já citado de José Álvaro Moisés & Verena Martinez-Alier, *op. cit.*, p. 34.

76 Ver *O Globo*, Rio de Janeiro, 21.3.78, "Operários do metrô terão urnas para receber queixas".

77 Cf. *Jornal do Brasil*, Rio de Janeiro, 22.3.78, "Ecisa garante melhores condições aos trabalhadores das obras do metrô". A empresa contratada foi a GRIL, credenciada pelo Programa de Alimentação do Trabalhador.

tenção (capacidade para até 3.000 refeições) passou a apresentar uma melhoria significativa em relação à antiga cantina pois que, além da introdução do uso do garfo e da faca nas refeições, "a quantidade aumentou, o gosto melhorou e os cardápios são mais variados no decorrer da semana". [78] Por sua vez, os operários do Lote 4 (onde ocorreram três quebra-quebras) tiveram sua nova cantina inaugurada a 1º de maio e alojamentos novos, de alvenaria, paredes caiadas, com quartos para oito pessoas dotados de lençóis coloridos... [79]

As novas medidas não foram, entretanto, eficazes a ponto de fazer os operários calarem. Lembremos que eram quase 14.000 homens e que nem todos os alojamentos foram melhorados. Por outro lado, apesar da alimentação ter sofrido uma melhoria geral (todos os refeitórios passaram ao controle do Programa Nacional de Alimentação do Trabalhador com uma equipe de nutricionistas da DRT fiscalizando a qualidade da comida) [80], as refeições ainda deixavam a desejar em termos de variedade, gosto e até mesmo qualidade. Enfim, havia também as condições duras de trabalho dentro dos canteiros que permaneciam exatamente as mesmas.

Assim é que os operários não vacilaram em promover um sexto e sétimo quebra-quebra no mês de abril, em dois lotes da própria Ecisa (lote 7 no Catete e lote 23 na Tijuca); neste último, coincidentemente ocorrera no ano anterior um incêndio de alojamento. A questão da alimentação é mais uma vez o móvel imediato das revoltas, apesar do fornecimento daquela se dar por uma empresa credenciada. No caso do lote 23, no entanto, não parece ter sido a qualidade da comida o que mais importou. Os 1.800 operários queixaram-se do jantar onde fora servida a mesma comida do almoço [81] mas foram mobilizados (e sobretudo) pelo anúncio de que a partir do dia 25 de abril a cartela de refeições iria aumentar [82]. Como nos demais casos estudados, a ação coletiva implicou a depredação da cantina, tendo-se chamado a Polícia Militar para "acalmar os ânimos" dos operários. Vale ressaltar que, quando a PM chegou, o tumulto já havia terminado, tendo o engenheiro do canteiro solicitado imediatamente nova remessa de comi-

78 Ver *O Globo*, Rio de Janeiro, 5.4.78, "Operários comem em pé na cantina do metrô".

79 Ver *Jornal do Brasil*, Rio de Janeiro, 17.5.78, "Operários do metrô sairão da Av. Chile para alojamento de alvenaria".

80 Ver *O Globo*, Rio de Janeiro, 28.3.78, "Nova mudança na Presidente Vargas para obras do metrô". Neste artigo consta o cardápio semanal oferecido pela GRIL aos operários da Ecisa.

81 Para a reconstituição deste quebra-quebra foram usados os seguintes artigos: *Jornal do Brasil*, Rio de Janeiro, 20.4.78, "Comida ruim revolta operários" e *O Globo*, Rio de Janeiro, 20.4.78, "Operários do metrô depredam mais um refeitório, na Tijuca".

da. Por outro lado, durante este quebra-quebra não se prendeu ninguém, inaugurando-se de certa forma um novo tipo de procedimento frente aos "revoltosos".

Seguiram-se três meses de aparente silêncio por trás dos tapumes azuis do metrô. Em maio, junho e julho de 1978 os operários entraram em novo compasso de espera, tendo então o movimento dos quebras do metrô iniciado sua fase de desaceleração. Em agosto, porém, como para fechar o ciclo, irrompem as duas últimas manifestações da série de revoltas aqui estudadas.

É no sábado 5 de agosto, por volta do meio-dia, que os trabalhadores do metrô voltam à cena. Cerca de 400 operários de uma pequena sub-empreiteira (Itapema Construções e Saneamento) contratada para prestação de serviços no lote do Largo da Carioca, depredaram a kombi de uma firma distribuidora de refeições, imediatamente após os cinco primeiros operários terem recebido seu almoço em embalagens térmicas. Os operários alegaram que vinham recebendo comida azeda desde a semana anterior e que estavam trabalhando desde as 20 horas de sexta-feira, não tendo até as 11 horas de sábado recebido qualquer refeição [83]. A ação se circunscreveu à destruição da kombi que foi apedrejada e virada várias vezes. Houve uma tentativa de incêndio mas a maioria não apoiou. Chamou-se, como de costume, a Polícia Militar que, desta feita, "não se envolveu, deixando que os operários se acalmassem para então entrar no canteiro" [84]. Foi, na verdade, com a chegada dos chefes de segurança e do gabinete da Companhia do Metropolitano que a situação pôde ser contornada: estes conversaram com os trabalhadores que se queixaram também do alojamento, fazendo ali mesmo uma lista de reclamações que entregaram ao chefe de gabinete. O engenheiro responsável pelo canteiro, por sua vez, providenciou imediatamente novas refeições, pois os dois representantes do metrô e da Itapema admitiram que a comida trazida pela kombi estava efetivamente estragada. Com a promessa de que seria fornecida nova comida, normalizou-se a situação, tendo os policiais permanecido no local para organizar as filas junto ao caminhão que chegou, trazendo a nova remessa de almoços.

Já mais brandos e não sendo mais tratados como ocorrências policiais ou "produto de agitadores", os quebras foram gradativamente

82 Segundo *O Globo*, op. cit. a cartela passaria de Cr$ 21,00 para Cr$ 52,00, ou seja, quase triplicaria de preço.

83 Para reconstituir este quebra-quebra utilizaram-se os seguintes artigos de jornais: *Jornal do Brasil*, Rio de Janeiro, 6.8.78, "Operários do metrô jogam comida fora" e *O Globo*, Rio de Janeiro, 6.8.78, "Operários do metrô depredam carro que levou comida azeda".

84 Cf. *O Globo*, op. cit.

chegando ao fim. O que não quer dizer que não pudessem voltar a ocorrer, dotados de sua "antiga" vitalidade e força. Primeiro porque, como reconhecia o próprio chefe de gabinete do Metrô, "resolver definitivamente o problema da alimentação é uma utopia, na medida em que o número de operários é muito grande" [85]. Por outro lado, vale lembrar que as empresas fornecedoras de alimentação, como quase toda empresa, visavam mais ao lucro do que à qualidade do produto oferecido. Ressalte-se, finalmente, que o descontentamento dos operários, na verdade, extrapolava a questão da alimentação e da moradia no canteiro, enquanto era exclusivamente sobre estes itens que a ação do Estado e dos órgãos competentes costumava incidir.

Não surpreendeu portanto que um último quebra-quebra ocorresse com um intervalo de apenas 18 dias e que tivesse a mesma configuração das primeiras revoltas: os operários jogaram a comida fora, depredaram totalmente a cantina, virando mesas e cadeiras, quebrando pratos e até mesmo uma TV a cores. [86] Foi, por assim dizer, como um fecho de ouro: esta última manifestação não só comprovou o potencial de violência existente no seio da população que construía o metrô, como ocorreu exatamente no mesmo canteiro (lote 21) onde a 1º do ano fora lançado o primeiro grito de protesto coletivo dos operários.

3. *À guisa de conclusão*

Os nove quebra-quebras aqui descritos permitem chegar a algumas conclusões preliminares bem como obrigam a levantar uma série de questões que não puderam ser abordadas neste artigo.

Em primeiro lugar pode-se considerar que houve um Movimento dos Operários do Metrô do Rio de Janeiro no ano de 1978. Não foram esporádicas ou dispersas as revoltas que ocorreram, mas sim manifestações em cadeia, que se propagaram de um canteiro a outro, com menor ou maior intervalo. Formaram-se verdadeiras ondas de quebras que iam e vinham, muitas vezes reincidindo nos mesmos lotes das mesmas empresas, contando com a participação dos mesmos operários.

85 Cf. *O Globo*, Rio de Janeiro, 24.8.78, "Metrô cancela contrato com empresa que serviu alimentação estragada".

86 A respeito deste quebra-quebra ver: *Jornal do Brasil*, Rio de Janeiro, 25.08.78, "DRT convoca empreiteiras do metrô para resolver a alimentação dos operários". *O Globo*, Rio de Janeiro, 24.8.78, "Metrô cancela contrato com empresa que serviu alimentação estragada". *Ultima Hora*, Rio de Janeiro, 24.8.78, "Comida causa novo tumulto no Metrô". Percebe-se que não há coincidência de informações sobre o número de participantes que teria sido cerca de 200 segundo o JB, de mais de 500 segundo O Globo, ou de 900 segundo a Última Hora.

Revoltados com suas condições de trabalho e sobrevivência dentro dos canteiros, os operários centraram na questão da alimentação sua ação de protesto. Não casualmente. Este era um item de fácil visibilidade, sendo capaz de sensibilizar a própria Companhia do Metropolitano, a Delegacia Regional do Trabalho, a imprensa e a opinião pública; era, por outro lado, um elemento de grande poder catalizador no próprio seio da massa trabalhadora que não podia, evidentemente, trabalhar de barriga vazia ou mal alimentada. Se, entretanto, para a irrupção do primeiro quebra, foi necessário que faltasse comida, num segundo momento seja porque a galinha estivesse crua, a comida azeda ou estragada ou o jantar atrasado, tudo servia para iniciar a revolta. Qualquer incidente funcionava como estopim, observando-se ao longo do tempo uma progressão quanto ao móvel imediato dos tumultos.

Constatou-se, outrossim, uma escalada do Movimento em termos da violência coletiva: se no primeiro e segundo quebras depredou-se apenas o interior das cantinas, na quarta revolta já era a própria cantina que era destruída, e na quinta, a depredação foi seguida de incêndio, tentando-se atingir outras instalações do canteiro. O Movimento dos Operários do Metrô teve uma seqüência comum à vários movimentos sociais, com princípio, meio e fim, passando por fases de aceleração, piques e desaceleração, até gradualmente esvaziar-se e esvair-se.

As instituições e empresas envolvidas não reconheceram, no entanto, a existência desse Movimento falando apenas em tumultos esporádicos, esparsos, explosivos. Tentaram desde o início descaracterizar o teor reivindicatório dessas manifestações operárias, pois admiti-lo seria reconhecer o seu conteúdo político. Assim é que os quebras, encarados inicialmente enquanto acidentais, passaram aos olhos do poder público à categoria de ocorrências policiais e a atos de subversão, encabeçados por elementos estranhos ao segmento dos trabalhadores da construção civil. Não havendo, no entanto, como não reconhecer as condições limites às quais estava submetida a grande massa de operários, os responsáveis mudaram por fim de postura: admitiram haver um descontentamento por parte dos operários e passaram a reagir aos quebras com medidas no sentido da melhoria das condições de moradia e alimentação dentro dos canteiros.

As revoltas funcionaram efetivamente como um instrumento eficaz de pressão, sobretudo a partir do ponto em que passaram a ocorrer regularmente. Surgindo num momento crucial da história da construção do metrô do Rio de Janeiro, quando a demanda de mão-de-obra era nitidamente superior à oferta, elas ameaçaram a própria continuidade do ritmo das obras. Ademais não se tratava, como bem se sabe, de uma obra qualquer, mas de um empreendimento de grande significado político e econômico. Basta lembrar que a construção do metrô mobilizava mais capital (acima de um bilhão de dólares) e força de trabalho que qualquer das outras grandes obras em andamento no Rio, na época. Por outro lado a "Operação metrô" não se limitava a uma proposta em termos de transporte de massa para a população da região metropolitana mas significava também uma intervenção visando ao reordenamento do uso do solo em áreas de alto valor especulativo [87].

Os operários do metrô estavam, sem dúvida, cientes do seu poder de pressão sobre as empreiteiras e a Companhia do Metropolitano, que se assustaram com o potencial de mobilização que os canteiros detinham. De certo modo os operários tomaram de sobressalto as empresas que até então acreditavam, a partir de seus mecanismos internos de vigilância e controle, poder manter arregimentados seus "rebanhos" de trabalhadores. Tornando-se protagonistas de uma ação que, a despeito do caráter aparentemente espontâneo e anárquico, caminhou num crescendo, os operários do metrô conseguiram chamar a atenção sobre o próprio caso e ver pelo menos cumprida a legislação no que se refere às condições de moradia e alimentação.

É importante ressaltar que o Movimento dos Operários do Metrô não alcançou, entretanto, um caráter político mais amplo. As reivindicações limitaram-se ao aspecto econômico e mesmo assim em caráter incipiente: não se tem notícias, por exemplo, de reivindicações por melhorias salariais, redução da jornada de trabalho ou cumprimento das leis trabalhistas em geral. Não houve, por outro lado, qualquer participação do Sindicato dos Trabalhadores nas Indústrias de Construção Civil do Rio de Janeiro nem tampouco qualquer movimentação no sentido de um sindicato mais representativo da "classe".

Nota-se, entretanto, a emergência clara de uma certa consciência: ao agirem, os operários perceberam sua potencialidade enquanto massa capaz de intervir, reivindicar e lutar coletivamente. Mais conscientes ainda ficaram de que o uso de ações violentas constitui-se numa forma eficaz de manifestar publicamente o seu protesto e de se fazer ouvir mais rapidamente.

É evidente que para o aprofundamento de algumas das afirmações aqui esboçadas, seria necessária a obtenção de informações e dados de natureza complementar. Como indicado no início deste artigo, a presente análise baseou-se quase que exclusivamente numa única

87 A propósito das transformações a nível de uso do solo, composição da população e das atividades nas áreas de influência imediata do metrô, consultar a pesquisa: RIO DE JANEIRO. Secretaria de Estudo de Transportes. *Estudos dos impactos da Rede de Metrô/Pré-Metrô.* Rio de Janeiro, Companhia do Metropolitano do Rio de Janeiro/IAM, s.d.

fonte, ou seja, nos jornais da imprensa carioca. Uma outra abordagem poderia ter sido a de analisar os quebras a partir do discurso dos operários envolvidos nas manifestações aqui estudadas. Ou, então, proceder-se a um estudo de caso em um dos canteiros atingidos, considerando-se o papel dos vários atores, as condições de alimentação e de moradia dos operários bem como o processo de trabalho, a organização e a estrutura interna do canteiro de obras. Este procedimento ajudaria a responder perguntas importantes tais como: por que irrompem quebras em alguns canteiros e não em outros? Por que os tumultos reincidem em apenas alguns lotes? Quem são os operários mais ativos nos quebras: os que moram no canteiro ou os que residem fora? Os que ocupam posição de mando na estrutura hierárquica do canteiro (encarregados), os profissionais ou os serventes? Enfim, possibilitaria detectar o tipo de organização embrionária que parece estar presente na série de manifestações aqui estudadas.

INVENTÁRIO DOS QUEBRA-QUEBRAS NOS TRENS E ÔNIBUS EM SÃO PAULO E RIO DE JANEIRO 1977 - 1981

Edison Nunes

Passaram-se quase cinco anos desde que foi escrito "A Revolta dos Suburbanos ou Patrão, o Trem Atrasou" de José Álvaro Moisés e Verena Martinez Alier. A preocupação básica do texto era a indagação do sentido político que os quebra-quebras de trens e ônibus, no Rio de Janeiro e em São Paulo, poderiam ter nas condições do autoritarismo pós-64. Constatou-se que, diante da total falta de canais válidos para a expressão das aspirações das massas populares, a ação direta, ainda que desorganizada, era uma forma das massas atuarem na história com algum grau de "vontade própria".

Apesar da abertura política e da reestruturação do sistema partidário que está em curso, as classes populares continuam se ressentindo da falta de canais de expressão, num momento em que sofrem pesadamente os efeitos da crise econômica. É nessa situação que tivemos 27 quebra-quebras, ocorridos no Rio e em São Paulo, nos últimos 16 meses (de dezembro de 1979 a março de 1981). Acompanhando o desenrolar das depredações em trens e ônibus suburbanos de 77 para cá, reforça-se mais a convicção nas teses de "Patrão, o Trem Atrasou." Este acompanhamento é o que pretendemos fazer, sem a menor pretensão de trazer uma interpretação nova, com o que, aliás, não nos preocupamos. Esforçamo-nos sobretudo por demonstrar aspectos que só recentemente estão começando a fazer parte das notícias sobre quebra-quebras. Trata-se da iniciativa de parlamentares e de associações da sociedade civil que passam a se manifestar, de diversas formas, sobre os acontecimentos. Na verdade, acompanhando a história cotidiana das depredações, esta iniciativa nova aparece como um esforço, por vezes sofrido, da integração das massas populares urbanas ao cenário político, porém em um quadro marcado fortemente pelas incertezas.

De alguma forma, a aproximação de organizações populares e políticas aos quebra-quebras, tentaria recuperar "a revolta dos suburbanos" como "um patamar novo de experiências que poderiam servir de base para um estágio mais avançado de ação".

Cronologia dos quebra-quebras 1977 a 1981

A vaga de quebra-quebras em trens e ônibus, do Rio e de São Paulo, que tem seu início em 1974, alcança um apogeu em 1976, experimenta dois anos de pouca intensidade para retomar seu fôlego, de maneira bastante intensa, em 1979, continuando nesse ritmo até agora. De 79 até fins de março de 81 tivemos 29 quebras de trens e estações, alguns dos quais com uma violência surpreendente, estendendo-se a vários pontos da rede e, às vezes, sucedendo-se diariamente, como foi o caso dos quebra-quebras ocorridos nos subúrbios do Rio nos dias 5, 6, 7, 10 e 11 de dezembro de 79, e dos dias 9, 10 e 11 de março de 1980 em São Paulo. Desta forma pode se ter uma idéia sumária do que, pelo menos até agora, está sendo a vaga de quebras. As características básicas dos acontecimentos mais recentes não diferem das que foram descritas anteriormente por José Álvaro Moisés e Verena Martinez-Alier, apresentando uma dinâmica semelhante, os mesmos alvos e semelhantes demonstrações de solidariedade por parte das pessoas que participam dos quebras.

NÚMERO DE QUEBRA-QUEBRAS (em trens e estações)
(1974-81)

	São Paulo	Rio de Janeiro
1974 - 3	-	-
1975 - 6	-	-
1976 - 10	-	-
1977 - 1	-	1
1978 - 1	-	1
1979 - 12	8	4
1980 - 10	8	2
1981 - 7	7	-

Esta tabela foi composta exclusivamente a partir de informações obtidas na imprensa cotidiana. É possível que tenham havido ocorrências que hajam escapado a esta contagem.
Para os anos de 1974 a 76 foram usados os dados levantados por J. A. Moisés e V. M. Alier.

Aos dados que aparecem na tabela anterior devem ser somados os quebra-quebras de ônibus. Excluídos os casos em que a população depredou ônibus e carros após terem quebrado trens e estações, foi possível listar um ônibus depredado em 1977 e 6 em 78, por motivos muito semelhantes aos que levam os usuários dos trens a quebrá-los.

Se, por um lado, a onda de quebra-quebras guarda muitas de suas características intocadas, por outro, começam a se esboçar reações novas da sociedade frente aos quebras. Vale lembrar que até 1976 era quase que monopólio do poder executivo e, em especial do Ministério dos Transportes, e das empresas estatais de transportes urbanos, o discurso e as explicações sobre os quebra-quebras. Aqui desempenham um papel importante agentes ligados à "Segurança Pública". Recentemente têm ingressado neste debate não só parlamentares como também algumas associações voluntárias, como Sociedades de Amigos de Bairros, Sindicatos etc. Uma crônica sumária dos incidentes desse tipo pode ser útil ao levantamento dos problemas novos que estão aparecendo com a eclosão de fortes quebra-quebras, em uma conjuntura de abertura política caracterizada pela reestruturação do sistema partidário, bem como de uma forte crise econômica que tem contribuído para a deterioração dos salários.

Após a depredação de mais de dez estações, pelos passageiros da Central do Brasil, em 1976, o ano seguinte vai aparesentar apenas um quebra-quebra de pequenas proporções, que é logo contido pela violenta repressão da Polícia Ferroviária. "Mais de 100 passageiros, exaltados com o atraso de quase uma hora na chegada de um trem à estação de Triagem (Rio de Janeiro) apedrejaram uma composição". Uma vez que a falha que originou o atraso impossibilitava as operações em grande parte da rede, a Polícia Ferroviária imediatamente reforçou o policiamento ao longo das estações para evitar "o pior". Foram colocados dez ônibus da Companhia de Transportes Coletivos do Estado e "na baldeação dos trens para os ônibus, o tumulto se intensificou, com todos procurando assegurar lugares nos coletivos, acossados pela polícia da Rede Ferroviária Federal, que ameaçava os passageiros de cassetete em riste, aos empurrões e até mesmo distribuindo bofetadas" [1].

Será apenas um ano e nove meses depois que o Rio conhecerá outro quebra-quebra. Em 23 de novembro de 1978 na avaria de dois trens, interrompendo as duas linhas entre Nova Iguaçu e Deodoro, os atrasos revoltaram centenas de usuários que passaram a apedrejar "duas composições elétricas, uma locomotiva diesel, dois carros, um prédio comercial e algumas cabines de comando ferroviário da REFESA", além de um trem que vinha de São Paulo. Porém, os distúrbios só começaram após os passageiros dos dois trens avariados terem descido dos veículos e caminhado até a estação, onde não conseguiram condu-

1 FSP 25/2/77

ção, uma vez que os ônibus já vinham lotados. Alguns dos seis mil passageiros que haviam se ajuntado na plataforma além de apedrejarem os trens, prédios e carros, colocaram dormentes e pedras na linha a fim de que não fosse rebocado um dos trens avariados." "Ainda em Anchieta os exaltados apedrejaram um carro do serviço de segurança da Refesa, enquanto em Nilópolis...foram estilhaçados os vidros de um edifício junto à estação, também uma caminhonete, *cujo motorista recusara-se a transportar alguns trabalhadores para o centro da cidade*, foi apedrejada" [2]. Intervieram a polícia militar e o serviço de segurança da ferrovia e o Departamento de Polícia Política e Social (DPPS). Para este último foram levados presos três rapazes acusados de participação nos incidentes.

Esses dois anos de relativa tranqüilidade para os encarregados da defesa dos trens e estações dos subúrbios do Rio e de São Paulo, coincidiram com algumas depredações de ônibus. Na noite de sete de fevereiro de 1977, "cerca de mil passageiros depredaram cinco dos coletivos " da linha Venda Nova, em Belo Horizonte, Minas Gerais. Devido a um atraso de duas horas e das imensas filas que se formavam, chegando a dobrar dois quarteirões, começou a depredação, onde foram usados paus e pedras. A depredação obedeceu a uma tática lógica. "Os passageiros se dividiram em duas alas: uma, cercava a rua no seu começo, outra, na esquina da rua Guarani com Carijós. Os ônibus da viação Venda Nova que entravam na Rua Guarani passaram a ser alvejados com pedradas e pauladas, durante quarteirões seguidos" [3]. Sessenta policiais, armados com bombas de gás lacrimogêneo e de cães dispersaram a multidão, entrando em luta corporal com alguns dos mais exaltados.

Foi também devido ao atraso que se iniciou em Guarulhos, na Grande São Paulo, uma pequena série de depredações de ônibus, na linha Haroldo Veloso. Começou em 11 de janeiro e repetiu-se no dia 16 e 31, e 4 de fevereiro. [4] As depredações ocorreram em apenas um veículo por vez e os passageiros fugiam rapidamente após o incidente. Como esta prática não permitia que a polícia agisse a tempo de evitar o quebra-quebra ou efetuar a prisão dos depredadores, foi armado um esquema de segurança nos ônibus daquela linha, que resultou na prisão de dois menores que apedrejaram um veículo que não havia parado ao seu sinal

Porém, o quebra-quebra mais interessante, não tanto pelo fato em si, mas pelas suas repercussões, ocorreu na Zona Leste de São Pau-

2 FSP 24/11/78
3 FSP 9/2/77
4 FT 12 e 17/1/78, 1º e 4/2/78

lo no dia 28 de março de 78. Dias depois da implantação de um projeto que dividia a cidade em nove zonas, procurando racionalizar a concessão de linhas às empresas permissionárias, foi depredado um ônibus. A demora das empresas em se adaptarem aos novos itinerários, bem como a incapacidade destas em atender às determinações da Secretaria Municipal de Transportes, quanto ao número mínimo de veículos por linha, ocasionou atrasos em quase todas as linhas de São Paulo. Um atraso de mais de meia-hora e "a extrema lentidão de um dos coletivos que servem a linha Vila Nhocuné- Largo da Concórdia" provocou a ira dos passageiros que viajavam nela, que começaram o quebra-quebra dentro do próprio veículo lotado. O que o episódio traz de novo é a declaração do Secretário Municipal de Transportes, Olavo Cupertino, que achou "ótima a atitude dos passageiros" ... "justificou sua declaração dizendo que é preciso que os transportadores percebam que o atendimento é coisa muito séria e a empresa tem obrigação de corresponder com quem ela transporta. A população é ordeira, compreensiva, mas reage quando se sente prejudicada" [5].

Assim, pela primeira vez alguma autoridade deixava de reprovar ostensivamente os participantes de depredações, e neste caso, até lhes emprestava solidariedade. É certo que o Secretário usava o quebra-quebra como pretexto para polemizar com as companhias de ônibus, que considerava não estarem cumprindo com as exigências da Secretaria e da CMTC. A parte deste debate, que trouxe à imprensa reclamações dos empresários quanto ao montante das tarifas e, principalmente à insuficiência dos serviços prestados à população pelas empresas permissionárias, um outro surgiu na Câmara Municipal. Vereadores dos dois partidos viram nas declarações do Secretário dos Transportes "um estímulo para toda a população, *principalmente da periferia,* depredar os ônibus que causarem transtornos" ... "não é difícil a coisa virar moda e, de repente, os paulistanos, inconformados com uma série de irregularidades, começarem a depredar também o Poder Público, *porque também as repartições públicas* não estão cumprindo com o seu dever." Acrescentaram que "*isto é subversão,* pois, ao que parece, está insuflando o povo a dilapidar um patrimônio". Ao mesmo tempo que um vereador do extinto MDB ameaçava enquadrar Olavo Cupertino no Código Penal, um outro do mesmo partido perguntava "*onde está a autoridade* do senhor secretário" [6]. O que chama a atenção neste episódio é que os vereadores trataram a questão de uma maneira muito próxima à dos agentes encarregados da repressão aos quebra-quebras: não discutiram o episódio em si e nem mesmo as razões do

5 FSP 29/3/78
6 FSP 30/3/78 Grifos Nossos.

incidente: conformaram-se com a precariedade dos transportes urbanos e a única coisa que viram foi o perigo que representa, pelo menos em potencial, a população da periferia (sic.). Estavam preocupados com a generalização da violência, acreditando que a frase do Secretário poderia contribuir para desencadear novas ações destes que eram vistos como "classes perigosas".

Até 5 de dezembro de 1979, havia ocorrido durante este ano, apenas dois incidentes de pouca expressão. O primeiro é realmente um mistério: 40 soldados sediados nos quartéis situados em Osasco invadiram, na noite de 10 de fevereiro, a estação de Quitaúna e a depredaram. Na fuga um deles foi preso mas recusou-se a dar explicações além do nome de alguns dos companheiros que também haviam participado do estranho sucesso. Levando exageradamente a sério a Convenção de Genebra, o militar limitou-se apenas a dar o nome, posto e número de série deixando-nos com uma enorme curiosidade insatisfeita.[7] O segundo, também em São Paulo, ocorreu na estação de Capuava quando o trem vindo de Mauá chegou completamente lotado e os passageiros que aguardavam na estação impediram a partida do trem, provocando maiores atrasos. Duas horas depois, com a desistência de muitos passageiros e com a chegada de novas composições, o primeiro trem pôde seguir viagem, no entanto encontrando as mesmas dificuldades nas estações subseqüentes.[8]

No dia 5 porém, o panorama é outro. A calma que havia reinado na Rede Ferroviária do Rio durante o ano precedia uma semana de quebra-quebras, da quarta a terça-feira da semana seguinte, interrompidos apenas no sábado e domingo. No primeiro dia da revolta, três composições foram depredadas. A primeira que foi atingida havia quebrado próximo à estação de Turiaçu, obrigando as outras duas a permanecerem estacionadas em Honório Gurgel. Os passageiros disseram depois que a depredação deveu-se à demora da locomotiva que deveria rebocar o trem avariado. Após terem quebrado vidros, janelas, portas e bancos, bem como a cabine do maquinista, e obstruírem a linha com dormentes, "a fúria dos passageiros" atingiu as outras duas composições. "Com a chegada dos guardas ferroviários, dando tiros para afugentar as pessoas, o tumulto aumentou e envolveu todos os passageiros. Expulsa da estação por soldados e guardas da PM... a multidão foi para a avenida dos Italianos, que margeia a linha férrea, e ali passageiros mais exaltados apedrejaram também ônibus que não paravam". Um assessor de relações públicas da Rede declarava que

7 FSP 11/2/79 e FT 12/2/79
8 FSP 9/8/79

depredações iguais àquela não ocorriam desde 1967: "outras têm ocorrido, dizia, mas de menores proporções e sem deixarem trem mais de um mês nas oficinas..." [9]

A manchete de "O Globo" de 7 de dezembro, dá uma idéia do que foi o dia anterior: "*Depredações e incêndios em nove trens e três estações*". Destes, quatro foram incendiados. A estação de Comendador Soares também foi incendiada. Desta vez, o quebra-quebra teve início em pontos diferentes quase que simultaneamente, quando a avaria de uma composição em Nova Iguaçu reteve outras composições pelas demais estações. Em Comendador Soares a multidão enfrentou os policiais com pedradas e aos gritos de "fora, fora, fora", mantendo-os à distância enquanto os demais depredavam os trens e a estação. Intervieram mais de duzentos soldados que começaram a dispersar os manifestantes apenas duas horas depois de iniciadas as depredações: "os bombeiros só puderam trabalhar depois que os trens e a estação já estavam queimados". Em Austin, onde um dos trens depredados estava parado em frente à sub-estação seccionadora de energia, os depredadores tentaram invadir o prédio, o que foi evitado pelo operador que fechou a porta de aço. Após quebrarem tudo o que havia a ser quebrado do lado de fora, "saíram à rua, que fica em um plano mais elevado do que a janela do prédio, e começaram a atirar pedras maiores. Uma delas, com cerca de cinco quilos, atingiu um dos disjuntores da sub-estação, com capacidade de carga de três mil volts. O incêndio se alastrou rapidamente, atingindo também o painel de controle e comando." Nesse momento, um funcionário da Rede, que estava no trem, tentou ajudar a apagar o fogo, no que foi contido pela multidão aos gritos de "puxa-saco, puxa-saco". Nesta estação, dois PMs tentaram conter a multidão e foram agredidos e expulsos. Mais tarde, chegaram vinte policiais da PM que, dando tiros "para o chão e para o ar" (sic.) atingiram duas pessoas no joelho. O saldo deste dia foi: 12 carros totalmente destruídos, sem possibilidade de recuperação, outros 12 podendo ser recuperados e mais trinta e cinco outros, "atingidos parcialmente", e que não demoraram a ser recuperados, além evidentemente das estações.

Dois fatos ocorridos durante o quebra do dia 6 são significativos do universo simbólico presente nas depredações. Em Comendador Soares, durante a invasão da cabine de sinalização, os usuários soltaram os passarinhos que o chefe da estação mantinha engaiolados e, logo após, passaram à depredação. O segundo fato ocorreu quando o funcionário responsável pela sub-estação de força, em Austin, tentava

9 OG 6/12/79
10 OG 7/12/79

apagar um incêndio e foi agredido pelos populares: "... só não foi massacrado devido à interferência de outras pessoas, que alegavam ser ele trabalhador".[11]

"Para evitar novos tumultos... foi preparado um esquema de policiamento ao longo de todo o percurso. A Rede Ferroviária Federal entrou em contato... com o I Exército para pedir a colocação de contingentes da Polícia do Exército guardando as cinco estações, que serão servidas hoje (dia 7) por quatro trens... O policiamento dentro do trem será feito pela segurança da RFF. A Polícia Militar se encarregará de manter a ordem nos pontos dos ônibus da CTC. Cada ônibus está viajando desde ontem com um policial a paisana no seu interior".[12]

Curiosamente, no mesmo dia, em Pirituba, São Paulo, houve um "demorado tumulto" motivado pelo atraso de hora e meia de uma composição. A depredação atingiu 6 composições, num total de trinta e seis vagões. A demora foi atribuída oficialmente a uma falha no sistema de sinalização, o que faz com que o trem automaticamente, por motivos de segurança, ande a apenas vinte quilômetros por hora.[13] Irritados, os passageiros acionaram uma das válvulas de segurança e o trem parou. Enquanto o maquinista ia rearmar o dispositivo, começou o quebra. Mais de vinte viaturas da polícia interviram com muita violência.[14]

Apesar do forte esquema de segurança, no dia sete de dezembro, mais duas composições foram depredadas, dando continuação aos quebra-quebras no Rio de Janeiro. Uma delas foi apedrejada na estação Agostinho Porto, tendo sido danificado o sistema elétrico, o que obrigou seu reboque por uma locomotiva diesel. O outro trem foi depredado em movimento, tendo seu último vagão destruído e os demais com vidros e bancos quebrados. Os pedaços dos vagões depredados eram atirados ao longo da linha. Deste trem foram apedrejadas as estações pelas quais passava sem parar. Os passageiros respondiam, assim, ao forte esquema de segurança montado pela Rede.[15]

Após um merecido descanso no fim de semana, os passageiros dos trens de subúrbio do Rio voltam a depredar mais uma composição na segunda-feira. Uma falha no sistema elétrico da composição obrigou o trem a parar fora da estação, perto de Campo Grande. Com a demora do socorro à composição, começou o quebra-quebra pelo apedrejamento da composição, seguido do incêndio em dois de seus va-

11 Idem.
12 Idem.
13 FSP 8/12/79
14 FSP 7/12/79
15 FSP 8/12/79 e OGL 8/12/79

gões. Para evitar que a composição depredada fosse removida, os passageiros revoltados obstruíram a linha com dormentes e apedrejaram a locomotiva diesel que vinha rebocar o trem. [16] Às 13 horas, um trem que sofrera um princípio de incêndio na estação Agostinho Porto sofreu um início de depredação, logo controlado pela polícia. No mesmo dia, o Ministro dos Transportes, Eliseu Resende, anunciava "as três soluções provisórias" para resolver os problemas nos subúrbios do Rio de Janeiro: o uso da tração diesel para os veículos de passageiros; a reforma de 58 unidades antigas, com assessoria técnica japonesa, ao custo de 16 milhões de dólares e a utilização de 20 a 30 trens da Fepasa [17]. Novamente o governo central era compelido a intervir nos problemas da Rede.

No dia 11, o pequeno atraso das composições provocou apenas tumultos que não se transformaram em quebras, devido à intensidade do policiamento. [18] Assim terminava uma semana de quebra-quebras, que além de deixar vinte trens inutilizados, ainda trazia como saldo medidas de emergência para a melhoria da rede, enquanto não chegavam as novas composições encomendadas à indústria nacional. A violência e a intensidade desta "semana de quebras" devem ser explicadas principalmente pela elevação do preço das passagens, o que ocorreu no dia 1º de dezembro. Por outro lado, também pela elevação dos preços dos combustíveis e dos ônibus, o que acarretou um significativo aumento do número de usuários do transporte ferroviário. [19]

Para marcar o fim de 1979, mais quatro composições foram depredadas no dia 27 de dezembro na estação de Costa Barros. Segundo os passageiros, "a revolta não foi provocada apenas pelo atraso dos trens mas, também pelo tempo que perderam (quase uma hora) dentro das composições, sem que nenhum funcionário fornecesse qualquer informação". Os guardas ferroviários foram insuficientes para deter o tumulto, pedindo a ajuda de choques da PM. [20]

Se 79 foi um ano de violentos quebras no Rio de Janeiro, 80 será o ano de São Paulo. Começam no dia 11 de fevereiro na estação de Jandira onde uma modificação na maneira de cobrar as passagens provocou imensas filas. Quando um usuário que estava na fila começou a reclamar em voz alta, três agentes da Fepasa passaram a espancá-lo. Tal atitude provocou a revolta dos populares que estavam nas filas, no

16 ESP 11/12/79 e FSP 11/12/79
17 ESP 11/12/79
18 FSP 12/12/79
19 OGL 7/12/79 – O aumento também é apontado como uma das causas do quebra em São Paulo, cf. FSP 8/12/79
20 FSP 28/12/79

momento em que chegou um trem na estação. Neste momento começou a depredação, que não atingiu proporções maiores devido a "imediata interferência da polícia" que efetuou dez prisões de operários. A novidade deste incidente é que o Prefeito de Jandira, acompanhado de 4 vereadores, compareceu ao local, colaborando com o restabelecimento da calma, e com a liberação dos operários detidos. Na ocasião o Prefeito criticou a Fepasa, que poderia ter evitado os incidentes se tivesse tomado as providências que foram reivindicadas pela Câmara Municipal.[21]

O segundo quebra-quebra do ano deu-se nas estações de Engenheiro Trindade e Engenheiro Gualberto, na Zona Leste de São Paulo, envolvendo pelo menos duas mil pessoas. Do incidente, provocado pelo atraso devido à quebra de uma composição, saíram diversas pessoas com ferimentos causados por pedradas e um homem morreu. "O desconhecido foi atropelado e morto pelo trem UWS272 no instante em que tentava danificar a estação" segundo policiais[22]. Era 1º de abril.

Ainda em São Paulo, no dia nove do mesmo mês, um raio cai na sub-estação de força de Engenheiro Sebastião Gualberto, causando o corte de energia em toda a rede da Zona Leste. Isto ocorreu pouco antes das seis horas da tarde, surpreendendo um trem próximo à estação de Clemente Falcão (Quarta Parada), que conduzia mais de 4 mil passageiros – entre eles, alguns viajando agarrados às portas, no lado de fora, estavam inteiramente encharcados com as chuvas. Com a parada do trem, começou a depredação. Inicialmente, a própria composição teve seus vidros e bancos quebrados e algumas chapas de aço amassadas. Os passageiros invadiram a estação e ali depredaram móveis, derrubaram portas e arrebentaram os guichês, o banheiro e o escritório. Depois incendiaram as dependências da estação e voltaram ao trem e também o incendiaram. Dois vagões foram consumidos quase que inteiramente. A polícia não interveio; percebendo que estavam em desvantagem, os soldados que ocupavam uma viatura do Patrulhamento Tático Móvel recuaram. Ao mesmo tempo, mais três estações estavam sendo depredadas "embora sem a mesma gravidade" da primeira. "As depredações iriam prosseguir na manhã (do dia seguinte) quando houve novos ataques a outras composições, algumas delas em Vila Matilde. Diante disso, às nove da manhã, (a exemplo do que já ocorrera no dia 9), foram suspensas as operações até a tarde". No fim de dois dias de quebras, o saldo foi de 5 composições, num total de trinta carros, danificados, sendo que dois deles, queimados.[23] Sexta-feira, dia 11 de

21 FT 13/2/80
22 FSP 2/4/80
23 JT 11/4/80 e ESP da mesma data.

abril, é o terceiro dia consecutivo de quebra-quebras nas mesmas linhas. Os incidentes teriam lugar na estação de Manoel Feio, no município de Itaquaquecetuba, com a depredação de uma composição e da estação. Os jornais do dia 12 anunciavam, junto com este quebra, "velhas promessas" da Refesa, "ou seja, adotar providências para amenizar o problema, a curto prazo, e prosseguir na execução do plano de remodelação e modernização dos subúrbios da Grande São Paulo". Ainda, no mesmo jornal, o Ministério dos Transportes declarava que estava prestes a assinar, com o governo de São Paulo, um acordo para regulamentar a interpenetração da Refesa com a Fepasa, possibilitando a utilização comum dos equipamentos por parte destas duas empresas [24].

As próximas depredações ocorrem em 14 e 16 de maio [25]. Na primeira, em Ermelindo Matarazzo, "cerca de cinco mil pessoas depredaram dois trens e incendiaram as bilheterias da estação", o motivo, como sempre, foi o atraso. Dois dias depois, na mesma estação, outro trem foi depredado. Se é verdade que, em ambos os casos, os quebras foram precedidos de atrasos, estes vieram apenas somar-se aos descontentamentos dos usuários, que tinham notícias de que as tarifas seriam majoradas de três para cinco cruzeiros. Nesse momento, "A Câmara Municipal de Mogi das Cruzes, por unanimidade, aprovou moção... *dirigida ao ministro dos Transportes*, Eliseu Resende, *ao governador* Paulo Maluf e a *outras autoridades,* no sentido de que seja acelerado o programa de melhorias para os subúrbios da Rede Ferroviária Federal que servem aquela cidade".

As depredações voltaram a ocorrer no Rio de Janeiro em setembro. No dia 30 uma composição sofreu um início de incêndio causando a paralisação em outros trens, uma vez que, por medida de precaução, a rede elétrica aérea foi desligada. Quatro composições foram então depredadas, porém sem muita violência. [26] Outro quebra-quebra ocorria no dia 15 de dezembro devido a um defeito na sinalização, por falta de energia elétrica. Passageiros que chegaram a ficar até quatro horas dentro dos trens parados, atacaram três composições. Este quebra coincidiu com o aumento de 45% nas tarifas dos ônibus, o que implicou num considerável aumento do número dos passageiros nos trens [27].

Na véspera do Natal de 1980, ocorreu o último quebra-quebra do ano, nas estações de Itaim e São Miguel, em São Paulo. O motivo foi o

24 ESP, FSP e FT 12/4/80
25 FSP 15 e 17/5/80
26 JB 1/1/80
27 JB 16/12/80 e JB 17/12/80

de sempre; a pane em um dos trens, obrigou que este fosse rebocado por uma locomotiva diesel que, por sua vez, também sofreu uma avaria. Além do trem, foram quebradas as duas estações. Como os guardas de segurança da Rede não conseguiram parar o tumulto, foi pedido um reforço da Polícia Militar. Foram ao todo seis pessoas detidas, entre elas três menores. "Um policial militar que deteve um menor durante a confusão, não conseguiu colocá-lo na viatura. Mesmo de arma na mão, o PM foi cercado por um grupo de pessoas que libertaram o menor e obrigaram o policial a fugir." [28]

Dia 6 de fevereiro de 1981 marca o início de pelo menos três meses de uma nova safra de quebra-quebras em São Paulo; 6 quebras e um princípio de tumulto em uma estação do interior. Neste dia, uma multidão de cerca de 15 mil pessoas depredaram duas estações "quase que simultaneamente, embora as duas... estejam distante vários quilômetros entre si". "Os conflitos se prolongaram por mais de três horas e o saldo final indica centenas de feridos, cinco vagões incendiados, dezenas de viaturas policiais avariadas e mais de cinqüenta ônibus da CMTC depredados". [29]. Outras fontes falam, porém, em apenas dezoito ônibus [30]. Além disso, um carro particular foi depredado e uma perua "kombi" carregada de biscoitos incendiada, os depredadores, porém, salvaram a "carga". "A confusão se iniciou na estação de Artur Alvin: Uma composição quebrada impedia o tráfego na linha, interrompendo, em conseqüência, todo o movimento da rede... a Refesa enviou uma máquina para rebocar a a composição avariada, mas o engate não funcionou." Como o trem não partia, começou o quebra. Concomitantemente, em Vila Matilde a mesma cena repetia-se. Os populares, utilizando como combustível os jornais de uma banca próxima à estação, atearam fogo em cinco vagões. Também impediram a ação dos bombeiros, que só puderam agir quando não havia mais nada para ser queimado nos vagões. Em seguida, também a estação foi incendiada. Ganhando a rua, os manifestantes passaram então à depredação dos ônibus, do carro e da perua e também de 4 viaturas da polícia e uma do Corpo de Bombeiros [31].

Foram muitas as repercussões desse quebra. Durante lamentações, o ministro dos transportes lembrou que na linha onde houve os quebra-quebras já deveriam estar rodando os trinta trens da Fepasa que não estavam sendo utilizados pela estatal paulista. Aliás, são os mesmos trens que foram prometidos aos cariocas, pelo Ministro, du-

28 FSP e ESP 25/12/80
29 JT 7/2/81
30 FSP e ESP 8/2/81
31 JT, ESP e FSP 7/2/81; ESP, FSP e JB 8/2/81; FSP 9 e 10/2/81 e ESP 10/2/81

rante a semana de quebras em 1979 [32]. Os quebras tiveram como efeito apressar as negociações dessas trinta unidades, que já se arrastava por mais de um ano, A demora deveu-se à disputa em torno do montante das operações. Comentava-se no Ministério que o governador de São Paulo estaria exigindo uma quantia muito alta da Rede [33]. Os trinta trens ociosos deveriam ser postos em uso dentro de, no máximo 90 dias e só não entravam em operação imediatamente porque os trens, de projeto francês, possuíam as janelas muito pequenas para proporcionar a ventilação adequada ao clima brasileiro e, naturalmente, ao número médio de passageiros por viagem nas linhas dos subúrbios. É bom lembrar que é exatamente pelo problema de excesso de passageiros e falta de ventilação que a população teima em andar com as portas dos trens abertas.

Outra repercussão do quebra-quebra foi a participação de deputados estaduais paulistas na denúncia das péssimas condições de transporte nos subúrbios. No dia 8 de fevereiro aparecia na Folha de São Paulo uma declaração da deputada do PT, Irma Passoni; "Quem provocou a agitação foi a Rede, pois foi abuso demais o que aconteceu. Numa sexta-feira à noite, a população voltando cansada do trabalho para casa e, ainda por cima, não ter condução, é muito desrespeito. O pessoal até que foi heróico para agüentar por tanto tempo, sem fazer nada, a situação de calamidade dos subúrbios da Zona Leste". Na mesma coluna, logo abaixo, outra novidade mais surpreendente: "representantes do Movimento em Defesa do Menor, do Movimento Contra a Carestia, Clubes de Mães, sociedades de bairros, Movimentos de Favelas e diversos sindicatos e deputados estaduais do PT e do PMDB, se encontrarão amanhã (9 de fevereiro), às 17 horas, na estação Roosevelt para ali apanhar um trem em direção aos subúrbios. O objetivo das entidades é o de averiguar as condições de transporte da população na hora de maior movimento, e que medidas estão sendo tomadas para melhorá-las". A questão dos transportes sensibiliza assim várias associações que tomam uma posição pública. Algumas associações chegaram a reunir-se no dia 7 de fevereiro no Sindicato dos jornalistas resolvendo "solidarizar-se com os trabalhadores e o povo da Zona Leste, usuários da Refesa, pelos acontecimentos da noite anterior". Nesta seção, condenaram as péssimas condições de transportes e protestaram contra a repressão policial [34].

A viagem foi feita, no dia nove, por três deputados do PT que, após a experiência afirmaram que "diante da violência dos serviços

32 FSP 8/2/81
33 ESP 10/2/81
34 FSP 9/2/81

oferecidos pela ferrovia, não é de admirar que a população responda com mais violência", ou ainda; "as condições para explosões como as do último fim de semana estão presentes no dia-a-dia da Rede" [35]. Apenas com um detalhe curioso, de como são disparatadas algumas das informações veiculadas pela imprensa, o jornal "O Estado de São Paulo", no dia 10, anunciava de forma extremamente ambígua a presença dos deputados na estação Roosevelt, colocada junto a uma matéria que denunciava a paralisação dos trens por causa de uma inundação da linha que durou duas horas. Para o Jornal "dentre os passageiros retidos na estação... estava uma comissão de deputados que pretendia fazer o trajeto... no qual houve os tumultos da noite da última sexta-feira". Atentando-se aos tempos em que estão conjugados os verbos, tem-se a nítida impressão de que a viagem dos deputados não se realizou; no mais, a matéria é omissa.

Outro aspecto interessante dos comentários que apareceram nos jornais diz respeito aos encontros e desencontros das autoridades do executivo. O Prefeito de São Paulo, Reynaldo de Barros, por exemplo, era da firme opinião de que os quebras eram ações de subversivos: "somente uma organização infiltrada entre os passageiros naquela hora poderia ter ocasionado o tumulto", explicava... "Por mais sofrido e insatisfeito, o povo jamais depredaria ou atearia fogo em vagões e destruiria ônibus. O povo é bom e tranqüilo. Alguém estava interessado no tumulto e isso a polícia vai apurar" [36]. Porém, o próprio Secretário de Segurança afirmava que não havia indícios de infiltração alguma e que as revoltas eram "apenas a explosão do povo descontente com certas falhas de nossos serviços públicos". [37] Sobre este debate, é sintomática a preocupação do Senador Tancredo Neves, do PP, de que os incidentes nas ferrovias poderiam servir de pretexto aos setores radicais do governo que pregam o endurecimento [38].

No dia dez de fevereiro, a inundação do rio Tamanduateí e do Córrego dos Meninos interditou o tráfego ferroviário, "fazendo com que os passageiros depredassem uma composição e a estação Ipiranga". O inusitado deste quebra-quebra é que a polícia não compareceu, talvez por ter ficado retida nos congestionamentos provocados pela inundação. O quebra começou quando chegou à estação, vindo da Luz, um trem lotado que, no entanto, não prosseguiria viagem na direção dos subúrbios, mas retornaria ao centro de São Paulo sem que seus passageiros soubessem. No momento em que começaram as re-

35 FSP 10/2/81
36 ESP 10/2/81
37 FSP 8/2/81
38 ESP 10/2/81

clamações, faltou energia e a estação ficou às escuras. O quebra só parou, uma hora depois, quando a luz voltou [39]. Neste mesmo dia, a Rede anunciou que como medida de emergência, São Paulo iria receber alguns dos trens que estavam sendo reformados no Rio desde as depredações de 79.

Ainda em fevereiro, no dia 13, um trem foi incendiado em São Miguel por causa do atraso. A população impediu a ação dos bombeiros com uma chuva de pedras. Neste ano, voltaram a ocorrer quebra-quebras mais 3 vezes, e um princípio de quebra na estação de Adamantina e outro na de Oswaldo Cruz. Porém, nenhum atingiu as repercussões dos quebras anteriores, embora a depredação ocorrida no dia 7 de abril tenha resultado em 7 pessoas mortas, atropeladas por um trem enquanto saltavam do que estava sendo depredado. E ainda que a depredação de uma composição em XV de Novembro, no dia 9 de abril, tenha inutilizado seis vagões.

Ironicamente, em uma viagem que o Presidente Figueiredo fez ao Rio, "ouviu uma explanação de 40 minutos sobre a melhoria dos trens suburbanos do Grande Rio, viajou em um dos novos trens suburbanos, visitou as instalações da Companhia e repassou "27 bilhões para serem aplicados este ano nos sistemas de transportes de massa do Estado", destes recursos, 12,4 bilhões serão investidos nos subúrbios, 12,5 no Metrô e o restante dividido em compras de novas frotas de ônibus, obras rodoviárias e projetos [41].

Os Novos Protagonistas

No relato sumário que acabamos de apresentar, o que se pode notar claramente é que aumentou muito o número de pessoas e de associações que, de uma ou de outra forma, querem marcar uma posição frente aos quebra-quebras. A palavra era antes tomada na imprensa apenas por uns poucos personagens, notadamente a empresa estatal de transportes, na figura de seu superintendente ou de algum relações públicas, algumas vezes o Ministro dos Transportes e rarissimamente o Presidente da República. Nunca faltou espaço, evidentemente, aos Secretários de Segurança Pública e para representantes dos departamentos de polícia política ou comum. Estes personagens revezam-se de acordo com a importância ou a repercussão do quebra. É "o Estado e seus agentes, que reagem para controlar de formas diversas os

39 FSP 11/2/81

40 ESP e FSP 11/2/81; FSP 12/2/81; ESP e FSP 15/2/81; FSP 26/3/81; FSP 8/4/81; ESP 10/4/81 e FSP 22/4/81

41 FSP 28/2/81

acontecimentos"[42]. Mais recentemente, dos fins de 79 para cá, aparecem nos jornais, e pelo menos em uma vez intervêm diretamente nos acontecimentos, prefeitos e vereadores. Pouco depois, é marcada a presença de deputados estaduais, de um senador e de diferentes associações, como sindicatos e sociedades de amigos de bairros.

O que chama a atenção é a dificuldade que estes setores expressam em participar dos acontecimentos, e principalmente a forma dramática que assume sua participação, especialmente na relação com os setores do Estado que detêm algum grau de poder de decisão sobre os assuntos da pauta de um quebra-quebra. Exemplo disso foi o diálogo entre um deputado que havia viajado numa composição de subúrbio e o presidente da Refesa: "o deputado deixou o presidente irritado quando o desafiou a fazer igual viagem para conhecer as condições a que estão submetidos os usuários", ao que o presidente respondeu: "o que o senhor ficou sabendo agora, *nós já sabemos* há muito tempo e é exatamente o que orienta *nossos planos* e *nossos esforços* para melhorar as linhas da Zona Leste" (grifos nossos)[43]. A posição incômoda do Deputado lhe permite apenas retrucar indagando por que então não foram tomadas providências anteriormente, ao que o administrador da Rede respondeu não dispor de verbas. Fica claro, portanto, o que não constitui nenhuma novidade, a impotência do parlamentar em argumentar, uma vez que nem ele, nem a agremiação política a que pertence, têm o mínimo acesso às decisões que regulamentam a distribuição de recursos e a administração dos serviços de transportes públicos.

Isso ocorre inclusive com as demais instituições além dos partidos. Toda a ação que desenvolvem resume-se em emprestar solidariedade; criticar os serviços públicos; encaminhar moções e demandas por melhores condições de transporte; criticar a violência da polícia; interferir na repressão aos quebras (por exemplo, ajudando a libertar pessoas que foram presas durante os quebras, etc.). Isto levanta a questão de se tentar determinar o destinatário da intervenção dos parlamentares e de representantes de entidades. De uma maneira geral, parece que estão falando às associações que constituem a sociedade civil, por um lado e, à "opinião pública".

A pouca capacidade de integração de novos protagonistas na história dos quebras, além dos três que estão diretamente envolvidos, ou seja, os usuários dos trens e ônibus, o Estado e seus agentes e os empresários que empregam os primeiros, diz algo sobre a exclusão das

42 Cf. Moisés, J. A. e Martinez-Alier, V. "A Revolta dos Suburbanos ou Patrão, o Trem Atrasou" in Contradições Urbanas e Movimentos Sociais, Cedec/Paz e Terra, Rio de Janeiro, 1977, p. 30.
43 FSP 12/2/81

massas populares do cenário político, devido à "ausência de qualquer canal válido para expressar suas aspirações". Desta forma, vai ser a "prática da ação direta, mas coletiva, única forma de expressão possível no momento atual"... "que coloca para elas a possibilidade de se fazerem presentes, com algum grau de *vontade própria*, diante do resto da sociedade". Porém, esta mesma prática "tem um objetivo concreto, que é melhorar, a curto prazo, as condições de transporte que lhe são impostas" e "manifestam na sua própria ação, um sentimento de identidade coletiva e de propósito, graças aos quais ela se impõe como um interlocutor, ao qual os detentores do poder têm que dizer algo" [44]. Nesta relação Estado-massas é extremamente difícil intervir outros atores. Isto porque a exclusão desta massa do cenário político não lhe dá alternativas de expressão senão uma ação direta que, pelas suas características, coloca o Estado como *único* personagem capaz de dar uma resposta. É fácil perceber que neste tipo de "diálogo" entre os usuários da Rede e o Estado, só pode participar quem tem condições de resolver, ao menos provisoriamente, os problemas imediatos com os trens. Às vezes, o único que pode dar as respostas que as massas exigem é o Presidente da República.

Neste sentido, cria-se um hiato de difícil transposição entre as massas urbanas e políticos, na medida em que estes não podem oferecer mais do que a sua solidariedade às lutas populares. Por outro lado, isto restringe a eficácia da pressão popular a esferas determinadas e atomizadas, justamente por encontrar dificuldades de representar seus interesses a nível geral. Desta forma, caminham lado a lado, as lutas populares contra a deterioração da qualidade de vida e a luta partidária, como paralelas que se encontram apenas no Executivo.

44 Moisés e M. Alier, op. cit. p. 54.

PARTE III

Classes Populares e Poder Local

MOVIMENTOS DE BAIRRO E ESTADO: LUTAS NA ESFERA DA REPRODUÇÃO NA AMÉRICA LATINA

Tilman Evers,
Clarita Muller-Plantenberg e
Stefanie Spessart *

1. *Introdução*

Mudaram profundamente nos últimos anos os condicionantes dos conflitos sociais na América Latina. A radicalidade com que os grupos financeiros transnacionais submeteram esta região aos seus interesses de lucro causou importantes modificações nas relações de classe destes países, ameaçando a simples sobrevivência de amplos setores das massas assalariadas [1]. Os aparelhos repressivos estatais, que assumiram a tarefa de imposição dessas estratégias econômicas, limitaram vigorosamente os canais tradicionais de articulação política, tais como os partidos e sindicatos. Em conseqüência se necessitou buscar novas formas de expressão e resistência social, novas tanto no conteúdo como nas modalidades de organização.

Daí surgiu toda uma gama de formas novas de luta e de resistência cotidiana. Sua amplitude marca a resposta à supressão sistemática dos interesses vitais de todos os setores populares, em benefício de uma reduzida minoria, e em alguns países alcançou uma envergadura tal, que consegue arrancar concessões substanciais às ditaduras abertas ou disfarçadas que ali se estabeleceram. A expressão organizativa desta resistência é ainda muito desigual: varia com a conjuntura econômica e política, pode aparecer muito isolada e inoperante durante

* Sociólogos docentes do Instituto de Estudos Latino-Americanos da Universidade Livre de Berlim.

1 *Genocídio Económico en el Cone Sur*, DESCO, Lima, 1977.

longos períodos, para de repente convergir em amplas correntes de oposição, aproveitando possíveis fissuras do sistema dominante.

Boa parte destas novas experiências de luta se faz a partir da situação de moradia, muitas vezes nos bairros pobres e improvisados que chegam a servir de *habitat* para milhões de famílias trabalhadoras do continente. Tais lutas – ignoradas em sua maioria pela imprensa – desenvolvem-se em todas as grandes cidades da América Latina. Em muitos casos essas lutas por moradia, água, luz e serviços urbanos básicos já não ocorrem de forma isolada, e vão construindo uma rede de intercâmbio de experiências e organização que pode chegar a convertê-las em *movimentos de bairro.* Dentro delas desenvolvem-se novas formas de ajuda mútua e aprendizado político em comum, em comissões de vizinhos, comunidades eclesiais de base, grupos femininos, grupos de trabalho e cooperativas de alimentação – ou ainda em suas versões negativas, como a criminalidade coletiva por parte de quadrilhas de jovens desempregados.

Destas bases de experiência e de organização surgem algumas conjunturas especiais, expressões mais amplas de protesto social. Podem adquirir as formas mais variadas: desde as depredações desesperadas e espontâneas contra os trens suburbanos, devido às condições infra-humanas de transporte (Brasil, 1974-1976); passando por marchas de protesto, com milhares de participantes durante vários dias, por causa do despedimento maciço de trabalhadores (Guatemala, 1977); a mobilização de milhares de habitantes de toda a cidade (Movimento Contra a Carestia, São Paulo, 1978; Comitê de Defesa da Zona Oriental, Bogotá, 1975); até às organizações de longo prazo sob formas quase-partidárias (Tierra y Libertad, México) e inclusive greves nacionais (Peru, 1977 e 1979; Colômbia, 1977). Paralelamente, surgem também novas formas de luta contra a repressão política que acompanha a pauperização econômica, como greves de fome, comitês de defesa dos direitos humanos, a ocupação de igrejas ou de edifícios das Nações Unidas, etc.

Para analisar e entender os processos sociais na América Latina, tornou-se indispensável levar em consideração estas formas não-tradicionais de resistência social, pois os desenvolvimentos futuros serão condicionados por estas modalidades e experiências de luta. Pense-se, por exemplo, na revalorização do Catolicismo pela sua presença em muitos desses organismos de base, que marcará toda uma geração de dirigentes populares. Isto levanta a questão crucial das perspectivas que se abrem a tais formas novas de luta: *para onde* podem elas conduzir? A rebeliões momentâneas? A movimentos reformistas de tipo populista ou social-tecnocrático? A novas modalidades de democracia de base?

Isto dependerá fundamentalmente do *caráter de classe* dos movimentos: Qual o seu contexto histórico? Qual a sua composição social? Representam uma *força social* com interesses históricos próprios, ou se trata apenas de uma massa difusa de indivíduos com a mais variada participação de classes (ou então de um subproletariado alheio às classes) que apenas consegue reivindicar as necessidades mais imediatas? As respostas dadas pela esquerda latino-americana a estas questões não são uniformes. Por certo tempo muitos consideravam os "marginais" como o novo sujeito revolucionário [2], enquanto outros lhes atribuíam uma posição acentuadamente conservadora, tipificando-os como os pequeno-burgueses do futuro [3].

A profunda divergência destas interpretações reflete as dificuldades encontradas pela análise das classes em sociedades do capitalismo periférico. Do ponto de vista da esquerda, trata-se de decifrar tanto a diferenciação interna do proletariado latino-americano como a enorme heterogeneidade social circundante; só assim se poderiam estabelecer pontos objetivos de referência para saber qual seria hoje na América Latina o bloco anticapitalista, e quais seriam as bases para uma política de alianças e de unidade de ação [4].

A importância desta discussão radica no fato de que implica na superação do sistema atual. Em termos mais crus, tratam-se das seguintes questões: As organizações de moradores encontram-se ou não dentro de uma perspectiva socialista? Pode desenvolver-se uma consciência de classe de caráter proletário em movimentos que se dão na esfera da reprodução? Ou, no melhor dos casos, formas suas embrionárias, embora com mais probabilidade uma consciência pequeno-burguesa da propriedade? Uma resposta a estas questões deve fundamentar-se na *base de classe* de tais organizações, nos *interesses* objetivos comuns que dela derivam, e nas possibilidades de seus integrantes para *tomar consciência* de tais interesses através da ação coletiva, e para *realizá-los*.

Esta *pergunta acerca do potencial político*, orienta também o presente trabalho. No entanto, não pretendemos tratá-la diretamente, e

2 Esta era a tendência de uma parte da discussão acerca da "teoria" da dependência.

3 Por exemplo Goldrich, Pratt, Schuller, "The Political Integration of Lower Class Urban Settlement in Chile and Peru", in Horowitz, I. (coord), *Masses in Latin America*, N. York, 1970.

4 Alguns autores inclusive sustentam que o antagonismo entre proletariado e burguesia praticamente perdeu importância para a análise dos conflitos sociais; e que, portanto, é necessário buscar a contradição principal na confrontação entre as "massas populares" e o "Estado". Por exemplo: Francisco de Oliveira, "Acumulação Monopolista, Estado e Urbanização: A Nova Qualidade do Conflito de Classes", in Moisés e outros, 1978, p. 65-76.

portanto tampouco à problemática inerente aos processos de conscientização individual e coletiva. Antes de poder estabelecer generalizações consideramos indispensável criar uma base de conhecimentos concretos e empíricos suficientemente ampla. Só assim cremos poder evitar os perigos de muitas interpretações atuais, que nos parecem impregnadas – consciente ou inconscientemente – por conceitos teóricos e opções políticas pré-estabelecidos, às vezes a ponto de impedir a percepção de qualquer realidade divergente [5].

A interpretação "ortodoxa" predominante acerca das lutas na esfera da reprodução pode ser resumida do seguinte modo:

> "Como estas organizações se desenvolvem e estruturam ao redor de problemas e reivindicações na esfera da *reprodução*, encontram-se separadas do âmbito da produção social. Mas é aqui, na produção social e nas relações de classe, em que elas surgem, onde os problemas da reprodução têm sua causa última, tanto histórica como teoricamente. Portanto, soluções mais definitivas só podem dar-se na esfera produtiva, através de uma reorganização do trabalho social e da modificação das relações de classe. Por meio dos movimentos sociais na esfera da reprodução apenas se conseguem melhoramentos limitados, no melhor dos casos, na superfície da distribuição. As transformações fundamentais requerem, ademais, outras formas de organização que atinjam as relações de classe existentes em sua expressão econômica e política (partidos, sindicatos). E sobretudo se necessita a condução política pela classe operária. Por outro lado, os movimentos de base localizados na esfera da reprodução têm uma composição de classe heterogênea. Pode, no máximo, desenvolver-se em seu interior uma consciência das contradições do sistema capitalista; porém isto não é ainda uma consciência de classe revolucionária, porque esta supõe a capacidade para formular e levar à prática um projeto histórico alternativo" [6]

Esta interpretação parece-nos insuficiente em vários aspectos. Primeiro, não nos convence a separação radical entre produção e reprodução. No nível teórico, ambas esferas estão demasiado inter-relacionadas para que determinados interesses e práticas sociais possam atribuir-se exclusivamente a uma delas. E no nível empírico, podemos ver que em fases de diminuição do salário real, desemprego e repressão – característicos da conjuntura atual em muitos países latino-

5 Por exemplo: é evidentemente falso denominar os moradores das favelas como "lumpen-proletariado"; no entanto, tal ocorre às vezes, no caso de estratégias políticas que consideram central a aliança com as classes médias.

6 Um exemplo: "Os marginalizados pertencem ao sistema capitálista, mais ainda pela exclusão que pela exploração. Não podem participar diretamente de uma consciência ou luta de classe". A. Touraine, "La Marginalidad Urbana", in *Revista Mexicana de Sociologia*, 4/77, p. 1105-1142, p. 1131.

americanos – às lutas por melhores condições de reprodução convergem de modo real com as que se fazem na esfera da produção [7]. Nas fases históricas em que se suprime a articulação unívoca dos interesses de classe, necessariamente as formas de resistência social surgem, e se desenvolvem em meio a *ambigüidades*. Portanto, não se podem pré-estabelecer de modo abstrato os limites de processos de organização e conscientização em tais formas organizacionais. O seu potencial político depende primordialmente dos interesses que em cada situação concreta nelas convergem, e da *experiência vivida* durante o seu processo de confrontação, tanto interna quanto com o sistema de dominação existente.

Trataremos portanto, neste trabalho, de *problematizar* a interpretação até hoje predominante. E o faremos em dois níveis: Depois de uma breve visão retrospectiva das causas das lutas de bairro (seção 2) traçaremos ao nível teórico alguns elementos questionadores da separação estrita entre lutas nas esferas da produção e da reprodução, tentando complementar o aspecto de sua *diferenciação* com o da sua *inter-relação* (seção 3). A ênfase do trabalho recai na tentativa de condensar alguns traços recorrentes que a nosso ver caracterizam a prática atual de tais lutas na esfera da reprodução: Quem está lutando? Para quê? Contra quem? Que formas de organização daí emergem? Que fatores facilitam ou dificultam a ação coletiva? Queremos com isso mostrar a complexidade da tessitura de condicionantes que influem decisivamente no curso de tais movimentos, a um nível muito mais prático e imediato que o das determinações abstratas. O fato de que distingamos entre a sua atuação "para fora" na confrontação com o poder estatal (seção 4), e o seu processo de aprendizado e de conflitos "internos" (Seção 5), deve-se apenas às exigências de análise e apresentação; na realidade, ambos aspectos encontram-se estritamente interligados em um só processo de ação e aprendizado.

Nos limitaremos às lutas sociais *urbanas*, e entre elas, às que surgem de problemas na esfera da reprodução individual e familiar. Portanto, não consideraremos os conflitos no meio rural, nem aqueles específicos da produção urbana (problemas de trabalho), tampouco aqueles que articulam reivindicações explicitamente políticas (p. ex., contra violações dos direitos humanos, pró-anistia, pró-constituinte, etc.). Não queremos com isto negar a vinculação próxima existente entre esses diferentes conteúdos e expressões; somente não os podemos abranger no âmbito do presente trabalho.

7 Vide D. Sulmont, 1978.

Partiremos da experiência histórica de alguns países (Brasil, Chile, Colômbia e Peru) [8]. É evidente que, à luz da grande variedade entre os condicionantes concretos – objetivos e subjetivos –, o nível de abstração que escolhemos aqui para sintetizar as diversas experiências é demasiado geral para que se derivem diretamente avaliações sobre algum caso particular, e menos ainda conseqüências concretas para a ação.

2. *Causas das lutas de moradores*

O fato de que em praticamente todos os países latino-americanos surjam movimentos de bairro indica que em sua origem deve haver um problema social de alcance geral. Numa palavra, este problema chama-se: pauperização.

Sob as atuais condições de desenvolvimento capitalista na América Latina, a capacidade de consumo dos assalariados deteriorou-se de tal modo que grande parte da população – e muitas vezes a sua maioria – não tem garantida a sua reprodução física [9]. Para estes o mínimo de subsistência constitui-se hoje numa conquista que não se alcança senão através da luta social organizada. Portanto, as novas formas de luta na América Latina são em sua origem expressões de resistência organizada contra tal redução do nível reprodutivo, sendo os movimentos de bairro uma de suas formas de articulação – a mais generalizada nas condições atuais.

A deterioração das condições reprodutivas em muitos países é parte da história atual do desenvolvimento capitalista na América Latina, que tem seu eixo no processo de *industrialização* periférica. Damos por conhecidas as características fundamentais deste processo em suas duas fases principais: a instalação de uma indústria leve com base na substituição de importações, no período posterior à depressão mundial de 1929; e a transição a uma industrialização de tipo associado, sob a hegemonia de empresas transnacionais, a partir dos anos 50. A transferência da dinâmica da acumulação, da produção de bens de consumo maciço com emprego relativamente extenso de mão-de-obra, para a produção de bens de consumo durável em base à alta tecnologia substitutiva da força de trabalho, para uma camada reduzida de consumidores com alta renda, durante esta segunda fase, trouxe consigo uma redução do emprego, queda de salário real e concentração da renda. Ao nível político, houve um processo paralelo de expansão das

8 Os autores realizaram seus estudos nestes países, sendo esta a única razão para apresentá-los aqui como exemplos.

9 Vide DESCO, 1978, p. 59 e seguintes; S. Berg, 1977; S. Spessart, 1980, 2ª parte, 1.5 e 2.1.5.

ditaduras militares, como (às vezes) a única forma política capaz de impor tal concentração da renda em desfavor da classe operária, das classes médias pauperizadas e das facções débeis e ultrapassadas da burguesia.[10]

Ao mesmo tempo, iniciou-se um processo de divisão internacional do trabalho que levou a uma diferenciação cada vez maior entre os países da América Latina. Apenas nos países maiores, em que a fase anterior permitira o desenvolvimento de uma infra-estrutura industrial, com um poder aquisitivo suficientemente amplo (principalmente no Brasil, México e Argentina) deram-se as vantagens (questionáveis) de uma rápida industrialização associada. No entanto, as tendências concentradoras da distribuição características do novo modelo de acumulação transmitiram-se também aos demais países do continente, através das relações comerciais e financeiras transnacionais. Em conseqüência, encontramos nestes países os mesmos efeitos sociais negativos da industrialização, *sem* uma tal industrialização (exemplos: Chile, Peru). Há ainda um terceiro grupo de países que, graças a bens de exportação de elevada utilização internacional dispõem de ingressos importantes de divisas, e apesar disto não são capazes de construir uma estrutura produtiva orientada para os recursos e necessidades nacionais (Venezuela: petróleo; Colômbia: café e drogas); estas são a melhor prova de que a pobreza maciça não tem nada a ver com a falta de capital.[11]

O resultado desta política é hoje a pauperização das massas trabalhadoras, com uma envergadura desconhecida desde os inícios da industrialização. Assim, a "pobreza" transforma-se em expressão genérica para todas essas causas e conseqüências. Logicamente, há diferenças abismais entre a pobreza de um vendedor de loteria em Bogotá, um desempregado em Santiago do Chile ou um operário metalúrgico em São Paulo: o ponto de comparação se faz apenas naquele denominador comum abstrato, de que não conseguem suprir as necessidades históricas de reprodução através da venda de sua força de trabalho no mercado.[12] Tampouco queremos postular um desenvolvimento uniforme e unilinear de todos os países latino-americanos. É evidente que cada um passa por conjunturas políticas e econômicas específicas, e

10 C. V. Werlhof/H. P. Neuhoff: "Zur Logik der Kombination verschiedener Produktionsverhältnisse Beispielearis dem venezolanischen Agrarsektor", in *Lateinamerika – Analysen und Berichte*, vol. 3, Berlin, 1979, p. 86-117; Singer, 1977.

11 Vide M. Castells, 1973, com uma coletânea de artigos de análise sobre este processo em vários países.

12 Vide V. Müller-Plantenberg: "Die Bundsrepublik Deutschland und die Neue Weltwirtschaftsordnung", in *Lateinamerika – Analysen und Berichte*, tomo 3, Berlin, 1979.

que sua inserção respectiva na divisão internacional de trabalho origina condições muito diferentes de ocupação. Ademais, o caso do Brasil demonstra que não há uma tendência invariável para uma marginalização crescente na periferia capitalista.

Não obstante, nos dias que correm o Brasil industrializado é mais uma exceção que a regra, e o fato de que o processo atual de pauperização possa reverter no futuro não retira real importância à fase atual. As conseqüências são visíveis por toda parte na América Latina: Expressa-se nos aspectos do vestuário, da moradia, da saúde, no nível de nutrição e no transporte, e nas ocupações substitutivas das massas urbanas. Manifestam-se ao nível de todos os indicadores sociais, como nas taxas de desemprego, salário real, mortalidade infantil, etc. [13] Refletem-se também de modo impressionante naquelas cifras que comparam o salário industrial médio com as necessidades mínimas de uma família de quatro pessoas, constatando um déficit crescente de 40 a 70%, sem falar das famílias mais numerosas, ou dos desempregados. [14] A pauperização maciça provoca por sua vez círculos viciosos, que contribuem para agravar ainda mais as condições de reprodução. Os baixos salários impõem a extensão do horário de trabalho à custa da saúde, situação agravada pelas longas viagens, muitas vezes de várias horas por dia, em meios de transporte repletos e insuficientes. O excedente na oferta da mão-de-obra, resulta na conseqüência automática de uma oferta ainda maior, pois para aumentar a renda familiar insuficiente as mulheres e crianças também se fazem presentes maciçamente no mercado de trabalho [15]. Isto, por sua vez, retorna como fator desintegrativo do núcleo familiar. Muitas vezes compram-se bens de consumo a crédito, com o resultado de que o prazo das mensalidades obriga a desatender outras necessidades.

A expressão mais visível da pauperização é o enorme crescimento dos bairros pobres (barriadas, favelas, colônias, callampas, poblaciones... conforme o país), tanto nos espaços livres das grandes cidades como em sua periferia. A porcentagem da população que vive em favelas é calculada em cerca de 30% em Bogotá, 35% em Lima e de 60% a 70% em Caracas. Algumas cidades são quase que uma só favela: por exemplo, Buenaventura no Oeste da Colômbia (80% de população).

13 Vide por exemplo: "Landerbericht Peru", in Lateinamerika Analysen und Berichte, Vol. 3, Berlin, 1979, p. 304-315.

14 Vide Cortazar, 1977.

15 "58% dos trabalhadores ganhavam em maio de 1977, menos que o salário mínimo vital, ou seja, para garantir a alimentação familiar de uma família operária, três e meia pessoas do lar deveriam contribuir com o seu salário", (Gunhild Rauch, "Mujeres en Colombia", in *Frauengruppe en LAI*, 1977, p. 36-52, p. 41.

São basicamente três as situações de renda – em uma relação de contínuo – que forçam a morar nos bairros pobres: primeiro, trata-se da massa de desocupados, ou seja, daquela parte da força de trabalho disponível que, dentro das atuais condições do mercado de trabalho, não encontra comprador. A única via para assegurar ao menos a subsistência física consiste em trabalhar como artesão ou comerciante (ambulante), ou então prestando serviços simples, conseguindo uma renda mínima, de nenhum modo suficiente para pagar aluguel de moradia. Inclui também aquela parte da força-de-trabalho que ainda está empregada (muitas vezes de modo temporário), em geral recebendo salário insuficiente para os custos indispensáveis da reprodução. Quase que em nenhum lugar o salário chega a cobrir a reprodução dos membros familiares dependentes, muito embora a economia familiar, especialmente o trabalho não remunerado da mulher, sigam sendo os pressupostos "naturais" para a subsistência do assalariado. O seu salário tampouco cobre os custos de moradia adequada. Ou seja, em muitos países o salário "normal" cobre apenas a alimentação, o vestuário e o transporte do trabalhador, e nada mais.

Além disso, no entanto, aparece também nesses bairros um número cada vez maior de famílias de classe média, cujas rendas cobrem ou ultrapassam os gastos de alimentação, vestuário, saúde, etc.... mas que não encontram moradia a preço "razoável" [16]. Devido à escassez especulativa dos bens imóveis no mercado capitalista, o preço da moradia subiu de forma desusada em relação aos demais itens da reprodução. Também porque a mercadoria "moradia" tornou-se hoje na América Latina um daqueles bens de consumo durável que se comercializam e produzem somente para as camadas de mais alta renda.

O aspecto concreto que assumem os bairros pobres varia conforme o contexto social dos diversos países do continente. Neste sentido, os seguintes fatores desempenham papel decisivo:

a. A história da industrialização e a forma atual de inserção no mercado internacional. Estas determinam a estrutura concreta da força de trabalho necessária na agricultura, mineração, indústria e setor de serviços, e portanto, a composição social das classes dominadas, as suas condições de trabalho e renda, a margem de sub-emprego e de desocupação, bem como a dinâmica e orientação das transformações econômicas e sociais dos últimos anos.

b. A história e função dos respectivos centros urbanos, inclusive a sua localização geográfica, ecológica e climática. Estes fatores determinam as condições concretas de trabalho e vida dos assalariados, e

16 Vide Cortazar, 1977.

além disso o preço do terreno urbano, a localização e modo de construção dos bairros pobres, meios de transporte, etc.

c. A história do movimento operário e a atual situação política de cada país: Ambos determinam a capacidade de articulação das classes dominadas, e portanto também dos movimentos de bairro, assim como as suas possíveis alianças e unidades de ação.

3. *As questões teóricas*

3.1. *O problema político*

> "Em 1978 o Movimento Contra a Carestia, surgido originalmente de clubes de mães em São Paulo, reuniu um milhão e trezentas mil assinaturas (um entre cada oito habitantes da cidade), exigindo o congelamento de preços de alguns alimentos básicos, e aumentos salariais que acompanhassem a inflação. Ao planejar e implementar o abaixo-assinado, surgiram fortes discussões ao interior da direção do movimento. Representantes de alguns partidos de esquerda criticaram o conteúdo ingênuo das reivindicações e sua forma de petição à Presidência da República, argumentando que se iria desse modo reforçar ainda mais a mistificação do Estado, em lugar de colaborar para destrui-la. Outros partidos de esquerda mantiveram-se à margem do movimento, depois de constatarem que não poderiam exercer a hegemonia na sua direção; e um pequeno grupo político aproveitou as concentrações multitudinárias do movimento para desfraldar bandeiras em seu próprio nome, contrariando os acordos prévios. A maioria dos dirigentes do movimento argumentou que uma linguagem abertamente oposicionista apenas congregaria os poucos politizados, assustando a maioria da população; não se desnudariam as mistificações do Estado através de manifestos ou palavras de ordem, mas da experiência de frustação das expectativas e demandas concretas depositadas no governo. Os governantes negaram-se a receber a delegação do movimento para a entrega do abaixo-assinado; em lugar de responder às reivindicações, passou-se as listas de assinantes para a polícia, alegando necessitar um exame de autenticidade. Dois meses depois, o partido oficial conseguiu apenas 13% dos votos em São Paulo."

A interpretação "ortodoxa" das lutas na esfera da reprodução tem conseqüências políticas: implica em que muitas organizações de esquerda na América Latina releguem estas formas de resistência social a uma importância secundária. Em conseqüência, o "avanço" destas organizações é identificado à sua subordinação às "verdadeiras" organizações de luta social-sindicatos e partidos para nestas dissolverem-se tendencialmente.

É por isso que muitas vezes o trabalho político de tais movimentos de base é concebido apenas em função de uma determinada hegemonia política, submetendo-se e incorporando-o rapidamente ao respectivo partido, sem considerar nem os objetivos específicos desses movimentos, nem os processos de politização a eles vinculados. Quando não se consegue hegemonizar um movimento determinado, passa-se a utilizá-lo como campo de agitação e recrutamento, ou então se o boicoteia e denuncia abertamente como "desviado" da verdadeira luta de classes.

Não estamos de acordo com essa prática de mera instrumentalização política. Pois é responsável a nosso ver pelo desperdício de um enorme potencial de protesto social, ao cercear e frustrar nas suas origens os processos de conscientização e organização maciços. Em conseqüência, parece-nos necessário reexaminar a base teórica desta prática, questionando ao menos as modalidades de sua tradução em luta política. O seu erro fundamental parece ser a consideração dos movimentos de bairro como expressões separadas, "fora", "à parte" das relações de classe, em lugar de iniciar com uma análise das classes e dos interesses que existem e operam em seu meio.

As predições deterministas, quanto a supostas limitações inerentes a este tipo de movimento, surgem ao absolutizar as suas causas e formas de organização, em lugar de interpretá-las como formas transitórias dos conteúdos sociais que se desenvolvem em seu interior. Para que as limitações iniciais possam ser superadas seria decisivo entrar em unidade de ação e aliança com outras organizações do movimento operário, com alcance mais permanente. Mas este passo fica fechado precisamente pela mencionada ausência de uma visão de classe adequada. A má teoria ratificou-se em uma prática má, ao produzir aquelas limitações que alega encontrar nos movimentos.

Portanto, uma aproximação teórica correta deve começar pelo seguinte: é certo que os integrantes dos movimentos de bairro não pertencem a uma classe homogênea, porém isto não significa que tais movimentos carecem de conteúdo de classe. Os seus integrantes provêm de diferentes classes sociais: operários assalariados do setor de serviços, trabalhadores autônomos, etc. Assim, os conflitos com o sistema dominante são comuns em alguns aspectos, diferenciando-se os interesses respectivos no transcorrer da ação. Por isso, a orientação política e o significado das organizações de bairro dependem dos conteúdos e das formas organizacionais que nelas se imponham como politicamente dominantes, conseguindo determinar o caráter da classe que adquire o conjunto do movimento.

A questão é: Quais as condições que contribuem para a definição do caráter de classe assumido pelas lutas urbanas em favor da reprodução? Entre elas, estão principalmente:

a. a composição de classe e os interesses concretos dos moradores dos bairros pobres; b. a força própria do movimento operário, sua estrutura organizativa e orientação política; c. o comportamento político e ideológico dos aparelhos estatais face aos movimentos sociais urbanos.

Todos estes fatores se inserem, por sua vez, em uma *conjuntura política*, caracterizando-se no momento por uma acentuada concentração da renda e da representatividade política, a qual nivela pela força as diferenças entre interesses e organizações e obriga, repetidamente em conseqüência, a realizar na prática aquelas unidades de ação que a teoria ignora [17].

3.2. *Produção e reprodução*

Como uma primeira tentativa de aproximação teórica, começaremos definindo com mais precisão o conceito de "reprodução", que até aqui utilizamos sem maior problematização, estabelecendo as suas relações com a "produção". Fala-se da "reprodução" em contextos diversos, a partir dos quais adquire extensão diferente[18]:

a. *Reprodução social:* Refere-se à estrutura global de uma sociedade, que garante a sua continuação natural, inclusive as suas condições sociais. Aqui não nos interessa este termo global, mas um dos seus aspectos parciais: do ponto de vista *material* a reprodução social abrange a substituição dos *bens* consumidos durante certo período, seja de modo produtivo ou individual. Do ponto de vista sócio-econômico refere-se à sobrevivência dos *agentes sociais* da produção. Nas sociedades capitalistas implica, segundo os dois sujeitos fundamentais desse modo de produção: (a) *reprodução do capital,* normalmente em escala ampliada (= acumulação), e (b) *a reprodução da força de trabalho,* aspecto que nos interessa aqui. Mais precisamente: como a força de trabalho encontra-se transformada em mercadoria, o problema apresenta-se objetivado como: (b1) *a reprodução da mercadoria força de trabalho,* no sentido de uma disponibilidade contínua de força de trabalho, na quantidade e qualidade necessárias, e em condições rentáveis. O que aqui, do ponto de vista do capital, considera-se sob o aspecto da "rentabilidade", do ponto de vista do indivíduo possuidor da força de

17 Por isso deixamos de lado os numerosos exemplos que se poderiam citar da época da Unidade Popular no Chile, por corresponderem a uma fase de ascenso do movimento operário, incomparável ao momento atual na América Latina. Só mencionaremos daí a vinculação das organizações de bairro com os sindicatos e/ou partidos políticos, colocadas como tarefa muito imediata, tão prática como teórica, dando origem a formas parcialmente novas de organização (Comandos Comunais, Juntas de Abastecimento e Preços, Cordões Industriais).

18 Veja-se tentativa semelhante de diferenciação em : Edholm, Harris, Yonng, citados por Donner-Reichle, Erlbeck, Rauch: "Frauenarbeit im Unterentwickelten Kapitalismus" in *Prokla* nº 33, 4/78, p. 118-126, p. 119.

trabalho se apresenta como o problema da (b2) *reprodução individual*, normalmente organizada nas sociedades capitalistas sob a forma de *reprodução familiar*. É certamente nesta esfera social onde se originam as lutas pela reprodução. Trata-se da totalidade das possibilidades de consumo do indivíduo ou da família, que funciona economicamente como unidade de reprodução, e em sentido mais amplo, dos seus interesses vitais em geral. Podemos incluir aqui como parte central o aspecto de *reprodução biológica*, aspecto considerado separadamente na discussão sobre o trabalho feminino. A *reprodução física* determina o mínimo de subsistência indispensável, nos termos da existência física (nutrição, vestuário, moradia), sem considerar nem as necessidades que ultrapassam esse mínimo de subsistência, nem os custos exigidos pela totalidade do ciclo vital da força de trabalho (infância, velhice, qualificação profissional, etc.).

Em uma organização fundada no trabalho assalariado, os dois significados (b1) e (b2) representam interesses opostos, ainda que simultaneamente inter-relacionados e interdependentes. O fato de que a força de trabalho converta-se em mercadoria assigna a responsabilidade da sua reprodução aos próprios vendedores: são eles que devem preocupar-se em manter a sua força de trabalho a um nível de qualificação vendável, tratando-se da sua única propriedade e, portanto, de sua única possibilidade de participação na riqueza da sociedade. Desse modo, o seu interesse pela reprodução individual adequada converte-se na obrigação de reproduzir a sua própria *capacidade de trabalho*. Sob esta obrigação encontram-se também aqueles que não vendem a sua força de trabalho aos capitalistas, mas se reproduzem como trabalhadores (formalmente) independentes (do engraxate ao advogado).

Por outro lado, sob condições normais, o capital é por sua vez forçado a respeitar como limite de seu próprio interesse de exploração certos interesses vitais da população trabalhadora, porque caso contrário as reservas de trabalho se esgotariam em pouco tempo, ameaçando a sua disponibilidade permanente (limitação da jornada de trabalho, proibição do trabalho infantil, proteção da maternidade, gastos com educação, saúde, recreação, aposentadorias, etc.). Tais limites somente podem ser ultrapassados se – como atualmente na América Latina – as novas reservas de força de trabalho são praticamente inesgotáveis, e portanto não há inconveniente econômico em desgastar a força de trabalho em poucos anos.

Nas sociedades capitalistas prevalece a tendência de que o salário remunera aquela parte dos meios de reprodução que podem ser adquiridos e produzidos como mercadorias (*consumo individual:* moradia, alimentação, vestuário, etc.); e se organizam as demais necessidades reprodutivas, cuja produção privada como mercadoria é impossível ou desvantajosa, como *consumo coletivo*, delegado à responsabilidade do

Estado Estas *condições gerais de reprodução da mercadoria força de trabalho* são financiadas mediante os impostos, ou seja em sua maioria através de uma redistribuição forçada das quotas salariais, mas em parte também à custa do fundo de acumulação do capital. Daí o interesse do capital em manter estes gastos a nível mínimo, ou, através da reprivatização dos serviços estatais, transformá-los novamente em mercadoria, fazendo-os recair de novo sobre a classe trabalhadora, e convertendo-os em fontes de enriquecimento[19].

Tanto as formas concretas das possibilidades de reprodução da população trabalhadora, como o seu nível histórico respectivo, são parte do processo global de reprodução social de uma sociedade dada, que tem como eixo central o processo de produção. Isto, no entanto, não significa que produção e reprodução sejam esferas separadas, e menos ainda que apenas a produção determine a estrutura social, sendo a reprodução meramente um dos seus resultados. A produção representa, antes, uma fase *interna* do processo global de reprodução, o qual por sua vez pode ser redefinido como *produção em continuidade*. Quase toda a produção serve à reprodução social, e sua maior parte destina-se ao consumo dos operários que a produzem. O valor agregado durante o processo produtivo determina-se em uma de suas partes, o trabalho necessário, pelos custos de reprodução da força de trabalho empregada.

Esta íntima inter-relação entre produção e reprodução no nível econômico, está também presente no âmbito das relações de classe: não existe nenhuma medida objetiva daquela parte do salário que é compensada em cada período histórico como reprodução "necessária". O valor da força de trabalho contém um elemento histórico e social variável, cuja fixação resulta da representação organizada dos interesses de classe. Condições de vida adequadas não são uma concessão voluntária da classe dominante: "Sem resistência, o operário não recebe o valor de sua força de trabalho"[20].

Por isso, também a organização sindical parte da defesa do nível reprodutivo da população trabalhadora; não há neste aspecto a contraposição postulada pela perspectiva "ortodoxa", entre as organizações na esfera da produção e aquelas que atuam na esfera da reprodu-

19 V. de Rodriguez, Riofrío, Welsh, 1973; Hego Heussen: "Weltmark und Social Not. Uber die Unsicherheit Sozialer Sicherheit in der 3 Welt", Berlim: *Sozial politischer Verlag*, 1980.

20 Vide el item "Lebemstandard (Lebenslage)", in: *Grundbegriffe der Marxistischen Theorie*, cord. por Joachim Bischoff, Berlim 1978, p. 152-159, p. 153, referindo-se à famosa Conferência de Marx sobre "Salário, Preço e Lucro" (vol. 16 da edição alemã Marx-Engels-Werke, p. 101-152).

ção. Não há luta de classes que não seja também uma luta pelas condições de reprodução da classe trabalhadora; portanto, tampouco há luta por melhores condições de vida que não seja parte da luta de classes.

Há conjunturas políticas em que as organizações ao redor de reivindicações de consumo representam a continuação da luta sindical por outros meios. São o seu substituto, onde os sindicatos não podem dar soluções: seja porque são reprimidos politicamente, ou porque devido às suas estruturas históricas não estão dispostos ou capacitados a articular determinados interesses ou seja, ainda, porque uma grande parte da força de trabalho não tem condições de organizar-se em seus centros de trabalho, devido ao fato de que realiza trabalhos domésticos, não assalariados, foram deslocados para atividades pseudo-autônomas, ou estão desempregados.

> "Os homens, em sua maioria operários, já estão sindicalizados, mas as mulheres somos na maioria donas-de-casa, que não fazem outra coisa que cuidar da casa e dos filhos. E os homens dizem que a nossa luta não tem nada a ver com a luta deles por melhores salários, já que a nossa trata somente do "teto". Mas apesar disso, necessitam de nós, porque é uma luta comum, não é mesmo? Se levassem dinheiro suficiente para casa poderíamos viver melhor, ora! Por que vivemos em condições tão más? É isto o que pergunto. Eles ganham tão pouco que o dinheiro não chega para viver, menos ainda nos bairros melhores. Por que vivemos assim? Por que os nossos filhos vão ter que viver assim? (entrevista com a Presidente de um Comitê de Mulheres em um bairro de Lima).

Uma das características fundamentais das estruturas de classe na América Latina é que grandes partes da população se encontram em relações de trabalho de tipo não-capitalista, dependendo assim de uma organização não-capitalista de sua reprodução. Trata-se dos "trabalhadores por conta própria", ou seja, artesãos, donos de oficina, ambulantes, engraxates, lavadeiras, etc. O trabalho específico de cada um, de certo modo também determina a divisão do trabalho ao interior da casa e da família, às vezes inclusive com os "compadres" e vizinhos. É necessário determinar em cada tipo de trabalho a relação específica que existe entre produção e reprodução (e também as formas de consciência que delas resultam).

3.3. *Reprodução e Classes*

Dois fatores contribuem para que as lutas na esfera da reprodução em geral adquiram a forma de organizações de bairro: primeiro, a moradia sendo o centro da reprodução individual e familiar, é ali que as deficiências sentem-se primeiro e de modo imediato. Segundo, a convivência no bairro, com a correspondente comunicação sobre os problemas comuns apresenta a única disponibilidade de organização, pelo menos em um primeiro momento.

Neste sentido, a luta por moradia ou por sua proteção legal é o conteúdo primordial ou mais importante, embora não seja o único: a convivência também permite sentir e articular outros problemas do interesse comum. Trata-se, em primeiro lugar, de todos os problemas de consumo coletivo que surgem especialmente nas fases iniciais dos bairros pobres (luz, água, transporte, etc.), e às vezes também dos problemas de consumo individual que podem ser minorados através da ação conjunta (p. ex. cooperativas alimentares).[21]

A seguir nos referiremos sobretudo a organizações de bairro que agrupam os moradores de bairros "irregulares" (construção improvisada de moradia, em terrenos ocupados em forma ilegal). Mas há também problemas de reprodução em todos os outros tipos de bairros pobres: nos "tugurios" ou "conventillos", zonas de casas velhas, deterioradas e super-povoadas nos centros das cidades; nas versões mais baratas de construções novas multi-familiares; e finalmente nos bairros de casas uni-familiares do tipo mais modesto, em mini-terrenos.

Quais os interesses comuns dos membros de organizações de bairro, com base nessa concentração geográfica de suas moradias? Têm apenas em comum o fato de que suas rendas não são suficientes para outro tipo de moradia (deixando de lado os casos individuais extremos, como por exemplo, os comerciantes que se enriquecem no bairro e ali ficam). Teoricamente falando, é só ao nível da categoria superficial da "renda" que é possível estabelecer denominadores comuns. Porém, com isso quase não se obtém ajuda para caracterizar uma realidade marcada por grandes diferenças. Seria falso supor que as rendas apresentam um nível baixo comparável. Ao contrário, há grandes distâncias entre as condições de renda e de vida daqueles que estão marginalizados do mercado de trabalho (desempregados e sub-empregados); dos que detêm uma renda fixa embora pequena, e finalmente, daqueles que conseguem cobrir os seus gastos normais, mas que devido à escassez e à carestia desmedida do meio reprodutivo que é a "moradia", deslocaram-se para a periferia. Acrescentando-se a isso alguns outros fatores de tipo mais casual (relações pessoais, data de chegada no bairro, etc.) tampouco se pode delimitar um nível de renda, entre os que ainda têm uma moradia aceitável em um bairro "bom" e os que lá já não encontram lugar.

Se são variáveis os níveis de renda, ainda mais diferenças existem quanto às *fontes* de renda: desconsiderando os casos excepcionais de

21 Vide C. Müller - Plastenberg, 1977, Alvarado, Cheethem, Rojas, 1973.

bairros relativamente homogêneos (por exemplo, compostos por trabalhadores industriais na cercania de fábricas; estivadores próximos do porto, comerciários nas cercanias dos mercados, etc...) o bairro pobre agrupa em geral indivíduos que se inserem em relações de trabalho altamente diferenciadas. Neles encontramos operários de empresas industriais com tecnologias da mais avançada à mais retrógrada, trabalhadores da construção civil, assalariados do comércio, do setor de serviços ou da administração pública, até pequenos comerciantes pseudo-autônomos, artesãos e ambulantes, trabalhadores ocasionais e finalmente os desempregados[22].

Não são poucos os casos em que uma só pessoa esteve envolvida em várias dessas relações de trabalho, ao mesmo tempo ou sucessivamente, para completar as rendas escassas das várias ocupações. Quanto às famílias, este fenômeno é ainda mais freqüente e complexo. É muito comum que, além de trabalhos na cidade, os moradores procurem também realizar um negócio ou atividade no próprio bairro, oferecendo serviços artesanais ou alugando um quarto para terceiros. Substituindo meios insuficientes de reprodução, alguns apelam também à produção de subsistência: há moradores que criam pequenas criações de animais e cultivam uma reduzida horta ("ruralização do urbano"). Influem nas condições de vida de cada morador fatores tão decisivos como: duração da viagem diária ao local de trabalho, preços das passagens e tempo fora do bairro, estabilidade do emprego, seguranças sociais ou outras vantagens relacionadas ao trabalho (também fatores de tipo informal, como "conseguir" materiais de construção ou alimentos no local de trabalho).

A estas variadas e combinadas relações de trabalho correspondem experiências totalmente diferentes, e portanto, também formas de consciência igualmente distintas. Neste sentido, são determinantes sobretudo os seguintes fatores: até que ponto a renda, resultado do trabalho, pode garantir a reprodução individual (considerando também fatores como a estabilidade empregatícia, os serviços sociais, etc.)? Há propriedade dos meios de produção, ou os trabalhadores têm qualificação especial? O trabalho é autônomo ou dependente? Em que sentido a relação com o patrão ou chefe é suscetível de ser percebida como relação de dominação? Que experiências há com as instituições

22 Em São Paulo e outras cidades grandes do Brasil acham-se inclusive trabalhadores agrícolas nos bairros periféricos, os chamados "bóias-frias", diaristas eventuais levados em caminhões para o trabalho em fazendas próximas. Os estudos sobre as relações de trabalho são relativamente escassos; como exemplo citaremos o estudo de Müller, 1977 sobre os ambulantes do Peru. Ver também C. Müller – Plantenberg, "The urban poor – their organization and social movements", University of Sussex Conference, maio 1978; e Gianella, 1970.

do Estado (Por exemplo, funcionários públicos por um lado, e pessoas envolvidas em atividades ilegais ou semi-legais – ambulantes, contrabandistas, assaltantes – por outro lado). A relação com os colegas de trabalho caracteriza-se em primeiro lugar pela competição e individualização (p.ex. choferes de táxi) ou pela cooperação (grandes empresas)? A representação dos interesses adquire formas organizativas (orientação, grau de organização)? [23]

Nas pequenas e médias empresas a situação dos trabalhadores é geralmente marcada pelas características seguintes: salários baixos, falta de estabilidade empregatícia, serviços sociais maus ou inexistentes, jornada de trabalho excessiva. Mas, apesar de sofrer piores condições de trabalho que os trabalhadores das grandes empresas, muitas vezes a sua defesa através da luta sindical é menor: há mais temor de perder o trabalho, e muitas vezes existe uma relação de dependência pessoal com o patrão. Outro caso é o dos ambulantes: sua forma de trabalho dificulta qualquer perspectiva de organização; por outro lado, a sua mobilidade profissional e os repetidos conflitos com a polícia facilita-lhes uma percepção das relações de dominação, dentro de seu âmbito limitado de atuação. No entanto, não são apenas as experiências na *esfera do trabalho* que marcam a consciência, mas também as da luta diária pela sobrevivência na esfera da *moradia*. Quase todo o morador adulto tem experiências de situações anteriores de moradia, e sua mudança para o bairro constitui em si mesma uma parte importante de sua própria história. Quais os costumes de vida, os contextos de vizinhança, as ações comuns de que participou em sua moradia anterior? O ingresso ao novo bairro representou uma melhoria ou uma deterioração de sua situação pessoal, e quais foram os motivos da mudança? Teve ou não que lutar pela nova moradia? Por exemplo, quando alguém participa de uma invasão ilegal de terrenos, quase sempre tentara antes em vão todas as outras possibilidades, e nesse longo caminho perdeu muitas ilusões. Em vários casos, tentaram durante anos participar dos programas oficiais de "construção social", e finalmente tiveram de convencer-se de que para isso necessitavam relações partidárias ou muito dinheiro. Ou então, caíram em mãos de loteadores fraudulentos, que lhes roubaram até as últimas economias.

Existem várias outras características, com base na procedência, na raça, religião, etc., que ampliam a heterogeneidade do bairro, e que muitas vezes adquirem mais importância ainda na percepção dos próprios moradores, os quais se fixam nesses tipos de distinção para guar-

23 Vide Müller 1977, que pesquisa este problema no caso de pessoas que participam de relações de trabalho não-capitalistas (p. 183-276).

dar distância e hierarquia, dentro dessa situação de estrita vizinhança e miséria comum. Em alguns bairros existe uma linha divisória invisível, entre a parte do bairro em que vive a gente "decente" e aquela em que mora a gente considerada "má". O bairro reproduz em seu interior, a escala reduzida, a segregação urbana entre bairros "bons" e "maus", à qual deve a sua própria existência. Ou dão-se casos como estes: católicos evitam contactos com protestantes, que por sua vez dividem-se em seitas inimigas.

Nos bairros periféricos de São Paulo encontramos uma clara escala de prestígio social conforme a procedência: primeiro, os que nasceram em São Paulo (centro industrial); segundo, os imigrantes de Minas Gerais (mineiro, industrial, agrícola); terceiro, os do Sul do país (agricultura de clima temperado, mais intensiva); e por último os do Norte (agricultura tropical, mais extensiva). No Peru, existe uma hierarquia parecida, com clara motivação racista: primeiro, aqueles de origem nitidamente européia, seguidos pelos "cholos" (mestiços), e por último os "serranos" (imigrantes da Cordilheira, com população majoritariamente de origem indígena).

Não há meios portanto, de estabelecer uma situação de classe comum para os participantes das organizações de bairro [24]. Trata-se antes de um conjunto de indivíduos com características de classe altamente heterogêneas, e correspondentemente com formas de consciência muito diversas. A composição social não varia apenas entre os diferentes bairros da cidade, mas também, em parte, dentro do mesmo bairro, conforme as mudanças na conjuntura econômica. Têm em comum só o interesse em assegurar a sua permanência nos terrenos ocupados, e em conseguir os serviços infra-estruturais indispensáveis. A partir da experiência de realização deste interesse através de lutas coletivas, poderão iniciar um processo de aprendizado comum que abrevie as distâncias entre as diferentes formas de consciência. Somente no transcorrer de tais experiências unificadoras é possível perceber as causas comuns dos problemas que os afetam na esfera da reprodução, acima da diversidade de situações de trabalho em que se encontram.

3.4. *Reprodução e interesse*

Estas últimas causas têm suas raízes na forma atual de utilização capitalista do trabalho assalariado na América Latina. Isto implica

24 Visto a falta de base objetiva, parece portanto absurdo considerar possível a instituição de uma "classe para si" apenas em base a uma "prática de classe" comum, como foi discutido no seminário sobre classes sociais no México, em vistas à interpretação do governo da Unidade Popular Chilena; segundo Castells, 1974.

que, a um nível *geral* todos têm um interesse *objetivo* em comum: como a pauperização se origina em última instância nas relações de classe, uma solução definitiva pode buscar-se apenas nestas últimas, mediante uma reorganização do trabalho social, e a correspondente modificação das relações de classe. Portanto, os interesses *estratégicos* das massas pobres estão estreitamente ligados a uma tal transformação da sociedade.

Mas ao nível concreto, os moradores encontram-se em situações de emergência, que impõem a busca de soluções de *curto prazo*. A pressão da miséria obriga a encontrar paliativos imediatos para os problemas de subsistência, sem permitir a preocupação com estratégias de mais longo alcance [25]. Tais soluções de emergência até podem entrar em contradição direta com os interesses estratégicos: deverão ser soluções dentro do sistema social dominante, por limitadas e ilusórias que sejam. Isto muitas vezes obriga a assumir atitudes alheias ou até opostas aos próprios interesses de classe (esforços de ajustamento, confiança no Estado). O mesmo caracteriza também o processo de assimilação ao nível da consciência: Quem está totalmente absorvido por seus problemas imediatos, muitas vezes é incapaz de permitir que as perspectivas de longo prazo aflorem ao horizonte da percepção, ou as reprime ali, porque o longo caminho de sacrifícios e lutas parece demasiado difícil. Ao menos o esgotamento físico e psíquico conduz nesta direção (alcoolismo, depressões, "fatalismo", satisfações compensatórias mediante consumo simbólico, etc.).[26]

25 Esta contradição entre interesses estratégicos e imediatos foi sublinhada por Quijano, 1970.

26 O primeiro passo decisivo em um processo de tomada de consciência é a consciência da própria situação social. Isto significa, por sua vez, no caso de moradores de favelas, uma consciência do fato de que a sua esperança num futuro melhor seria possivelmente ilusória, e que deverão seguir lutando como antes permanentemente apenas para lograr sobreviver diariamente. (Ver neste sentido, Carolina Maria de Jesus, *Quarto de Despejo*). É muito difícil suportar uma consciência de tais perspectivas, que só pode admitir-se à medida que apresentem por sua vez perspectivas reais ou supostas de solução. A pergunta então deve primeiro formular-se de modo oposto: Como o indivíduo pode *proteger-se* da conscientização de sua própria condição? E apenas em um segundo plano pode-se perguntar quais seriam os elementos auxiliares que permitem seja a experiência efetivamente assumida como consciência. Um mecanismo de supressão é a construção de um mundo de *aparências*: Mediante a *participação simbólica* no consumo e ascenso social é possível esquecer a exclusão real. O meio mais importante é a posse de um televisor ou, ao menos, de um receptor de rádio – não tanto por tratar-se de bens luxuosos, mas porque através dos mesmos participa-se pelo menos visual ou auditivamente da sociedade de consumo. Ao nível psicológico isto parece ser tão importante que, em contrapartida, suporta-se até uma redução ainda maior do consumo real (por ex., passando fome para comprar uma TV). Presentes e outros "gastos maiores" não são realizados segundo sua utilidade, mas conforme o que atualmente "é necessário possuir" nas classes médias (por exemplo, bijouterias baratas). O êxtase com o futebol, mas também com o

Tal *contradição entre interesses estratégicos e imediatos* marca como problema básico as atuais formas de luta social na América Latina. Ao interior das organizações de bairro reflete-se como *contradição entre interesses coletivos e individuais*: Qual dos problemas é considerado o mais urgente, e que possibilidades se concebem para a sua resolução mais rápida? Isto depende da situação social de cada morador individual ou de sua família. Ações coletivas só se fazem onde a situação de emergência a elas *obriga*, ou onde a sua superação parece mais fácil ou mais rápida antes coletiva que individualmente. Onde as soluções individuais apresentam-se mais promissoras, existe a constante tentação e até a necessidade de abandonar o grupo. A diferenciação social ao interior do bairro pode conduzir à busca de soluções individuais, inclusive contra, ou à custa, dos demais moradores.

O mais importante dentre estes interesses individuais continua sendo o de uma renda estável. Embora o mercado de trabalho atual não ofereça nem ocupações estáveis nem salários mínimos vitais à maioria da população, ninguém está isento da necessidade de trabalhar diariamente ou de procurar trabalho. A integração ao sistema de produção existente continua sendo mais decisiva para as possibilidades reprodutivas do indivíduo que todas as soluções substitutivas que possam ser conseguidas através das organizações de bairro. Este interesse primordial está orientado ao setor produtivo e praticamente só se realiza a nível individual e fora das organizações de bairro (excetuando algumas iniciativas de cooperativismo nos bairros, como oficinas e agências de desempregados, geralmente de pouca duração).

alcoolismo e as depressões são em última instância também manifestações da dificuldade para assumir a consciência da própria realidade. Aqui, os filhos desempenham papel importante como elemento de segurança: "Se eu não posso, pelo menos os meus filhos terão uma vida melhor" (é claro que isto acrescenta-se ao aspecto bastante realista de que os filhos cumprem uma função importante tanto na economia familiar como para a segurança social em caso de enfermidade e velhice). Todas as energias e poupanças dirigem-se a esta perspectiva; por ela agüentam-se as humilhações no trabalho. Isto ajuda, por um lado, a suportar uma consciência da própria miséria; e por outro lado, freia o impulso para buscar superá-la. Não obstante, isso pode reverter bruscamente em uma disposição de luta, quando a fome chega a atingir também os filhos, ameaçando romper tal instrumento de segurança. Também as *religiões* se oferecem muitas vezes como perspectivas substitutivas, com efeitos desmobilizador. É o caso do catolicismo tradicional (compensação no além), de seitas protestantes (os eleitos do Senhor = consciência substitutiva de elite) ou de religiões animistas de origem africana (acesso a um mundo de protetores, transferência extática a um outro cosmo). Situam-se no mesmo contexto também os sonhos comercializados de ascensão social, por exemplo, as tão apreciadas "telenovelas" (estrutura lógica: moça pobre casa com homem rico) ou filmes do tipo "Travolta" (rapaz pobre consegue ingressar dançando na classe média, ou seja sem dinheiro nem trabalho) e finalmente os jogos de azar ou o culto aos astros do cinema, música, futebol, etc.

Ao nível da consciência, isto supõe que às vezes o individualismo pequeno-burguês não se reduz em situações de emergência coletiva, mas até se acentua: legitima o egoísmo do mais acomodado, e induz o mais pobre a ocultar os seus problemas "individuais" dos vizinhos e a "encapsular-se" em sua família. Em conseqüência, afastam-se as possibilidades para a superação coletiva dos problemas. Não obstante, se tem demonstrado que situações deste tipo podem inverter-se bruscamente, quando a tensão adquire níveis extremos (p. exemplo, perigo de expulsão), ou quando abrem-se vias de ação que antes estavam cerradas. Os problemas podem ser concebidos novamente como problemas comuns, dando lugar a tentativas de solução também coletivas [27].

4. *As organizações de bairro:*
Origens, adversários e alternativas de ação.

4.1. *Origens*

Um argumento na linha da interpretação "ortodoxa" das lutas sociais sustenta o seguinte: na produção, o sistema capitalista cria involuntariamente as condições para a organização sindical, ao concentrar o número de trabalhadores no processo produtivo; mas na esfera da reprodução o capitalismo ocasiona o isolamento, convertendo cada consumidor em comprador individual. Isto é verdade, mas não a verdade completa: por outro caminho, também as rendas insuficientes conduzem a uma concentração social – a que se faz nos bairros pobres como resultado da segregação urbana, em parte promovida até deliberadamente [28]. Assim, também na esfera da reprodução o sistema social

27 A consciência reprimida não deixa de ser uma forma (latente) de consciência. A aparência de exaustão e passividade pode repentinamente transformar-se em lucidez e energia: os conteúdos reprimidos podem ser atualizados de modo explosivo, quando se percebe as possibilidades de ação antes bloqueadas – por exemplo, com uma mudança de conjuntura política. Por outro lado, uma conscientização pode ser da mesma maneira reprimida novamente, quando entra em conflito com as necessidades de sobrevivência (despolitização pela fome). Assim, a consciência cotidiana nas favelas vacila muitas vezes entre o ajustamento aos valores dominantes e a sua rejeição; interpretações lúcidas combinam-se com ilusões aparentemente alienadas. Uma das perspectivas de mudança através da qual é possível admitir a conscientização sobre a situação existente é a da participação em organização de bairro. Nisto radica a sua função central de socialização, particularmente para os moradores que não conseguem organizar-se nos locais de trabalho. Estas organizações oferecem um espaço relativamente protegido para a troca de experiências acerca do mecanismo da dominação social; ao invés do habitual isolamento da luta pela sobrevivência, os participantes chegam a conhecer as perspectivas de modificação através das ações coletivas; internamente, podem chegar a experimentar estruturas democráticas, em que sua opinião e colaboração têm um peso concreto, conduzindo a resultados tangíveis.

28 Ver Gabriel Pumarino: "La política de vivienda y el desarollo urbano en Chile", Castells, 1973.

dominante, sem querer, ocasionou fundamentos organizacionais para formas de resistência social.

No entanto, há ainda um grande passo entre estas pré-condições e a realização de organizações. Vimos que os moradores dos bairros não têm muito em comum, além de sua marginalização econômica do mercado capitalista da habitação. Como pode surgir um núcleo organizacional a partir desta heterogeneidade?

A história da maioria das atuais organizações de bairro demonstra que a sua origem está intimamente ligada à *agudização momentânea de um problema* muito concreto, cuja solução todos os moradores reconheceram como existencial, acima das diferenças existentes. Na maior parte dos casos tratava-se de garantir a própria moradia: as organizações de bairro surgem com a finalidade de realizar ocupações coletivas de terrenos, ou seja: antes da formação do próprio bairro, ou para defender os terrenos ocupados contra o perigo de expulsão ou demolição. Também podem ser outros os problemas, que a partir de certo ponto são sentidos como insuportáveis pela maioria dos habitantes (falta de luz, água, transporte, poluição, etc.). As primeiras estruturas organizativas nascem, literalmente, da necessidade. Para que se transformem em organizações estáveis, conquistando permanência posterior à sua causa imediata, devem passar por uma série de processos de aprendizado e mudanças estruturais, acompanhados de numerosos conflitos, no transcurso dos quais os moradores experimentam possibilidades de ação também acerca de outros problemas, e assim compreendem a íntima relação existente entre os mesmos.

Totalmente distintas são as condições daquelas organizações de bairro nascidas por criação "de cima". Por exemplo, há na América Latina grupos de vizinhos que são produtos de programas estatais de "assistência social", criados como base social de um partido burguês, ou impulsionados pelo trabalho de bairro de forças progressistas externas ao bairro (partidos de esquerda, grupos progressistas de Igreja, etc.) [29]. Nestas agrupações não é a integração organizativa o que está em tela de juízo. O problema principal é antes, a "apropriação" progressiva de seus conteúdos e estruturas por parte dos moradores do bairro – também este um processo longo e conflitivo, desembocando na sua maioria em situações ambíguas e de conciliação.

Além destas premissas muito gerais, não há quase nenhuma organização de bairro que tenha passado por experiências em comum com outras [30]. Estas agrupações nascem da confrontação com as estruturas

29 Vide C. Müller Plantenberg, 1978.

30 Vide Spessart, 1980, onde se demonstra com base em quatro estudos empíricos em favelas de Lima, como podem ser diferentes os processos e desenlaces das lutas de bairro, conforme as circunstâncias e os interesses em jogo.

sociais dominantes que as cercam, e por outro lado estão desde o início, e durante toda a sua vigência, marcadas pelas condições concretas da cidade em que surgem, e também pelas fases de desenvolvimento econômico e político do país como um todo.

4.2. *Adversários*

Visto que as reivindicações por condições adequadas de vida para as maiorias da população dos países latino-americanos são incompatíveis com a forma atual de desenvolvimento capitalista do continente, tais reivindicações estão, em última instância, dirigidas contra o *capital* como relação social de dominação. Ainda assim, o destinatário principal destas demandas inseridas na esfera da reprodução é o Estado. E somente mediante a confrontação com este, como adversário, e através da luta, é possível conseguir resultados concretos. Os problemas comuns em um bairro, que conduzem aos esforços organizacionais, referem-se principalmente a aspectos do consumo coletivo. E este, como já vimos, é parte hoje das funções estatais. Porém, o nível do consumo individual é em grande medida determinado pelo Estado: as confrontações de classe ao redor do nível das condições de reprodução historicamente "necessárias" se fazem, em cada sociedade capitalista, como enfrentamentos políticos ao interior e através do Estado, e isto de modo tanto mais claro quando, como ocorre atualmente na América Latina, o Estado assume a qualidade de representante direto dos interesses capitalistas, fixando os salários, decretando as condições de trabalho, proibindo os sindicatos, aumentando os preços e atuando como proprietário de um grande número de empresas lucrativas [31].

Ainda assim, a tomada de consciência desta ampla responsabilidade do Estado pelas condições reprodutivas em geral é muito lenta: é comum que durante a sua fase inicial as organizações de bairro se dirijam, mais com petições do que com reivindicações, a indivíduos e intermediários políticos situados nas *cercanias* do Estado (aos ricos do lugar, funcionários subalternos da administração pública ou dos partidos oficiais, a engenheiros, advogados, sacerdotes, etc.), dos quais esperam uma certa influência junto às respectivas autoridades estatais. Se estes contactos através das ramificações de um sistema de clientela

31 Esta função central do Estado no processo de valorização capitalista é um elemento importante para a convergência entre as formas de luta sindical e das organizações de bairro. Seria entretanto enganador absolutizar estas condições históricas e convertê-las em "uma nova finalidade da luta de classes" (também teoricamente, bem entendido). Este erro está na base da posição mencionada à nota 4 acima, que sustenta ser a contradição central da atualidade a que se dá entre as "classes populares" e o Estado. Acerca do conceito teórico do Estado, ver Evers, 1979.

não trazem resultados, busca-se o contacto direto com a autoridade que se supõe competente no problema específico: a companhia estatal de eletricidade, a empresa municipal de distribuição de água, a repartição responsável pela pavimentação de ruas, etc. Resulta então a experiência de que tais autoridades não dão soluções com base em critérios objetivos, e que suas decisões são *políticas*, no contexto de um sistema social determinado. Em conseqüência, politizam-se também as organizações do bairro, começando a dirigir-se para os centros políticos de decisão estatal, o que por sua vez obriga à unificação, em *movimentos* de bairro com orientação mais claramente política.

Mais complexo ainda é o processo de descoberta de que o Estado não é apenas o destinatário mas também o *adversário*. Aqui se demonstra a nossa afirmação anterior de que situações de aguda necessidade podem forçar a esforços de ajustamento ao próprio sistema que as ocasiona [32]. Quem exige serviços de infra-estrutura do Estado não pode deixar de dirigir-se-lhe na qualidade de autoridade responsável pelo "bem comum". Utilizar esta aparência ilusória do Estado apenas de modo tático exige uma consciência já altamente desenvolvida. Quem depende do Estado para superar situações de propriedade ilegal e converter-se em proprietário legal – e ainda mais: para assegurar a desejada propriedade contra futuros usurpadores – não pode por sua vez buscar a destruição desse Estado. Nessa situação de miséria e necessidade que domina a vida dos moradores pobres, o Estado é adversário e garantia ao mesmo tempo [33].

Apesar de todas as aparências em contrário, existe, portanto, entre os moradores pobres, uma forte disposição a adotar tanto quanto possível interpretações positivas do Estado:

> "Entre nós sempre há desconfiança; para superá-la deve intervir o Estado. Então ninguém terá mais dúvidas, nem pensará em fraude". (Entrevista com um ambulante) [34]

Logicamente, tais ilusões acerca do caráter do Estado são em parte também produto das respectivas *ideologias oficiais* ("nação", "segurança", "desenvolvimento"), que se difundem a escala maciça através

32 Ver também a discussão na Alemanha sobre os diferentes movimentos espontâneos de base, em sua maioria ecológicos ("Bürgerinitiaviten"), a respeito do seu caráter de integração ou de superação do sistema dominante. Por exemplo: Claus Offe, "Bürgerininitiativen und Reproduktion der Arbeitskraft im Spätkapitalismns", em *Strukturprobleme das Kapitalistichen States*, do mesmo autor, Frankfurt, 1975, p. 153-168.

33 Esta ambivalência encontra-se desenvolvida em S. Spessart, 1980. Não é surpreendente que os moradores das favelas pareçam "radicais" a alguns autores e "conservadores" a outros: uma visão dialética combinaria ambas interpretações.

34 A. Müller, 1977, p. 248.

do sistema educacional e dos meios de comunicação [35]. Ademais, são apoiadas por programas isolados de ajuda, nos quais se permite a "participação" dos pobres, sob a direção e controle paternalista do Estado ou das instituições privadas ("assistencialismo") [36]. E, finalmente, são afiançadas pelo *temor* que inspiram as represálias com que os aparatos estatais ameaçam qualquer interpretação divergente acerca do Estado. Sob tais condições, deixa de surpreender o *legalismo* que se observa muitas vezes entre os moradores pobres e seus representantes eleitos. Acrescenta-se ainda o problema que é a descoberta do adversário nesta maquinaria enorme e anônima, e de como aprender a combatê-la. Isto se complica ainda mais quando parte das funções estatais são transferidas a agências internacionais: como poderia uma organização de bairro lutar contra o Fundo Monetário Internacional?

Ainda assim, especialmente em períodos críticos de pauperização, as ilusões acerca do Estado necessariamente diminuem. A experiência diária demonstra que o Estado não assegura o "bem-estar comum". As repetidas desilusões do grupo ensinam a reconhecer a amarração estrutural existente entre o Estado e os interesses dominantes:

> "Vimos como a luta nos ensinou, convencendo-nos da sua necessidade, pois mostrou-nos a realidade. E não como a imagem que às vezes temos, de que as autoridades são boas, que estão buscando soluções. Ao contrário, a única possibilidade para o povo conquistar os seus direitos é em sua ação organizada e unitária, se é que deseja alcançar alguma coisa, pois de outro modo nada se consegue. Já o experimentamos. No sistema capitalista as autoridades têm é que defender os seus interesses de classe; e nós somos a outra classe que sempre deve opor-se, se quer conseguir alguma coisa. Por isso, então, é a prática que nos ensina, que nos mostra o caminho". (Entrevista com um dirigente de bairro em Lima).

Além do Estado, as organizações de bairro às vezes dirigem-se também a *particulares*, que sejam proprietários dos meios de reprodução, ou que ameaçam as condições de vida do bairro: especialmente o dono do terreno ocupado, comerciantes intermediários, construtores privados, companhias de luz ou de transporte (às vezes em mãos de particulares), proprietários de fábricas vizinhas cuja poluição ameaça a saúde dos moradores, etc. Ainda assim, a experiência demonstra que para arrancar concessões a estes adversários privados, o caminho passa uma vez mais pelo Estado: é necessário realizar pressão política

35 S. Spessart, 1980, E. Henri, 1978.
36 Vide sobre o Peru: Rodríguez, Riofrío, Welsh, 1973.

sobre o Estado para que este pressione o particular. No processo, as organizações de bairro descobrem muitas vezes que o Estado e os particulares estão estreitamente inter-relacionados – ou que, ainda mais, o Estado fornece os seus serviços de infra-estrutura sem fins lucrativos, mas considera os bairros pobres como fontes de enriquecimento:

> "Grande parte da população de São Paulo vive nos chamados loteamentos clandestinos: À hora da venda das miniparcelas, as imobiliárias desacatam todos os regulamentos sobre urbanização, para evitar gastos. Estes loteamentos são considerados inexistentes por parte das autoridades municipais – exceto para efeitos fiscais e policiais. E a multa pelas infrações é cobrada aos moradores e não à imobiliária! Em 1978 aproximadamente 200 famílias de um bairro de Campinas foram induzidas a assinar um plano de cotização para o pagamento da pavimentação das ruas do bairro. Alguns moradores conseguiram orçamentos de construtores privados que não chegavam a 50% do orçamento oficial. Por sua vez, descobriram através de seus advogados que os funcionários municipais haviam recebido uma comissão por cada assinatura, e por isso a haviam declarado obrigatória, quando na realidade a legislação vigente estipulava que um projeto deste tipo requeria a aprovação voluntária de 75% dos afetados. Os advogados convenceram os moradores a rescindir coletivamente o contrato. Em conseqüência, a administração municipal lançou uma 'guerra de nervos' contra os moradores (cortes de luz, comunicados na imprensa contra 'agitadores comunistas', intimidação policial), e ameaçou secretamente as construtoras privadas de que seriam excluídas de futuras concorrências se pavimentassem as ruas do bairro através de um contrato direto com os moradores. Com essas pressões e oferecendo um plano algo mais econômico, conseguiu dividir e terminar com a organização dos moradores".

4.3. *Alternativas de ação*

Quais as possibilidades de pressão de que dispõem as organizações de bairro para afirmar a sua resistência à pauperização? Em razão dos mesmos fatores econômicos que as excluem do acesso adequado aos meios de reprodução, não dispõem de quase nenhum recurso *econômico* para exercer pressão. Devido à baixa renda dos moradores não é viável um boicote do consumo, a menos que se dirija contra um comerciante específico do bairro. Greves e manifestações são difíceis de organizar em situação de desemprego generalizado; e as organizações de bairro só poderiam desempenhar um papel importante nesta forma de luta, caso se paralisasse toda a vida pública de uma área geográfica (cidade ou região) – e não apenas algumas empresas e setores industriais.

Durante as "greves cívicas" na Colômbia, como também as paralisações nacionais de 1977 e 1978 no Peru, as organizações de bairro bloquearam as estradas e as ruas, utilizando pedras e pneus em chamas. Assim paralisaram o trânsito, e proporcionaram aos grevistas o pretexto necessário frente aos patrões para não chegarem aos locais de trabalho. Na Colômbia estas "greves cívicas" foram precedidas de várias paralisações locais em diferentes cidades do país. No Peru, precederam a várias greves regionais, especialmente no Sul (Arica, Cuzco).

Resta, então, a possibilidade de exercer pressões *políticas*, mas com limitações bastante acentuadas. Excetuando a possibilidade de ações isoladas por parte de alguns indivíduos, o único meio de pressão política de que dispõem as organizações de bairro é a sua *importância numérica*. Porém, este fator só pesa se adquire *visibilidade pública* – coisa não prevista no sistema publicitário dominante. Ao contrário, tanto as autoridades estatais como os meios de comunicação e os intelectuais burgueses esforçam-se sempre que possível para apresentar o problema da miséria das massas como "marginal", fazendo-o aparecer como um problema entre outros, fato lamentável porém inevitável, herdado do passado – e isto quando não conseguem ignorá-lo completamente.

Estas tentativas vão até à criação sistemática de eufemismos ocultadores: os bairros pobres tornam-se "pueblos jóvenes" no Peru; "poblaciones" no Chile; "Colonias" no México. Na Argentina e no Brasil muitas vezes são denominados "Parque X" ou "Jardim Y"; e também são batizados com nomes sonoros de grandes heróis burgueses; um conjunto de barracos perto de Lima é chamado "Cidade de Deus". Na verdade, tais nomes são em parte invenção dos próprios moradores, seja como conseqüência de uma consciência condicionada pelo sistema burguês dominante ou como tentativa de afirmar a sua própria dignidade. Na cidade do México fala-se inclusive de "cidades perdidas", como querendo negar até a sua existência. Isto a partir do fato real de que, desde as Olimpíadas de 1968, a administração municipal está construindo muros ao redor dos bairros pobres, com a finalidade de tornar os seus problemas "invisíveis".

Este monopólio da publicidade em mãos de uma minoria dominante só permite uma exceção: as eleições. Apesar do seu esvaziamento no sistema burguês de eleições e partidos, o princípio de "cada pessoa um voto" proporciona às massas empobrecidas um instrumento de demonstração do seu peso quantitativo, ao articular o seu protesto, votando em partidos da oposição ou abstendo-se maciçamente. (Uma das razões para o estabelecimento de ditaduras militares na maioria dos países latino-americanos foi precisamente a de evitar esta deslegitimação periódica do sistema dominante).

Naqueles países em que as eleições têm – ainda ou novamente – certa significação real, os moradores pobres podem utilizar a sua força eleitoral para articular reivindicações reprodutivas (o que ocorreu também no passado democrático-burguês, em países hoje governados por militares). Por outro lado, isto facilitou para os partidos burgueses o estabelecimento de sistemas de clientelismo nos bairros pobres (p. ex., a Democracia Cristã no Chile até 1973, COPEI e *Acción Popular* na Venezuela).

Desta maneira, a orientação das organizações de bairro para os partidos e as eleições assegurou-lhes, especialmente em períodos pré-eleitorais, um certo nível de publicidade. Porém contribuiu também, por outro lado, a canalizar a confrontação com o Estado nos marcos tanto institucionais como ideológicos do sistema político-partidário existente. Já assinalamos a problemática específica do trabalho de bairro promovido por uma parte dos partidos de esquerda; também entre estes há alguns que nada mais vêem nos bairros pobres que um potencial eleitoral, enquanto outros procuram realizar um trabalho de base contínuo e conseqüente entre os moradores.

Nas ditaduras militares, e também nas democracias burguesas ainda existentes no Continente fora do período eleitoral (algumas com uma carga de autoritarismo comparável à dos regimes militares), as reivindicações reprodutivas necessitam buscar *formas de publicidade extra-institucional*. O instrumento básico da luta é, portanto, a *manifestação pública de massas,* em lugares e ocasiões precisamente imprevistos para tal fim pelo sistema dominante de publicidade. A história dos movimentos de bairro é em boa parte a história da descoberta de sua força como massa, e de sua invenção de possibilidades e margens de utilização para criar uma publicidade extra-institucional. Primeiro, experimenta-se (sem êxito) todos os canais possíveis a nível institucional: petições, requerimentos, etc. Depois iniciam-se manifestações *indiretas* através de representantes. Outros passos intermediários são as visitas de delegações, abaixo-assinados, cartas abertas, etc.:

> "Ali onde queriam construir a Avenida vivemos vendedores ambulantes, jornaleiros, engraxates, costureiras; enfim: é onde vivem os pobres. Esta avenida tinha muito interesse do governo, tinha interesse político, porque você sabe que o palácio presidencial está ali, perto dos bairros do Oeste. O governo está todo ali, rodeado por toda parte pelos pobres, e como o povo vive em agitação devido à vida de fome, abandono, atraso e miséria em que vivemos, "eles" vivem medrosos de que um dia forme-se qualquer coisa, e o povo todo lhes venha em cima. O prefeito mandou umas intimações a todos os proprietários, para que fossem ao Instituto de Desenvolvimento Urbano, vender a sua casa. Ameaçaram que iam passar o trator e derrubar tudo. E a gente disse "pois bem, esperamos os tratores e não vendemos". Fez-se uma manifestação em um teatro grande, e os vizinhos do bairro fizeram um enterro simbólico da Avenida planejada. Fizeram um caixão de defunto com velas e tudo, e cada vizinho foi pondo no caixão o papel que deviam enviar ao Instituto. Convidou-se a imprensa para este ato, e toda ela compareceu. Mui-

ta gente colaborou com isso, inclusive ao nível de parlamentares e vereadores, porque havia gente consciente que via essa violência e exploração que tentavam fazer". (Entrevista com uma dirigente do Comitê de Defesa da Zona Oriental de Bogotá). [37]

Ações diretas de massas, como as que se fazem atualmente em quase todos os países da América Latina, são pois o resultado de um longo processo de exacerbação de conflitos, muitas vezes no decorrer de vários anos, mas que se podem abreviar bruscamente quando surgem emergências críticas. As suas formas vão desde uma apresentação de 50 pessoas na companhia de luz, até manifestações maciças e invasões de agências estatais ou ocupações de artérias centrais de trânsito. Muitas vezes, é menos importante o impacto imediato nos locais em que se realizam, que o fato de obrigar os meios de comunicação de massas a informar sobre a ação de protesto, rompendo o silêncio que busca impor o monopólio dominante sobre as comunicações:

> "Em agosto de 1977, em um bairro Leste da periferia de São Paulo, um ônibus de transporte urbano foi destruído por um trem em uma passagem de nível, morrendo 25 pessoas. Os moradores dos bairros vizinhos vinham pedindo barreiras de segurança há tempos, sem nenhum resultado. No prazo de três dias as comunidades eclesiais de base da Igreja Católica das redondezas levantaram 31.000 assinaturas de pessoas que se declararam dispostas a celebrar uma missa comemorativa dentro da linha do trem, no mesmo horário da sua passagem. Antes da data prevista para a missa já se haviam instalado as barreiras de segurança".

A atuação em massa surte efeito em primeiro lugar pelo seu *potencial de ameaça.* Inclusive um pequeno grupo de 10 ou 20 representantes de bairro que reclamem em alta voz, com a coragem do desespero, uma solução de uma repartição oficial, não deixam de impressionar o funcionário que os escute, embora eles mesmos sintam-se intimidados face ao ambiente estranho dos palácios municipais. O seu efeito de ameaça por um número maior de manifestantes tem uma base real: especialmente em situações emocionalmente tensas, tratando-se de problemas vitais para os moradores, a atuação em massa pode desenvolver uma dinâmica de conseqüências imprevisíveis, e bruscamente assumir formas violentas. O admirável é, antes, que isso ocorra tão raras vezes, considerando-se o grau extremo dos problemas [38].

37 Em C. Müller - Plantenberg, 1978, p. 304.

38 A. Boeckh ("Niveles analíticos y analisis causal en la investigación de la violéncia", em *Jahrbuch für Geschichte von Staat, Wirtschaft und Gesellschaft Lateinamerikas,* Köln, 1979) tem razão em sustentar que não é problemática a questão dos *impulsos* à violência, e sim a das inibições à agressão.

É claro que, frente ao poder militar do Estado, os movimentos de bairro não têm nenhuma chance de impor as suas reivindicações pela força. A tática de terrorismo governamental é que costuma denominar "terroristas" às eventuais irrupções de violência dos governados. Mas, em outro sentido, a criação de publicidade extra-institucional acerca das conseqüências sociais do sistema dominante é realmente "subversiva", pois *erosiona a legitimidade do regime.*

O fato de que um grupo de pessoas saia publicamente dos canais institucionais estabelecidos, cria a condição para impulsionar processos de tomada de consciência, que em suas conseqüências podem colocar em questão a obediência internalizada por parte das maiorias dominadas. Na sua essência, tal ação evidencia que os mecanismos de mercado existentes são inadequados para satisfazer as necessidades básicas da população, o que por sua vez rompe a aparência de "liberdade" e "igualdade" da circulação capitalista e revela as relações de dominação que nela se ocultam.

Com isto pode-se chegar a ferir, afinal, um nervo sensível do sistema econômico, que parecia fora de alcance para as organizações de bairro. A lealdade das massas é uma condição indispensável para um "bom clima de investimentos". Onde não se assegurem "a ordem e tranqüilidade", assustam-se os possíveis investidores estrangeiros, e em casos mais graves até pode originar-se uma fuga dos capitais nacionais. Portanto, o Estado tem um interesse vital em remendar o quanto antes esse rasgão em sua vestidura de legitimidade, satisfazendo ou reprimindo as reivindicações articuladas (veremos isto adiante com mais detalhes), para de qualquer forma acabar com a "agitação pública". Liga-se a isto o interesse de sobrevivência política do pessoal administrativo, na sua necessidade de provar, ante as classes dominantes, que controla a situação.

Na multiplicidade das formas atuais de lutas de bairro na América Latina, estas manifestações públicas maciças – ou os seus prenúncios – são, em última instância, o único instrumento de pressão central eficaz. As suas modalidades de utilização em ações concretas dependem de uma variedade de condições adicionais: do nível momentâneo de capacidade organizativa dos bairros, do caráter das reivindicações específicas, e da conjuntura política – que por sua vez determinam as formas viáveis de publicidade, as fissuras na legitimidade do Estado que podem ser aproveitadas, e as demandas e argumentos que podem ser recebidos pelo público:

> "No Peru, os moradores de bairros populares aproveitaram as palavras de ordem "revolucionárias" do governo de Velasco (1968-1973) para fundamentar as suas reivindicações com supostas promessas do governo".
>
> "O movimento contra a carestia no Brasil apoiou-se no seguinte: O

Banco Mundial comprovou que a ditadura militar realizou uma fraude no cálculo da taxa de inflação em 1973, que foi a base para o reajuste salarial neste ano, com efeitos em todos os anos subseqüentes".

4.4. *Respostas do Estado*

A chave para entender as reações atuais do Estado ante as reivindicações reprodutivas é a seguinte: enquanto os seus portadores as entendem como reivindicações principalmente econômicas *dentro* do marco do sistema, o Estado por sua vez as interpreta como basicamente políticas e dirigidas *contra* o sistema. Não se trata de um malentendido: a discrepância das óticas respectivas é conseqüência lógica do fato de que as formas atuais do capitalismo latino-americano continuam a apresentar-se, a nível ideológico, como as fiadoras do bem-estar comum, para legitimar-se, ao passo em que no nível material funcionam sobre a base do menosprezo sistemático desse bem comum. mum.

Efetivamente, as reivindicações pelas condições mínimas de vida enquadram-se perfeitamente no que a "economia social de mercado" ou o "Estado benfeitor" fingem poder satisfazer – e é precisamente por tomá-los ao pé da letra que tais reivindicações se transformam em ameaça real à legitimidade do sistema dominante: Dadas as reservas quase ilimitadas de mão-de-obra, o nível "necessário" de consumo das massas já não se mede em função de sua capacidade de reprodução como força de trabalho, mas unicamente em função de sua pacificação política. Enquanto para as massas a melhoria de sua situação constitui um objetivo, para o sistema político dominante representa um meio, entre vários.

As respostas unívocas seriam: (1) A *integração* das massas, satisfazendo as suas demandas. Mas isto é incompatível com a política de concentração da renda, base estrutural dos aparelhos estatais atuais na América Latina. (2) A *repressão* das demandas. Tecnicamente, esta resposta não é muito difícil. Porém tem o preço político de acelerar os processos de desilusão e perda de legitimidade que se desejaria impedir.

Não é, pois, desejável uma resposta clara, nem na primeira nem na segunda direção. Em conseqüência, as respostas por parte das autoridades estatais costumam situar-se no amplo território da ambigüidade que há em seu meio. A experiência demonstra que a tática do Estado consiste em protelar as demandas das organizações de bairro, dividi-las, esgotá-las e ameaçá-las com medidas repressivas – ou quase sempre em uma combinação de todas estas três alternativas.

As primeiras experiências que as organizações de bairro adquirem ao enfrentar-se com o Estado costumam ser as seguintes: perdem-se no labirinto das competências burocráticas, são desmobilizadas mediante trâmites custosos e demorados, enganadas por informações falsas e por supostos imperativos "técnicos":

> "Em Lima um grupo de moradores de um bairro pobre foi detido ao entrar no Ministério de Educação. Explicaram-lhes que necessitavam de um passe para entrar. E onde o conseguiriam? Na secretaria, no segundo andar do edifício. Todos os seus protestos foram em vão: sem passe, não se entra; mas sem entrar não se obtém o passe. Finalmente o grupo conseguiu o passe através da mediação de uma "gringa", que naturalmente não teve a menor dificuldade para entrar".

Quando, depois de lutas o Estado faz concessões materiais, as mede a conta-gotas, nunca em função de sua utilidade concreta, mas como resultante de um cálculo político, em que têm papel importante: por um lado, o potencial de protesto do movimento respectivo, e as oportunidades para o Estado grangear prestígio como benfeitor; e, por outro lado, a conjuntura geral, bem como a "viabilidade" tanto econômica como técnica.

Às vezes estas concessões são magnificadas institucionalmente, ao declarar-se um programa oficial que garante o controle de sua implementação, inclusive o das oportunidades de enriquecimento correspondentes. Ao mesmo tempo, levantam-se barreiras para os futuros movimentos de protesto, utilizando meios como o da cooptação de dirigentes e a construção de sistemas de clientela. Paralelamente, os representantes do Estado tratam de aproveitar as diferenças sociais existentes entre os moradores para jogá-los uns contra os outros e finalmente dividi-los.

Os programas de "auto-ajuda" são especialmente propícios para tal fim, porque reúnem várias vantagens: são excelente propaganda para seus promotores; são baratos porque descarregam os custos nos próprios moradores ou em financiamentos estrangeiros; exaurem a capacidade de ação dos moradores através de contribuições financeiras, trabalho "voluntário" e disputas internas, ao redor de problemas de origem externa; e finalmente, porque abrem portas a uma penetração política e ideológica. Estarão particularmente amargurados por esta "ajuda à auto-ajuda" aqueles moradores que pagam impostos, como trabalhadores ou pequenos comerciantes. Com justiça sentem-se espoliados ao triplo: primeiro, porque têm que viver em condições subhumanas; segundo, porque os seus impostos são gastos segundo os interesses dos ricos; terceiro, porque se lhes solicita contribuição direta, em dinheiro e trabalho, para obras de urbanização que supostamente já adquiriram com os seus impostos.

Mas, afinal de contas, o contraste entre as necessidades vitais dos moradores e a resposta do Estado é demasiado patente, para que esta mistura entre desmoralizações e mini-concessões possa frear o desencanto. As longas confrontações não apenas esgotam, mas também provocam processos de aprendizado e transmitem experiências de luta. Em conseqüência, acentua-se o lado repressivo das respostas do Estado.

São prenúncios desta situação as intimidações de todos os tipos, contra os moradores em geral e os seus dirigentes. Viver sob ameaças é o pão-de-cada-dia destas organizações de bairro. E que tais ameaças são reais, demonstra-se pelas experiências de ataques por jagunços e mercenários, detenções, torturas e assassinatos, que formam parte da história dos movimentos de bairro que tenham atingido alguma importância, em todos os países do continente. A grande imprensa apenas dá ressonância aos grandes massacres – a *última ratio* dos aparatos repressivos para assegurar a "tranqüilidade":

> "No dia 4 de março de 1969, durante a presidência da Democracia Cristã com Eduardo Frei, um pequeno grupo de famílias invadiu a Pampa Irigoyen, um terreno na cercania de Puerto Montt, no sul do Chile. No dia 9 de março o chefe da polícia presidiu pessoalmente a expulsão: nove pessoas foram mortas a tiros, todos pelas costas." [39]
>
> "Num bairro pobre da periferia da capital de El Salvador alguns sacerdotes estavam organizando cursilhos de fim-de-semana para a juventude. No dia 10 de janeiro de 1979 achava-se na Igreja um grupo teatral dos jovens, quando soldados e policiais invadiram o local, detiveram o coordenador do cursilho, o Pe. Octavio Ortiz, e mataram a tiros quatro jovens. Para justificar a sua ação brutal contra os supostos "terroristas", a polícia apresentou uma metralhadora de plástico e duas facas de papelão, que eram acessórios da peça teatral ensaiada". [40]
>
> "Em outubro de 1978, a população da cidade de Guatemala e de inúmeras cidades do interior protestou contra a carestia e, em particular, contra a duplicação nos preços dos transportes coletivos. Morreram 30 pessoas nas manifestações, ficando feridas outras 400. A polícia gastou tantas bombas de gás lacrimogêneo, que tiveram de enviar um avião oficial para reabastecimento nos Estados Unidos". [41]

Em substituição à agora insustentável aparência de neutralidade de classe do Estado, surgiu a ideologia da "segurança nacional". Atra-

39 Em C. Müller Plantenberg, 1979, p. 42. Antes as vítimas buscaram, sem êxito, admissão ao programa de habitação anunciado pelo governo Frei. Este exemplo permite seguir claramente a passagem das medidas integrativas às de repressão.

40 *Lateinamerika – Nachrichten*, nº 68, p. 38 e seguintes, Berlim, 1979

41 Frankfurter Rundschan, 30 de março de 1979. Limitamo-nos aqui aos casos ocorridos em organização de bairro; há na história da América Latina massacres muito piores, dirigidos contra o movimento operário em sua expressão sindical ou em seu conjunto, e ainda contra a população camponesa. Em maio de 1978, por exemplo, foram mortos a tiros mais de 100 camponeses em Panzós, Guatemala, quando realizavam uma manifestação pacífica contra uma ação de despejo dos latifundiários.

vés desta ideologia os agentes estatais projetam a sua própria percepção política sobre as intenções reinantes em qualquer expressão de protesto social, mesmo nas mais elementares reivindicações econômicas. Pedem pão? Pois na realidade, pretendem subversão. Parecem pobres? São na verdade agitadores profissionais disfarçados. O seu apelo pela justiça social é simples artimanha do comunismo internacional, ao qual toda concessão será debilitamento face ao inimigo. [42]

Esta mudança ideológica participa das transformações que se fizeram nas estruturas do Estado, para fazer frente ao crescente potencial de protesto na América Latina durante as últimas décadas, especialmente na segunda metade dos anos 60 e inícios dos 70. A história das cambiantes estratégias de resposta, vai desde as tentativas de integração através de expansão dos mercados internos, passando pela contra-insurgência preventiva da "Aliança para o Progresso", a estratégia de opressão maciça, aplicada pelas ditaduras militares, até a estratégia atual do Banco Mundial, para fomentar o "apartheid social" – que apenas busca garantir a subsistência dos pobres, aceitando a irreversibilidade da pauperização das massas. [43]

Ao mesmo tempo modificaram-se também os aparelhos institucionais, dos quais apontaremos algumas tendências atuais mais importantes:

1. Devido à evidente incapacidade de alguns aparatos dos Estados nacionais para assegurar que a crescente pauperização deixe de transformar-se em ameaça política, intervêm cada vez mais as agências internacionais (Banco Mundial, Segunda Internacional Socialista, Órgãos Sindicais Internacionais, sob tutela Norte-Americana ou da Alemanha Federal), aplicando medidas de tecnologia social. Foi assim que a gradual internacionalização dos interesses econômicos ocasionou a internacionalização dos controles políticos. Por exemplo: já se estão implementando em cidades da Colômbia um programa auspiciado pelo Banco Mundial, correspondente a esta nova estratégia.

2. Simultaneamente, os aparelhos do Estado reajustam as suas estruturas. Para poder responder dos modos mais diferenciados possíveis sem perder o controle global, criam-se órgãos especializados, tanto descentralizados como a nível central. Na Colômbia, todas as organizações de bairro foram postas em 1958 sob o controle de uma instituição oficial, "*Acción Comunal*", que por sua vez coordenava-se com

42 "Na América Latina a sobrevivência transformou-se numa luta subversiva" (P. Rohde, "Zum historischen und theoretischen Kontext der Situation der Frauen in Lateinamerika" em *Frauengruppe em Lateinamerika* Institut Berlim, 1977, p. 123-132, p. 125.

43 C. Müller – Plantenberg, 1979.

um órgão paramilitar de "Defesa Civil". Sob o impacto da violência nas zonas rurais, tratava-se de evitar a "contaminação" das cidades; esta função primordial de *controle social* mantém-se até hoje. No Chile, a instituição correspondente, "*Promoción Popular*", foi criada durante a "Aliança para o Progresso"; a sua função principal era de caráter *integrativo*, com a finalidade de ampliar a clientela do partido Democrata Cristão governante. Uma parte destas organizações de bairro se radicalizaram, especialmente durante a gestão seguinte, sob a Unidade Popular. No Peru, o governo militar buscou combinar ambos elementos: com a criação do SINAMOS em 1971 (extinto em 1975), lançou a tentativa até então mais completa de controle e integração social deste tipo, criando um órgão estatal com centenas de funcionários em todos os níveis da administração pública, e com representantes nos próprios bairros. A sua estrutura territorial correspondia às zonas militares do país. Os chefes, ao nível nacional e regional, eram militares ("controle"), que dispunham de vice-diretores civis para secundá-los ("integração"). Além das causas externas do fracasso da instituição, houve principalmente contradições internas: não servia para uma mobilização autêntica, nem para um controle social eficaz.

Ao mesmo tempo, e como medida preparatória de estratégias mais repressivas, se introduzem modificações legais que restringem as possibilidades de divulgação das reivindicações reprodutivas. Por exemplo, em agosto de 1978 o governo do presidente "liberal" Turbay Ayala da Colômbia, aumentou quase 30% os preços da gasolina, dos combustíveis e do transporte público, provocando aumentos também em outros setores. Para silenciar o protesto contra este agravamento das condições de vida do povo, promulgou-se o Decreto 1928, denominado "Estatuto de Segurança", que proibe reuniões e manifestações públicas com a ameaça de altas penas de prisão; e proibe igualmente os jornais de divulgar notícias sobre as greves ou "distúrbios da ordem pública". Simultaneamente iniciaram uma onda de prisões, dirigida contra os representantes da oposição.

4.5 *A relevância dos diferentes objetivos de luta*

O surgimento, o descobrimento e as perspectivas de êxito ou de fracasso das lutas de bairro dependem em grande parte do problema concreto que é articulado em cada caso. Conforme as dificuldades correspondentes a um objetivo de luta específico, podem variar a coesão do grupo, as formas concretas de confrontação com o Estado e também os seus resultados. Os agentes de tais lutas muitas vezes não constituem uma organização de bairro permanente, e sim um comitê *ad-hoc* para a defesa do terreno invadido, ou um comitê escolar, comissão de água, etc. Em conseqüência, também a percepção dos moradores está marcada por sua experiência nesta luta específica. A inferência no processo organizativo varia, entre outros motivos, com o grau de urgência atribuído ao problema respectivo; com a medida em que a sua solução é possível apenas sob forma coletiva ou também individual; com o cálculo dos custos e benefícios – econômicos e políticos – das instâncias estatais, e com o grau em que estão implicados interesses particulares.

a. *Moradia*

Apesar de toda a sua miséria, o casebre representa para os moradores dos bairros pobres um fator fundamental de estabilização material e psicológica. De certa maneira, substitui um local de trabalho estável, pois cria as condições básicas para poder sobreviver sem uma renda regular. Daí também provém a sua grande importância ao nível psicológico: a "moradia" própria não apenas reduz o sentimento de insegurança existencial, mas consiste em um dos poucos "pontos fixos" de identidade individual; "aqui ninguém manda em mim, este é o meu lugar". Deste modo, os acontecimentos que se dão ao redor da "casa própria" ocupam o centro da vida.

Muitas vezes, todas as atividades de uma família concentram-se na aquisição dos recursos suficientes para construir uma casa. Este interesse individual é partilhado por todos os moradorés, e adquire tanta importância que todo o grupo está disposto a defender a sua urbanização "com unhas e dentes", e se necessário até com a própria vida:

> "Há muitos bairros denominados com o nome de uma vítima por ocasião da tomada do terreno (em Lima, por exemplo, VILLA EL SALVADOR, em que convinha duplamente aos moradores o significado de "Salvador")".

Para poder realizar este objetivo é decisivo conseguir o título de propriedade dos terrenos ocupados, ou, ao menos, uma situação de tolerância legal. É este o único caminho para conseguir segurança e reconhecimento social em sociedades fundadas na propriedade privada. Mas, para alcançar este objetivo, os moradores têm que assumir uma situação paradoxal: como o terreno onde constróem pertence ao Estado, ou a proprietários particulares, têm necessariamente que violar as leis vigentes, que defendem ao proprietário contra tais "ataques à propriedade privada". Portanto, a invasão do terreno significa que os moradores têm de violar aquelas mesmas normas legais que – depois da luta pela transferência de posse – necessitam para garantir a sua propriedade. Para resolver o problema de sua moradia, primeiro têm que colocar-se *à margem* da ordem jurídica dominante, para depois poder *integrar-se*, através da propriedade privada, a este mesmo sistema.

Esta violação das leis e conseqüente ilegalidade cria uma situação em que os moradores dependem do que é ditado pelas decisões estatais – uma situação de inferioridade que marca todo o processo posterior. A violação da lei legitima a sanção estatal, e a ansiada garantia legal depende dos favores do Estado. Com isto o Estado tem o chamariz e a armadilha à sua disposição (veja-se acima: o Estado como adversário e fiador). Isto explica porque os moradores muitas vezes se iludem tão facilmente com promessas, e fazem o possível para demonstrar boa conduta política, chegando quase sempre aos limites da abnegação, e mostrando um comportamento antes de súplica que de reivindicação. Corresponde à lógica do Estado protelar pelo tempo que seja possível a solução legal a fim de não perder esses meios de manipulação. A chave para a explicação da história de um bairro reside muitas vezes na posição dos moradores acerca do terreno ocupado. Por exemplo, organizações combativas e politicamente conscientes costumam ter como seu ponto de partida uma dura confrontação pela posse dos terrenos ocupados. As lutas internas, por sua vez, têm a ver em muitos casos com interesses econômicos divergentes acerca do bairro (veja-se o item 5.2. a seguir).

Resolvido o problema jurídico, diminui a pressão externa, e surgem à luz do dia os problemas de heterogeneidade interna. Muitas vezes, logo se perfila um grupo que dispõe das condições econômicas para iniciar rapidamente a construção de casas de alvenaria, algumas até de mais de um piso, e que logo dispõe de rendas adicionais resultantes de aluguéis. Os "ricos" entre os pobres tornam-se mais ricos ainda, ampliando as diferenças de interesses, e reduzindo as bases de ação coletiva.

Por outro lado, a construção da casa muitas vezes marca o momento em que, uma vez conseguida certa segurança na esfera da reprodução, os olhares voltam-se novamente para a não-integração à produção. A construção da casa ou aquisição dos carnets para os terrenos loteados supõem uma renda estável; os esforços para consegui-los são cotidianamente frustrados. É assim que de novo se descortinam os interesses estratégicos.

b. *Consumo Coletivo*

O cálculo de custos e benefícios elaborado pelas respectivas autoridades estatais é muito variado conforme as diferentes obras de infra-estrutura. Este fato prefigura, tanto as perspectivas de êxito como as repercussões nas lutas do bairro, de acordo a determinados problemas de infra-estrutura: A extensão de *corrente elétrica*, por exemplo, é um problema relativamente "simples", porque a rede não representa um grande gasto para o Estado, e começa de imediato a amortizar-se (sem mencionar que também é fácil resolver o problema "parasitando" a rede de forma ilegal).

A conexão ao sistema de *água potável* é mais dispensiosa. Aqui as perspectivas de êxito são muito menos seguras, variando muito com as condições ambientais e também sociais das cidades respectivas:

> "Os bairros nos desertos da periferia de Lima recebem água através de caminhões-tanque, que a vendem em galões. Em Lota, cidade mineira do Norte do Chile, os acampamentos em que vivem milhares de mineradores dispõem de apenas duas fontes centrais de água; no parque da mansão vizinha dos antigos proprietários existe desde 1923 um sistema subterrâneo de irrigação, que rega uma a uma as inúmeras árvores dos jardins. Nos bairros periféricos de São Paulo muitos moradores se abastecem de água em poços artesianos; mas a água sai contaminada pelas fossas das cercanias – também construídas pelos moradores na ausência de rede de esgotos".

Embora a construção de *ruas e estradas* seja relativamente custosa, não é impossível convencer as autoridades acerca de sua utilidade, já que por sua visibilidade prestam-se bastante à ostentação política. A luta pela rede de *esgotos*, por sua vez, é quase utópica; além de ser muito cara não ocasiona vantagens econômicas ou políticas. Quanto ao *transporte*, a luta também se dirige contra os transportadores particulares, que têm muito interesse em iniciar novas linhas, embora colocando em serviço o menor número possível de veículos que andam superlotados para aumentar os lucros. Os *colégios* são reivindicações que exigem lutas longas e difíceis; *creches* e *postos de saúde* são luxos quase inalcançáveis.

Quando se realizam estas medidas de infra-estrutura, as diferentes propostas de solução muitas vezes já expressam os distintos interesses dos moradores:

> "O serviço municipal de água possui um orçamento cujas cotas são demasiado elevadas para uma parte dos moradores. Os mais ricos impõem a aprovação do orçamento e também conseguem que sejam as suas as primeiras casas a receberem água. Algumas famílias mais pobres, que tiveram de endividar-se para pagar as cotas, têm além disso de comprar a sua água dos ricos: os caminhões-tanque já não comparecem ao bairro. Às vezes, os pobres chegam a pagar duas ou três vezes mais do que pagavam antes".

Todos estão de acordo acerca das reivindicações mesmas; para conseguir uma infra-estrutura básica sempre se impõe a ação conjunta dos moradores. Mas, após a fase inicial, alguns moradores começam a servir-se de suas vantagens pessoais (maiores rendas, relações externas), mesmo em detrimento de seus vizinhos. Se estes interesses individuais logram o controle das organizações do bairro, as ações coletivas terminam no mesmo momento em que elas próprias hajam criado as bases para o desenvolvimento de tais interesses individuais.

c. *Consumo individual*

Depois da moradia, a alimentação representa a necessidade mais urgente para a reprodução física. Mesmo assim, os problemas de alimentação ocasionam menos processos coletivos que quase todos os demais problemas do bairro. A razão é evidente: a alimentação (tanto quanto o vestuário) é exclusivamente organizada sob a forma de consumo individual; os alimentos que cada pessoa pode comprar determinam-se a partir da renda individual (não considerando a produção de subsistência, com hortas e criações domésticas). E, numa situação de crescente pobreza das massas, isto significa simplesmente: fome. Praticamente não há outra redistribuição de rendas que essa, ao interior da economia familiar; quem teria algo para presentear? Tentativas para formar cooperativas de consumo ou organizar compras coletivas fracassam, em sua maioria, por razões econômicas, desavenças e desconfianças internas, ou pela decidida e até violenta resistência dos intermediários.[44]

As possibilidades de alimentação dependem de salários e preços, e assim estão diretamente ligadas ao sistema econômico global. Uma mudança parcial, ao nível de um bairro apenas, é praticamente impossível. Desse modo o problema da fome reflete-se em todas as demais iniciativas de organização: por um lado, através do debilitamento físico (esgotamento, subnutrição) e apatia (indiferença, passividade); e, por outro, como grande potencial explosivo e imprevisível das ações realizadas pelas massas urbanas, quando, rompendo a apatia inflamam-se por qualquer motivo imediato.

Do ponto de vista organizacional, todas as tentativas de solução ultrapassam o âmbito do bairro: seja entre as quadrilhas de crianças e jovens, que coletam restos comestíveis dos depósitos de lixo ou mercados atacadistas, embora vivam de assalto; seja nos "pratos de sopa" financiados por organizações de caridade. Não é por acaso que os vínculos entre as organizações de bairro e os sindicatos se estabelecem mais facilmente através do problema dos preços dos gêneros alimentícios:

> "O brusco aumento dos preços de alimentos foi o fator detonante das greves nacionais no Peru, organizadas em geral pelos movimentos de bairro em comum com os sindicatos. Os abaixo-assinados do Movimen-

44 Eckle, 1977, descreve como mulheres de bairros periféricos de São Paulo tentaram organizar a compra conjunta, por atacado, de alimentos, o que fracassou em 1978.

to Contra a Carestia, no Brasil, foram em parte realizados também através dos sindicatos e das fábricas; e a direção do movimento incluía dirigentes sindicais. No entanto, essa colaboração era às vezes acompanhada por tensões e rivalidades de caráter político. Também na Guatemala existiu um movimento contra a carestia que substituiu parcialmente o perseguido movimento sindical".

Dessa maneira, a necessidade de consumo individual remete, através do sistema de preços e salários, aos interesses estratégicos de mudança da esfera de produção, podendo assim desembocar em ações unitárias com outras forças sociais. No entanto, tais frentes tendem ainda a uma curta duração: por falta de uma concepção clara e de mais longo alcance, as organizações participantes têm uma visão meramente conjuntural da sua cooperação; não percebem as razões para manter a unidade de ação, além do motivo concreto que a originou, e que, como qualquer problema isolado, atinge de modo bem distinto os diferentes interesses de classe afetados.

5. *Interesse de classe, Organização e Liderança no Bairro.*

Embora um potencial político apenas se possa formar nas organizações de bairro através de ações coletivas "para fora", às estruturas sociais que o cercam, a orientação destas ações prepara-se por meio de processos internos do grupo, e seus resultados repercutem, retornando ao seu interior de origem. A medida que, durante esse processo, confrontam-se diferentes interesses sociais existentes no bairro, tal decantação interna é parte também do enfrentamento com estruturas sociais de dominação circundantes.

No fundo, trata-se de saber quais os interesses sociais que logram impor-se como hegemônicos na ação do grupo. Isto se desdobra em dois problemas básicos do processo interno dos movimentos de bairro:

1. Como é que, dada a heterogeneidade social interna, pode ocorrer uma unidade de ação "para fora"?

2. Como se pode defender a organização mesma da influência de interesses externos?

Ambos problemas se entrelaçam, às vezes de forma muito concreta: assim, por exemplo, quando pessoas ou grupos contenciosos mobilizam seus respectivos recursos externos para apoiar a sua posição interna, através de ofertas ou pressões exteriores.

5.1. *Organização*

Aqui não cabe descrever detalhadamente a estrutura organizativa dos movimentos de bairro, pois os casos e situações concretas são demasiado variáveis.[45] Entretanto, apesar das grandes variações evidentes nos diferentes casos, é possível distinguir dois modelos básicos, quando partimos das condições de surgimento dos movimentos, a que já aludimos (4.1).

1. Quando as organizações nascem da luta pelas necessidades concretas dos moradores, as suas estruturas surgem de forma espontânea, e a partir de uma dada necessidade intrínseca, ao redor de problemas específicos que requerem soluções imediatas:

> "Como resposta ao cerco policial construímos um cinturão interno de defesa: das 7 da manhã às 7 da noite as mulheres montavam guarda; das 7 da noite às 7 da manhã era o turno dos homens. Assim o bairro não ficava desguarnecido em nenhum momento: havia o comitê de defesa que coordenava a guarda. Também criamos um comitê de víveres, que deveria conseguir alimentos fora e transpô-los através do cerco policial. Ademais, tínhamos o "Comitê da Panela Comum", que preparava comida para todos, e a distribuía através de seus cozinhas. Destes dois comitês surgiu depois o Comitê Feminino. Tínhamos também um Comitê de Imprensa e Propaganda, cuja tarefa era organizar manifestações, ações de panfletagem e envio de cartas abertas para os jornais, embora nenhuma fosse publicada. O Comitê de Contato procurava mobilizar apoio de Sindicatos, Órgãos Estudantis e outras instituições semelhantes. Tínhamos também o Comitê de Economia, que coordenava as rendas e gastos, informando sobre os mesmos." (Entrevista com um membro do Comitê diretor de um bairro de Lima).

Agrega-se muitas vezes, a este sistema de organização material, outro representativo, por circunscrição territorial: por rua, quadra, quarteirão, zona, etc. Surgindo das bases, estas formas de organização são criadas e modificadas, conforme as necessidades de reconhecimento e apoio dos participantes.

Um tema adicional seriam as enormes dificuldades enfrentadas pelas organizações de bairro, pela falta de dinheiro, recursos técnicos, e muitas vezes de condições culturais mínimas entre os seus membros:

"A informação difunde-se mais facilmente por via oral; não há dinheiro para papel, menos ainda para aparelhos caros como máquinas de escrever ou mimeográfo, e de qualquer maneira os analfabetos do bairro não saberiam ler os panfletos".

Nos mesmos bairros pobres da América Latina, "*Villa El Salvador*" (Lima), com mais de 100.000 habitantes, os membros do Conselho de Vizinhos utilizam mensageiros para poder comunicar-se, já que não há telefones nem correio, e só dispõem de 2 veículos para aproxi-

45 Vice Fiori, 1973; C. Müller - Plantenberg, 1971, p. 357; Spessart, 1980.

madamente 4.000 delegados das várias subdivisões, os quais praticamente sem nenhum rendimento administram uma cidade grande."

2. Em contraste com estas organizações que nascem da própria base, as organizações de bairro fundadas por instituições do Estado ou loteadores privados dispõem de uma certa estrutura organizativa "pré-fabricada". Esta deve ser aceita, para que a instituição patrocinadora disponha-se a entrar em contato com os moradores. Também nelas há cargos, como tesoureiros, secretários, órgãos sociais e culturais (mas, está claro, não de defesa); embora na maior parte dos casos, a diretoria seja recrutada segundo o princípio territorial (por ser o princípio de representação mais formal, tornando difícil a organização dos moradores ao redor de interesses concretos, e a emergência de lideranças naturais a partir da base).

O modelo básico de tais organizações de bairro impostas "de cima" foi introduzido no continente (bem como na África e na Ásia) a início dos anos 60, sob a denominação de "Community Development", e em alguns países transformado em grandes programas nacionais (por exemplo, "*Promoción Popular*" na presidência de Eduardo Frei no Chile; "ONDEPJOV" e "SINAMOS" no Peru; "*Acción Comunal*" na Colômbia).

É certo que em certos casos estes programas acabaram com as tradicionais relações de clientela, que ligavam os moradores dos bairros pobres aos poderes econômicos e políticos locais (latifundiários, partidos políticos, etc.). Mas criavam por sua vez uma nova relação de clientelismo entre os moradores e o Estado; a dependência dos moradores foi assim simplesmente transferida.[46]

Em lugar algum puderam tais organizações cumprir com o seu propósito de superar a pobreza e integrar os "marginalizados" harmoniosamente ao sistema econômico "moderno". Atualmente, tais programas foram sendo gradualmente abandonados, e transformados em mecanismos de controle e repressão (Colômbia).

No entanto, em alguns casos, essas experiências de organização terminaram ultrapassando as limitações fixadas por seus patrocinadores. A organização por representatividade territorial teve às vezes o efeito positivo de servir como base para uma primeira rede social dentro de uma população difusa, formada não a partir de uma ação coletiva como a invasão de terrenos, mas pela agregação paulatina de imigrantes. Para muitos, foi a primeira experiência de organização nas suas vidas: pela primeira vez tiveram que encontrar-se com os representantes da classe dominante de modo individual e isolado. Tomando

46 Vide Collier 1975 e 1976 a, b, Rodríguez, Riofrío, Welsh, 1973, Spessart, 1980.

as promessas ideológicas da propaganda oficial ao pé da letra, e comparando-as com a realidade, aprenderam a articular os seus interesses próprios face ao Estado. Desse modo, as iniciativas do "Community Development" transmitiram uma experiência de "participação" bem mais real que a desejada, e que permaneceria nas atuais formas de organização.

Subsistem também, em parte, os remanescentes daquelas fases anteriores de organização de bairro estruturadas nos sistemas de clientelismo estritamente vertical. Estes surgiram nos anos 40 e 50 como clientela possível de líderes populistas, encontrando-se portanto agora apenas nos bairros "antigos". Aqui o domínio do grupo dirigente é total, orientando-se por sua vez à instância respectiva de poder (Estado, partido governamental, grupos econômicos de interesses). A população apenas "participa" para legitimar decisões previamente tomadas. Os serviços estatais são intercambiados pelo bom comportamento político especialmente em época de eleições [47]

5.2 *Participação*

Para que os movimentos de moradores possam resultar em processos de aprendizado mais amplos e duradouros, é necessário que os próprios moradores estejam presentes de modo ativo na tomada de decisões, e as assumam com todas as conseqüências, evitando o isolamento dos dirigentes frente aos interesses das bases [48]. Na prática, esta exigência enfrenta muitos obstáculos.

1. *A participação é conjuntural.*

Quando se constrói um novo bairro, há inúmeros problemas que só podem ser solucionados em forma coletiva e organizada (defesa do terreno ocupado, luta por serviços urbanos, trabalho voluntário, etc.). É natural que a participação seja mais forte nesta fase inicial.

Mas em pouco tempo observam-se os primeiros sinais de um certo refluxo. Depois dos esforços da fase inicial os moradores acham-se fisicamente exaustos: na fase seguinte de consolidação e melhoramento do bairro surge um desejo forte e até um certo imperativo para voltar aos problemas atinentes ao consumo individual, por exemplo, de retomar a busca por fontes de emprego. Por sua vez, faz-se evidente a

47 Vide Moisés, 1978, a e b.

48 Neste sentido entendemos também o termo "participação". Não conseguimos achar outro igualmente amplo, embora quiséssemos evitá-lo, já que costuma ser associado a formas de ação dirigidas de fora, devido a seu emprego em programas de "desenvolvimento da comunidade".

heterogeneidade social dos interesses individuais; surgem lutas de facções, com a sua seqüela de desmoralização e desgaste. O grau de organização declina.

Só problemas que ameaçam de novo a existência do conjunto do bairro (planos de "saneamento", medidas legais do proprietário, etc.) podem reanimar a mobilização dos moradores.

2. *A participação depende dos problemas a solucionar.*

Interessa igualmente a todos os moradores a defesa dos terrenos invadidos e a luta pela propriedade futura. Mas acerca dos diferentes problemas de consumo coletivo, os moradores já têm, normalmente, distintas noções a respeito de sua urgência e solução respectiva.

3. *A participação dos moradores depende do seu interesse econômico pelo bairro.*

Para uma parte dos moradores a moradia representa também o centro de trabalho, sendo o bairro o mercado onde vendem a sua mercadoria (comerciantes, artesãos, prestação de serviços, etc.); outros alugam casas ou especulam com terrenos. É evidente que participam com mais interesse na solução daqueles problemas que afetam as suas fontes de renda.

4. *A participação dos moradores depende da sua posição social no bairro.*

Paralelamente ao desenvolvimento externo do bairro, ocorre um processo interno de diferenciação social. As condições ambientais do bairro, a princípio iguais para todos, mudam conforme a situação econômica das famílias:

> "A princípio todos tinham que ir a pé; agora que há linha de ônibus, só os mais pobres continuam indo a pé. No princípio todos tinham que viver à luz de velas; agora, quando queima um barraco por isso, sabemos que se trata de uma família que não pode pagar as quotas para eletricidade. Antes, os vizinhos tinham que caminhar na lama para se visitarem; agora há um caminho de tábuas, mas por causa da quota que tinham de pagar por elas, já não se encontram os vizinhos como iguais, mas um como credor do outro. No princípio, todos viviam em barracos; agora, com o título de propriedade, alguns barracos foram transformados em casas, utilizando distintos materiais de construção, demonstrando assim quais entre esses pobres são os mais ricos, e quais os mais pobres".

Os interesses divergem demais, para que possam expressar-se ainda de igual modo, nas decisões do conselho do bairro. Alguns interesses de grupos se impõem, e outros passam a segundo plano – sendo estes em geral os dos mais pobres.

Os moradores mais ricos dispõem dos meios econômicos para poderem mobilizar-se do bairro às instituições do centro da cidade. Os comerciantes, especialmente, têm mais tempo para assistir às reuniões. Muitas vezes o seu nível cultural é mais alto, razão pela qual são eleitos para assumir cargos na organização, já que sabem falar melhor e orientar-se aos aparelhos da administração. Têm melhores relações externas, e também internas no bairro.

Todos estes fatores tendem ao reforço mútuo:

A posição de influência no bairro pode implicar vantagens econômicas de tipo pessoal, e estas por sua vez podem ser utilizadas para reforçar a posição de ascendência política. Dado o seu maior nível cultural, as instituições os reconhecem mais facilmente como interlocutores, bridando-lhes assim a oportunidade de adiantar-se ainda mais em relação aos demais moradores no que refere à informação, experiência e prestígio. O desnível crescente pode conduzir ao ponto em que a maioria dos moradores fique excluída de uma participação verdadeira nas decisões.

Além disso, cada passo na direção de uma maior segurança legal e melhores serviços de infra-estrutura produz por seu lado uma maior integração nas demais estruturas urbanas. A confrontação com as instituições do Estado transfere-se cada vez mais ao terreno administrativo [49]. Como repercussão, isto afiança aquele grupo de moradores que queira substituir a *ação* direta pela *trans-ação*. Como uma tendência deste tipo é bem vista e até apoiada pelas autoridades do Estado, muitas vezes termina por se impor, com o resultado de que participarão ativamente na organização de bairro somente aqueles moradores que demonstraram maior disposição a adaptar-se às normas pré-estabelecidas.

5.3 *Liderança*

No entanto, este processo de diferenciação social, com a tendência inerente para o ajustamento às normas da sociedade dominante, não ocorre como uma "lei natural": há *líderes* que a promovem, freiam ou desviam, ao longo do desenvolvimento histórico do bairro. Às vezes, estes líderes são simples personificações das tendências men-

49 No Peru, o órgão especializado SINAMOS forçou os Conselhos de bairro que organizara a preencher mais de 45 formulários.

cionadas. Mas precisamente em razão da heterogeneidade social dos moradores – e muitas vezes de sua inexperiência política – as lideranças podem adquirir um peso próprio importante, e influenciar decisivamente o processo, tanto externo quanto interno no bairro.

Não mencionando os "velhos" sistemas de clientela, em que os dirigentes não dependiam das bases e sim de seu respectivo caudilho, as lideranças costumam ser recrutadas através de eleições, geralmente diretas. Elege-se aquele que dá a impressão de ser capaz de solucionar os problemas respectivos do modo mais eficaz – também sobre isto incide o interesse imediato de resolver emergências.

Por isso, seria prematuro supor uma consciência política muito desenvolvida quando se elegem dirigentes combativos na fase inicial, de invasão ilegal; ou em períodos de maior pauperização. No caso contrário, pode ser expressão de um pragmatismo imposto pela realidade – e não necessariamente por uma ideologia pequeno-burguesa – quando se elegem representantes que têm amigos influentes fora do bairro e boas relações com as autoridades, numa fase de consolidação.

Parece que as projeções de desejos coletivos também desempenham certo papel nas eleições: elege-se o único empresário, ou o único estudante, ou comerciante do bairro. Como que desejando aproximar-se à sua posição social, ajudam-no muitas vezes a distanciar-se ainda mais, por dar-lhe um cargo na organização. O prestígio transmitido através de cargos e símbolos de *status* desempenha importante papel, prestígio esse que é deliberadamente utilizado pelos modelos oficiais de "auto-administração" para cooptar as lideranças. Especialmente os dirigentes de extração social pequeno-burguesa tendem a identificar-se com as autoridades em pouco tempo, sentindo-se mais como representantes do Estado junto aos moradores que como um delegado destes. A atitude que assume a liderança frente ao Estado é de suma importância, pois impregna com a sua ótica social todo o processo de aprendizado dos demais: é em boa medida através dos seus informes que os outros moradores viverão o processo de confrontação com o Estado, formando uma concepção do sistema social dominante.

Por outro lado, os líderes pequeno-burgueses podem lutar com muita energia quando se trata de solucionar problemas que afetam as suas fontes de renda no bairro. Neste contexto, os seus ataques ao governo podem adquirir bastante radicalidade, – militância que geralmente termina ao solucionar-se o problema.

Além disso, como conseqüência das exigências e ataques a que se expõem desde distintas fontes, os dirigentes de bairro adquirem uma visão mais ampla das contradições sociais, tendo ademais que assumir riscos de tipo pessoal. Têm uma prática mais freqüente e direta de enfrentamento com as instituições do Estado. Portanto, sofrem mais pressão para definir a sua própria posição que os demais moradores –

isto tanto pode conduzir a uma rápida conscientização, como levar à corrupção. Às vezes, organizações de esquerda e de direita buscam contacto com este tipo de líderes, porque têm interesse nas suas bases, e lhes transmitem contextos políticos e informações impossíveis de conseguir no limitado horizonte de bairro (por exemplo, lutas internas no Governo que podem ser aproveitadas). Se as lideranças passam tais perspectivas mais amplas às suas bases, podem constituir elemento importante de estímulo a um processo de politização mais completo do bairro – caso contrário aumentam a distância entre dirigentes e bases.

De importância fundamental para a orientação e continuidade das lutas de bairro é a capacidade do dirigente para concretizar alianças e ações coordenadas com outros bairros ou também com os sindicatos. Nisto, a extração social pode desempenhar papel decisivo, pois os dirigentes pequeno-burgueses tendem a buscar soluções isoladas; para os líderes operários é mais natural buscar combinar as lutas de bairro com as da fábrica, especialmente se têm experiência sindical.

5.4 *Sobre o papel das mulheres*

A experiência das lutas pelos problemas de reprodução – não só na América Latina – demonstra que as mulheres têm papel importante nos movimentos de bairro, e que se destacam através de ações corajosas e conseqüentes, especialmente nas fases de conflito mais forte [50]. A tradicional divisão de trabalho por sexos atribui às mulheres o campo da reprodução familiar (alimentação, educação dos filhos, etc.), que é o ponto de partida das lutas.

O âmbito de sua experiência pessoal está ligado estreitamente à moradia, base da organização; na vizinhança conhecem-se entre si, e estão mais tempo presentes que os homens. São as mulheres as que sentem a situação de emergência de modo mais imediato; em muitos casos têm que suportá-las a sós (famílias incompletas) [51]. Especialmente em conjunturas de compressão salarial, crescente desemprego e repressão, a luta pela sobrevivência exige-lhes diariamente esforços heróicos [52]. A luta pela vida dos filhos aparece então como forma celular de uma resistência, que às vezes é apenas viável sob formas coletivas (refeições em comum, organizações de famílias de presos políticos).

50 Vide o testemunho de Domitila em Viezzer, 1977.

51 Ver C. Müller Plantenberg, "Alleinstehende Mütter in Lateinamerikanischen Subproletariat", em *Frauengruppe am LAI*, 1977, p. 79-91.

52 Ver os depoimentos de mães de favelados: "Manuela die Mexikanerin, Fünfzig Jahre Kubanischer Geschihte Gesehen mit den Augen einer Koechin", em *Kursbuch*, Berlim, nº 18, outubro de 1969, p. 8 e seguintes; Carolina Maria de Jesus, citada (nota 26).

Apesar das numerosas provas de sua capacidade, raras vezes são eleitas para cargos de direção; se acaso integram os comitês diretores, são normalmente encarregadas das funções consideradas "femininas", como educação, saúde, serviços sociais. É sob resistência que têm reconhecido o direito a voz e voto nas reuniões, e em casa esperam-lhes problemas de todo tipo se "metem-se em politicagem".

Por outro lado, os papéis tradicionais femininos podem resultar de grande utilidade nas situações de conflito.

> "Os homens não batem em mulheres" - "portanto estas ocupam a primeira fila nas confrontações com a polícia e tratam de distraí-la" - "As mulheres são apolíticas" - "portanto são elas que assumem as tarefas mais delicadas, por exemplo, o transporte de folhetos "subversivos" em suas bolsas".

Devido a sua posição tradicional e sua tensão diária, muitas vezes têm mais reticências para mobilizar-se; mas uma vez vencidas as suas resistências, são muito mais diretas em suas formas de ação, já que sofrem também mais diretamente a situação de emergência. Especialmente a sua menor experiência com o mundo do trabalho assalariado e sua organização hierárquica, torna-as relativamente imunes às normas ali existentes, e às atitudes de competição e prestígio pessoal. O seu compromisso com a causa não se cruza tanto, como no caso dos homens, com ânsias de promoção pessoal, fazendo-as, portanto, menos suscetíveis de entrar em transações:

> "Os dirigentes de um bairro haviam sido, sob pretexto, convocados à delegacia, onde foram detidos. Um grupo de mulheres, com pacotes e crianças, entraram uma a uma na sala de espera, passando pelos sentinelas. Num momento determinado invadiram os escritórios, e frente aos olhos estarrecidos dos agentes apoderaram-se de todas as atas e documentos, ameaçando rasgá-los caso não liberassem os seus esposos. Tiveram êxito."

Enquanto nas situações de conflito a relação tradicional de dominação masculina permanece encoberta, geralmente reaparece em fases mais tranqüilas. O desacostumado uso tático de seus papéis tradicionais pode haver deixado nas mulheres uma distância crítica desses mesmos papéis; logo serão obrigadas a reconhecer que os homens permitem a quebra das normas dominantes apenas sob a pressão de situações excepcionais, e que depois tratam de restabelecê-las. O que elas ganharam, em termos de uma maior autoconfiança, agora irão desgastando em atritos intra-familiares, nos quais enfrentam-se a sós com seus respectivos esposos. A opressão sentida nestes conflitos muitas vezes se expressa em agressões contra os filhos [53]. As mulheres que,

53 Vide C. Müller – Plantenberg, 1978. Este estudo trata do condicionamento social e

apesar de tudo, logram ultrapassar estas barreiras tanto externas como internalizadas, podem transformar-se em dirigentes de grande maturidade humana, perspicácia e personalidade.

6. *Resumo*

Neste artigo tentamos apresentar certas estruturas básicas de lutas sociais da América Latina que, sob as atuais condições de crescente pauperização massiva, ocorrem na esfera da reprodução. As variedades e especificidades dos casos particulares apenas puderam ser tocados como perspectivas: para a história real de uma determinada organização de bairro não apenas importam os contextos globais apontados, mas igualmente, e em grau nunca menor, a problemática do bairro e dos atores, assim como o contexto social do país respectivo (cenário histórico; conjuntura econômica e política; respostas concretas do Estado; possibilidades de alianças, etc.).

Queríamos salientar, em primeiro lugar, as potencialidades inerentes a estas formas atuais de luta social, e ao mesmo tempo, sublinhar a magnitude das dificuldades e obstáculos que freiam o descobrimento dessas potencialidades. Neste sentido, é decisiva a pergunta sobre se, e como, pode-se desenvolver uma consciência política nestas lutas. Observamos que, por um lado, as organizações de bairro contêm a possibilidade de que os seus participantes tomem consciência da realidade em que vivem, dos alcances e limites de suas próprias forças, e do caráter de classe do Estado; e que adquiram algumas experiências em uma organização democrática de base. Por outro lado, essa organização contém também o perigo de que se fortaleçam formas de uma "falsa" consciência nutrida pela ideologia burguesa; e de que os moradores, para resolver os seus problemas, se subordinem a estratégias de tipo pequeno-burguês.

A um nível abstrato, parece importante assinalar que, nas atuais condições, a distinção tradicional entre lutas de bairro e formas de lutas sindicais ou de partidos políticos já não existe, e nem mesmo que seja fácil a relação proposta entre ambos. De qualquer modo, a crescente redução do nível reprodutivo está criando não só a necessidade, mas também as condições objetivas para que as demandas se verifiquem e articulem em alianças cada vez mais amplas.

No entanto seria irresponsável festejar, da segura distância do pesquisador social, este novo "auge das lutas populares". A incrível miséria social que está em sua base, por si mesma impede uma atitude

da interação dos diversos problemas a que está exposta a mulher na esfera reprodutiva, e que não admitem solução isolada.

deste tipo. Além disso, não existe nenhuma segurança quanto ao futuro desenlace. A extensão das lutas também significa que torna-se mais difícil a organização diferenciada e planejada, bem como o treinamento em profundidade aos que participam nestas lutas. A dimensão da miséria introduz nas ações das massas uma dinâmica própria, que facilmente se pode desencadear de maneira desorganizada e sem orientação política. Isto por sua vez, contém o perigo de que o Estado responda aos protestos das massas com um grau cada vez maior de repressão.

BIBLIOGRAFIA SELECIONADA

Brasil

CEAS: Movimento Popular. *Cadernos do CEAS* Nº 56, julho/agosto 1978

———. Custo de Vida. *Cadernos do CEAS* Nº 54, março-abril 1978

CEBRAP-Commissão Justiça e Paz: *São Paulo: Crescimento e Pobreza*. São Paulo: Ed. Loyola, 1976.

Comunidades Eclesiais de Base: *Uma Igreja que Nasce do Povo*. Encontro de Vitória. Petrópolis: Vozes, 1975

———: Encontro de João Pessoa, in: *SEDOC* (Petrópolis, Rio de Janeiro): Vol. 11 Nº 115 Out. 1978.

Eckle, Susanne: Die Beteiligung von Frauen an Reproduktionskämpfen in Brasilien, in: *Frauengruppe am LAI*: Frauen in Lateinamerika. Berlin: Lateinamerika-Institut der Freien Universitat Berlin 1977

Moisés, José Álvaro (1978a): Experiências de mobilização popular em São Paulo, in: *Contraponto* Ano III Nº 3, Sept. 1978, p. 69-86

——— (1978b): Classes populares e protesto urbano. São Paulo: Tese de Doutoramento, Universidade de São Paulo, Departamento de Ciências Sociais, Nov. 1978

Moisés, José Alvaro: *Contradições urbanas e movimentos sociais*, Rio de Janeiro: Co-edições CEDEC/Paz e Terra Vol. I, 1978

Movimentos de resistência no Rio de Janeiro. Registro de algumas experiências, in: *Contraponto* Ano III Nº 3, Sept. 1978, p. 87-96

Perlman, Janice E.: *O Mito da Marginalidade. Favelas e política no Rio de Janeiro*. Rio: Paz e Terra, 1977

Salles Souto Ferreira, Anna Luiza: Movimentos Populares urbanos e suas formas de organização ligadas à Igreja. São Paulo: Universidade Católica de São Paulo, Departamento de Ciências Sociais, Relatório Nº 2, 1978

Chile

Aldunate, Adolfo: Participación y actitud de los pobladores ante las organizaciones poblacionales. Una aproximación de la heterogeneidad popular. Santiago: ELAS-FLACSO, mimeo., 1971

Alvaro, Luis; Rosemont Cheetham; Gaston Rojas: Movilización Social en torno al problema de la vivienda, in: *EURE* (Santiago)/Vol. III, abril 1973

Berg, Sven: Alltag der Arbeitslosigkeit in Chile. Zur Situation der Arbeitslosen in den Randsiedlungen von Santiago, in *Lateinamerika – Analysen und Berichte* tomo 1. Berlin: Olle & Wolter 1977, p. 172-200

Bernauer, Ursula; Elisabeth Freitag: *Poder Popular in Chile am Beispiel Gesundheit*. Nürnberg: Politladen, 1974·

Castells, Manuel: *La lucha de clases en Chile*. Buenos Aires, 1974

Chile-Nachrichten: Terror, Hunger, Freio Marktwirtschaft. Número especial 5 de *Chile-Nachrichten* (Berlin), noviembre 1976

Cordero, M. Christina; Emir Sader; Monica Threlfall: Consejo Comunal de trabajadores y Cordon Cerrillos-Maipu 1972. Balance y perspectiva de un embrión de poder popular. CIDU (Santiago), agosto 1973

Cortázar, René: Necesidades básicas y extrema pobreza, in: *Estudios CIEPLAN* (Santiago), septiembre 1977

Duque, Joaquín; Ernesto Pastrana: Elementos teóricos para la interpretación de los processos organizativos políticos poblacionales. Santiago: FLACSO, 1971

Durán, Mario: Participación y crisis del sistema dominante. mimeo, Universidad Bielefeld, 1977

Fiori. Jorge: Experiencia en autoadministración de justicia, in: *EURE* Nº 7, abril 1975

Müller-Plantenberg, Clarita: Uberlaben und Verändern. Bewustseinsbildung in Basisorganisationen der Landarbeiterschaft und der Pevölkerung der städtischen Randviertel einer chilenischen Provinz. Berlin: tesis doctoral, 1971

______: Reproduktionskämpfa in lateinamerikanischen Städten. Das Beispiel Chile. Berlin: Instituto Latinoamericano de la Universidad Libre de Berlin, 1977

Stuparich, Sergio: *War uns nicht kennt, kennt Chile nicht*. Berlin: Rotbuch, 1975.

Vanderschueren, Franz (1971a): Significado Político de las juntas de vecinos en poblaciones en Santiago, in: *EURE* Nº 2, 1971, S. 67-90

______ (1971 b): Pobladores y conciencia social, in: *EURE* Nº 3, 1971

Colombia

Asociación Nacional de Institutos Financeiros (ANIF): *Financiamento del Desarrollo Urbano*. Bogotá 1974

Birkbek, Chris: Crime as work. Some preliminary considerations from Cali, Colombia, University of Swansea, 1978

Castillo, Carlos (ed.): *Vida urbana y urbanismo*. Bogotá: Instituto Colombiano de Cultura; 1977

CINEP, Grupo de Investigación Urbana: *Planeación urbana y lucha de clases. Los circuitos viales*. Bogota 1976

———: *Colombia 1977: La crisis del régimen*. Bogotá 1977
Delgado, Oscar: *El paro popular del 14 de septiembre de 1977*. Bogotá 1978
FEDESARROLLO: *La tierra en el mercado pirata de Bogota*. Bogotá 1976
Grupo de Estudios "José Raimundo Russi": *Luchas de clases por el derecho a la ciudad*. Medellín 1977
Meunier, Jaques: *Los gamins de Bogota*. Paris 1977
Molina, Humberto u.a.: *El problema de la vivienda en Colombia*. Bogota: Universidad de los Andes, 1976
Müller-Plantenberg, Clarita: Die Armen in den Städten Kolumbiens als. Zielgruppe der Sozialpolitik und als Vertreter ihrer Interessen. Berlin: mimeo, 1978
Palacio Velez, Oscar u.a.: *La vivienda popular en Colombia*. Bogotá: CIAS (ahora CINEP) 1974
Parra, Ernesto: *Empresas comunitarias urbanas*. Bogotá, CELAP, 1977
Pecaut, Daniel: *Política y sindicalismo en* Colombia, Bogotá, 1973
Wagner, Michael: *Die Marginalen im Klassenkampf*. Berlin: 1977

Peru

Collier, David: Squatter Settlements and Policy Innovation in Peru, in: Abraham F. Lowenthal: *The Peruvian Experiment. Continuity and Change under Military Rule. Princeton* University Press, 1975
——— (1976 a): *Squatters and Oligarchs. Authoritarian Rule and Policy Change in Peru*. Baltimore & London: John Hopkins Univ. Press, 1976
——— (1976 b): The Politics of Squatter Settlement in Peru, in: David Chanlin (ed.): *Peruvian Nationalism. A Corporatist Revolution*. New Brunswik, M. J. 1976
Fürst, Edgar; Christina Gabhardt; Albrecht Koschützke: Die Geschichte von IVE und den Hassen. Der Fall Peru 1977, in: *Lateinamerika – Analysen und Berichte* t. 2, Berlin: Olle & Wolter 1978, p. 141-164
Gianella, Jaime: *Marginalidad en Lima-Metropolitana*. Lima: DESCO, 1970
Henri, Etienne: Urbanisation dependente et mouvements sociaux erbains Paris: tesis doctoral, 1974
———: *La Escena Urbana. Estado y movimientos de pobladores 1968-1976*. Lima: Universidad Estática. Ferin Editorial, 1978
Möller, Alain: Stadtisch Marginalität un Militärregierung in Peru. Cöttingen: tesis doctoral, 1977
Quijano, Anibal: De la conciliación al enfrentamiento, in: *Latin American Perspectives* Vol. II, Nº 1, Spring 1975
Rodriguez, A.: G. Riofrío; E. Welsh: *De invasores a invadidos*. Lima: DESCO 1978
Riofrío, G.: *Se busca terreno para próxima barriada. Espacios disponibles en Lima 1940-1978-1990*. Lima: DESCO, 1978
Spessart, Stefanie: Garant oder Gegner? Militärregierung und Städtische Marginalität in Lima, Peru, 1968-1975: *Vier Fallstudien. Saarbrücken: SSIP-Schriften*, 1980
Sulmont, Denis: *Crisis, huelgas y movimientos populares urbanos en el Peru*. Li-

ma: Universidad Catolica, Taller de Estudios Urbano-Industriales, Oct. 1978

Diversos

Arroyo,Gonzalo: Die ökonomische und politische Entwicklung Lateinamerikas in den letzten 10 Jahren. 1968-1978. en: Kirche in Lateinamerika, número especial de *Lateinamerika-Nachrichten* Berlin, abril 1979

Castells, Manuel (ed.): *Imperialismo y urbanización*. Barcelona: Gili, 1973

DESCO: *Genecidio económico en el Cono Sur. Derechos humanos y gran capital*. Lima: DESCO 1978

Evers, Tilman: *El estado en la periferia capitalista*. Mexico: Sigló XVI, 1979

Franengruppe am LAI: Frauen in Lateinamerika. Berlin: Instituto Latinoamericano de la Universidad Libre de Berlin, Diskussionspapier Nº 6, 1977

Kärner, Hartmut; Volkmar Köhler; Norbert Schmidt-Relenberg: *Los pobres de Venezuela. Autoorganización de los pobladores: Un informe crítico*. Caracas: El Cid, 1979

Mires, Fernando: Die Unterentwicklung des Marxismus in Lateinamerika, in: *Lateinamerika – Analysen und Berichte*, tomo 1, Berlin: Olle & Wolter, 1977

Müller-Plantenberg, Clarita: Strategien gegenüber der Armut in Lateinamerika, Berlin: Instituto Latinoamericano de la Universidad Libre de Berlin, Diskussianspapiere Nº 9, 1979

Negt, Oscar: Alexander Klugo: *Öffentlichkeit und Erfahrung. Zur Organisationsanalyse von bürgerlicher und proletarischer Offentlichkeit*. Frankfurt, 1972

Quijano, Aníbal: *Redefinición de la dependencia y proceso de marginalización en America Latina*, Santiago: CEPAL, 1970

______: Marginaler Pol der Wirtschaft und marginalisierte Arbeitskraft, en: Dieter Senghaas (ed.): *Peripherer Kapitalismus. Analysen über Abhängigkeit und Untarentwicklung*. Frankfurt a.M.: Suhrkanp, 1974

Rauch, Gunhild: Frauenarbeit in den Städten Kolumbiens. *Frauen in der Dritten Welt* tomo 3, Münster, 1978

Singer, Paul: Beschaftigung, Produktion und Reproduktion der Arbeitskraft, in: *Lateinamerika-Analysen und Berichte* tomo 1, Berlin: Olle & Wolter 1977, S. 53-69

Viezzer, Moema: "*si me permiten hablar...*" *Testimonio de Bemitila, una mujer de las minas de Bolivia*, Mexico: Siglo XXI, 1977

MOVIMENTOS POPULARES URBANOS, PODER LOCAL E CONQUISTA DA DEMOCRACIA*

Edison Nunes
Pedro Jacobi

INTRODUÇÃO

Este trabalho tem por objetivo levantar algumas questões sobre a participação de setores populares na vida pública através do que se convencionou chamar Movimentos Sociais Urbanos. Para tanto faremos uma breve análise destes movimentos na Espanha e no Brasil. Embora façamos algumas comparações entre os dois casos, é bom registrar que não estruturamos este texto visando uma comparação sistemática, ponto por ponto. Antes pretendemos, através do estudo destes dois países, levantar questões e em alguns casos tentar indicar rumos para suas respostas.

Uma série de considerações parece justificar o nosso propósito. Em primeiro lugar, os fatores estruturais que condicionam a emergência dos movimentos sociais urbanos nos dois países são bastante semelhantes. Considerando o trabalho de Lucio Kowarick e demais trabalhos sobre o tema no Brasil, a principal diferença reside no grau da "espoliação urbana", onde as condições de nosso "capitalismo selvagem" são muito mais propícias para a espoliação das classes subalternas. Em segundo lugar, é na Espanha que estes movimentos tiveram um desenvolvimento mais significativo e onde se elaborou uma teoria

* Este texto é uma versão modificada do Texto "Movimentos Populares Urbanos, Participação e Democracia", apresentado no IV Encontro Nacional de Pós-Graduação e Pesquisa em Ciências Sociais, Rio de Janeiro, 29 a 31 de outubro de 1980. Da mesma forma que a sua versão original, a presente visa levantar questões sobre o tema dos Movimentos Populares Urbanos, mais do que respondê-las.

mais consistente a seu respeito. Cumpre notar que está se desenvolvendo entre nós uma postura que se consubstancia numa resistência em considerar a relevância dos estudos teóricos europeus para o estudo da realidade brasileira sem que, esta colocação que em si é legítima, venha precedida de uma crítica destes estudos visando analisar sua pertinência. Esta advertência, se não for elaborada, tende mais a complicar do que a facilitar a nossa compreensão sobre este tema.

A reflexão que estamos esboçando pode ser especialmente útil na análise dos móveis estritamente políticos no estudo dos movimentos sociais urbanos. Consideremos, pois, que tanto os movimentos na Espanha como no Brasil desenvolveram-se sob uma situação autoritária. É interessante observar que esta última onda de movimentos sociais que estão ocorrendo no Brasil aparece, pelo que demonstram alguns trabalhos, justamente sob o governo Médici que talvez possa ser considerado dos mais autoritários períodos do governo militar. Mesmo que os processos políticos dos dois países sejam bastante distintos, os movimentos populares de ambos partilham de alguns problemas comuns, relativos justamente à falta de liberdade dos regimes políticos em que nasceram.

A Espanha passou, há pouco tempo, por uma abertura política na qual os movimentos sociais urbanos jogaram um importante papel. Nas primeiras eleições municipais democráticas, os candidatos oriundos das "Asociaciones de Vecinos" obtiveram maioria em algumas das prefeituras das mais importantes cidades. Porém, a abertura democrática espanhola não representou uma opção excludente dos movimentos de bairros e estes permanecem ativos dentro do novo processo político.

A situação exposta no parágrafo precedente por si só já nos conduz a refletir sobre a nossa situação. Uma tímida abertura, extremamente controlada, aparece no cenário nacional e leva a indagações sobre a continuidade dos movimentos urbanos. Por menos que esta abertura represente, a criação de novos partidos já colocou problemas novos para a participação política popular nos bairros.

A grande questão que se coloca, guardadas as proporções, tanto na Espanha como no Brasil, diz respeito à maneira como estas instâncias de participação popular, em organizações e práticas que têm se pautado por experiências de democracia direta, se relacionarão com o sistema político em conjunturas de maior abertura. Enfim, de que maneira estes movimentos populares poderão contribuir para a democracia? Esta questão diz respeito tanto à força que estes movimentos puderem ter para continuar a expressar o querer de setores das classes populares como à capacidade que tiver o novo sistema político de ouvir as demandas destes setores. Em outros termos, as forças democráticas serão capazes de colocar os recursos à disposição dos moradores?

1. *Movimentos Populares Urbanos em dois contextos históricos diversos: Espanha e Brasil*

Os movimentos sociais urbanos podem ser entendidos como um fato diferenciador da sociedade capitalista atual, tendo como característica essencial um questionamento da ação estatal na distribuição de benfeitorias urbanas e dos equipamentos de consumo coletivo. Se por um lado assumem um caráter econômico, incidindo sobre a qualidade de vida urbana, por outro lado assumem um caráter basicamente político, configurando-se em eixos significativos para se compreender, de uma nova forma, a dinâmica da realidade urbana a partir das suas contradições. Estes movimentos se inscrevem num marco de contradições extremamente complexas que caracterizam a formação dos grandes centros urbanos, no contexto do seu desenvolvimento e funcionamento, como grandes aglomerados que viabilizam a reprodução das condições necessárias à continuidade do sistema capitalista. Referem-se à problemática urbana, que deriva das contradições geradas pelo desenvolvimento do capitalismo ante as novas e sempre crescentes necessidades postas à reprodução da força de trabalho.

O novo caráter da problemática urbana passa a se centrar nos serviços de consumo coletivo urbano e nos efeitos das distorções decorrentes de uma aplicação desigual dos recursos públicos empregados no desenvolvimento e manutenção dos aglomerados urbanos.

O Estado passa a ser o estruturador da vida cotidiana, e os conflitos daí decorrentes relacionam-se mais ou menos diretamente com a sua gestão e com as orientações políticas subjacentes.

As carências e defasagens no nível de apropriação da água, dos esgotos, dos transportes coletivos, da saúde, da educação e dos equipamentos sociais têm se tornado cumulativamente em fatores que afetam o que se convencionou chamar de qualidade de vida dos cidadãos – mas que afetam mais a alguns do que a outros, dependendo da sua inserção na estrutura social da cidade e do seu acesso aos recursos políticos.

Embora nos refiramos a dois contextos diferentes, Espanha e Brasil, não acreditamos estarmos generalizando em abstrato. Marcadas as distâncias históricas e as especificidades, pode-se observar que o principal fator a ser levado em consideração é o aspecto unificador do capitalismo monopolista e seus efeitos sobre as condições de vida das classes populares urbanas, onde as defasagens históricas se diluem e adquirem significações específicas, sem retirar-lhes a sua compreensão como um todo mais complexo e dinâmico.

No contexto do capitalismo periférico as contradições urbanas são marcadas por uma dinâmica de exclusão social. Segundo Lucio Kowarick, a problemática do consumo coletivo e da dilapidação da força de trabalho se vê consubstanciada pela idéia da espoliação urbana como "a somatória de extorsões que se opera através da inexistência ou precariedade dos serviços de consumo coletivo, que se apresentam como socialmente necessários em relação aos níveis de subsistência das classes trabalhadoras, e que agudizam ainda mais a dilapidação que se realiza no âmbito das relações de trabalho" [1].

Desta forma, acrescenta-se à idéia de contradições urbanas no contexto do capitalismo avançado uma especificidade inerente ao capitalismo periférico, a noção de "espoliação urbana" como um aspecto das contradições urbanas decorrentes de um modelo capitalista de desenvolvimento com características nitidamente selvagens.

A espoliação urbana é um resultado inequívoco da forma em que se processou a expansão urbana em São Paulo, e que criou uma configuração espacial extremamente segregada e rarefeita, onde a tônica dominante é a urbanização por expansão das periferias.

a. *Espanha*
Movimentos Populares Urbanos na Crise do Regime Franquista

O desenvolvimento capitalista e a concentração de população em Madri e Barcelona transformaram significativamente o mercado habitacional na década de 60. A partir da formação de poderosos grupos imobiliários, se define uma nova tendência da política habitacional, gerando transformações no contexto urbano existente. As periferias das áreas metropolitanas são ocupadas por enormes blocos de edifícios, "verdadeiras cidades - dormitórios com predomínio de população operária, compostas de apartamentos de baixa qualidade e sem conforto, com densidades altíssimas, com um enorme déficit de equipamento" [2], configurando um quadro de urbanização especulativa, onde a tônica dominante é o predomínio das empresas urbanizadoras privadas, na base de uma política habitacional controlada pelo capital monopolista e estimulada pelo Estado.

A nova fronteira do desenvolvimento urbano nas grandes cidades espanholas na década de 60 possibilita uma expansão significativa da acumulação monopolista no setor imobiliário, que passa a ser um dos principais determinantes da acumulação de capital, apoiado que estava numa política urbana complacente, na capacidade de repressão da ditadura e na corrupção da administração pública.

A crise de hegemonia que se inicia em 1974 também se estende ao modelo de desenvolvimento urbano "quase exclusivamente determi-

1 - KOWARICK, L. (1980) - p. 59.
2 - CASTELLS, M. (1980) - p. 55.

nado pelos interesses e ritmos do capital monopolista"[3]. Com o esfacelamento da capacidade repressiva da ditadura, o desenvolvimento do movimento operário e das forças democráticas abriu novas possibilidades de expressão das demandas populares.

A conjunção da crise de hegemonia e da crise urbana estimulam o crescimento de formas associativas e de campanhas reivindicatórias, fruto de uma situação de descontentamento popular, colocando em pauta problemas que afetam o conjunto das classes populares urbanas.

O movimento, no entanto, apresenta uma grande diversidade, embora se unifique em torno dos seus objetivos gerais. Se desenvolve a partir de critérios bastante amplos, como a associação aberta a todos os vizinhos, a defesa dos interesses reivindicatórios de todos os moradores do bairro e a vinculação aos processos mais gerais de luta pela democracia. Desta forma, o movimento entra num crescendo a partir de 1974, colocando em questão a política urbana monopolista.

O movimento citadino nasce em Madri, nos inícios da década de 70 e rapidamente atinge uma legitimidade reivindicatória que sustenta o seu crescimento.

O desenvolvimento dos movimentos reivindicatórios de bairro e da vida associativa (Associações de Vizinhos e Federações) criam uma rede de vida coletiva e de organização social que permite acumular as demandas e resultados, estabelecendo novos interlocutores da Administração. Constituem-se para tanto na cidade organismos totalmente autônomos do Estado, com capacidade de representação e convocatória de massas, o que representa um fenômeno não integrável no peculiar sistema autoritário espanhol.

As "Asociaciones de Vecinos" (AAVV) nascem protegidas pela lei das Associações, que reconhece a liberdade da associação dentro de limites bem especificados, utilizando a brecha constituída por uma lei de 1964 que autoriza o funcionamento de associações de caráter social e cultural, como se pode depreender na leitura de alguns de seus artigos: "Quando a Associação cumpre os requisitos .... e seus fins não possam ser considerados como ilícitos ou indeterminados, a autoridade governamental não poderá rejeitar o reconhecimento da Associação". Estas Associações se formam sem apoio do Poder Público, tendo como objetivo a defesa contra a especulação imobiliária e o controle sobre a política municipal. A aceleração crescente do processo especulativo e a omissão da Administração Municipal na solução dos inúmeros problemas urbanos tornam-se fatores fundamentais no desen-

3 - Idem, Ibidem - p. 63.

volvimento das AAVV, organizações autônomas, independentes e representativas. As AAVV atingem o apogeu em torno de 1974, colocando-se concretamente como uma alternativa democrática na política urbana municipal e regional, quando "o movimento citadino exigia, na rua, nos locais de associação e nos corredores da Administração, uma política de serviços públicos efetivamente a serviço do público" [4].

Como resultado tanto da corrupção e dos escândalos urbanísticos, como do protesto latente pela falta de canais institucionais de participação política, as entidades de dimensão citadina convergem com os movimentos urbanos e as AAVV, na sua oposição à política urbana e à Administração local. Esta situação cria rapidamente uma relação de forças desfavorável para a Administração e inicia um processo de aguda crise de legalidade que se desenvolve em diversas fases.

Num primeiro momento, desenvolvem-se as associações e as formas de vida coletiva pela base, sem que a administração disponha dos instrumentos para negociar, controlar ou reprimir neste nível. O jogo dos vereadores oscila entre a demagogia e a omissão, não podendo desempenhar um papel de mediação, já que a Prefeitura não dispõe de um espaço viável de negociação com os movimentos, dado não dispor nem de recursos, nem de vontade política. No entanto, não pode apelar para a repressão, dada a amplitude social dos movimentos.

As formas de ação dos movimentos urbanos e citadinos quebram o esquema de participação e conflito do sistema político autoritário, que implicava ou na participação passiva das maiorias ou no enfrentamento ilegal de minorias organizadas clandestinamente.

O questionamento em torno dos objetivos gerais da cidade e da existência de entidades citadinas situa a Administração Local frente a campanhas, ou interlocutores de caráter geral, sem meios para negociar.

Os movimentos assumem reivindicações referentes às condições de vida e ampliam seu âmbito conflitivo: social (preços), político (anistia e liberdade pública), cultural-tradicional (preservação das identidades regionais), através de diferentes meios, elaborando alternativas face aos projetos ou omissões da Administração, assim como planos setoriais ou específicos e estabelecendo relações com esta através de comissões mistas ou de controle. Simultaneamente, as entidades de bairros se transformam, convertendo se em plataformas da vida política, através da politização de reivindicações e dos dirigentes dos bairros, e da presença das forças políticas do bairro.

A partir de 1974, com o enfraquecimento do regime franquista e as graduais tentativas de abertura, vai se formalizando a necessidade

4 Idem, Ibidem - p. 77.

de uma alternativa democrática, e o movimento citadino vai se transformando num instrumento de controle frente à Administração Municipal, ganhando legitimidade incontestável perante a opinião pública, através do apoio da imprensa cotidiana, da intervenção dos técnicos e profissionais do urbanismo e do crescimento da sua capacidade de negociação com a Administração.

A Luta por Prefeituras Democráticas

A partir da instauração progressiva de um Estado democrático e com as vitórias já obtidas pelo movimento citadino, definem-se novas atitudes do Estado face às AAVV. O movimento popular urbano atinge uma representatividade citadina, o que viabiliza gradativamente a sua incidência na política urbana em geral, na sua lógica e objetivos, em decorrência da crise de legitimidade da Administração local.

Os movimentos questionam a gestão do governo local e apresentam as possíveis alternativas. Inicialmente, as questões giraram em torno da corrupção, da malversão do dinheiro público e da inacessibilidade à informação e ao controle do planejamento urbano, seguindo-se num constante crescendo, a reivindicação em torno do caráter eletivo das prefeituras e mais recentemente denunciando a inoperância e pouca representatividade das Juntas Municipais, e apresentando alternativas democráticas de base.

As AAVV e outros organismos de bairro se transformaram ao longo dos anos em instrumentos vitais de participação pública e mobilização, concorrendo para tal a sua natureza amplamente representativa, as suas atividades abertas e legais e sua legitimação como interlocutor válido, fatores que viabilizam a sua participação na vida política e sua atuação como elementos de pressão por mudanças democráticas.

O questionamento popular em torno da política urbana apresenta como resultados imediatos a interrupção de programas de desapropriações e a oposição à implantação de planos urbanísticos. A partir destas práticas define-se uma nova correlação de forças com a Administração local. Desta forma, foram legitimados diversos direitos sociais [5], que tiveram de ser aprovados em maior ou menor escala pela Administração Local, o que fez com que esta atuasse praticamente na defensiva, limitando-se a desenvolver atividades localizadas.

Deve-se enfatizar ainda que a dinâmica de atuação do movimento citadino quebra com os esquemas convencionais de participação e conflito dos sistemas autoritários, e a mobilização e pressão coletiva

5 BORJA, J. Alii (1977), p. 79-74

são elementos determinantes, ampliando inclusive o âmbito do conflito e extrapolando-o para "problemas sociais, políticos e culturais, superando-se o marco estreito dos problemas do bairro" [6].

A questão principal do movimento citadino está relacionada com o tema da mudança democrática, despontando a demanda por prefeituras democráticas, e transformando esta questão em bandeira de luta em torno de programas de alternativas municipais, que se originem a partir de práticas democráticas organizadas desde a base. Face a um sistema político que tinha atomizado a população, mantendo-a como sujeito passivo face a uma Administração Local que impulsiona as formas de participação – não desejando ver nos cidadãos outra coisa senão simples administrados, – os movimentos citadinos geraram canais para o renascimento da vida coletiva.

As reivindicações urbanas e as mobilizações que aspiram à democratização da vida municipal constituiram-se nos fatores decisivos para o sucesso do movimento citadino, apontando alternativas que afetam o planejamento urbano, a municipalização do solo e dos serviços, a moradia como direito social, a descentralização e a participação citadina, visando definir rumos no período de transição e propondo soluções democráticas.

As "Asociaciones de Vecinos" Numa Conjuntura Democrática [7]

Deve-se enfatizar que o papel do movimento popular citadino não se esgota com a mudança democrática. Não se trata da substituição dos movimentos por prefeituras democráticas e partidos políticos. Pelo contrário, os movimentos devem continuar para aprofundar a democracia de base. A mobilização social por interesses imediatos e as aspirações espontâneas que dão vida a estas organizações de base, devem cumprir uma função social, e seu reconhecimento institucional se dará através de mecanismos de participação e controle da vida municipal, e da aceitação pela Administração da sua representatividade e capacidade de negociação.

Já se torna possível, embora de forma incipiente, refletir sobre os resultados iniciais das propostas e objetivos acima explicitados, a partir dos resultados das eleições municipais, onde a esquerda obteve vitórias significativas nas principais cidades do país, tendo como temática principal a alternativa de prefeituras democráticas.

No caso de Madri, segundo alguns atores intervenientes no processo, houve uma queda significativa na efervescência do movimento

6 Idem, Ibidem, p. 84.

7 A respeito deste tema ver o número especial da revista *Transición* sobre "Ayuntamientos Democráticos", publicado em abril de 1980 – nº 19, Barcelona, Espanha.

citadino, indicando-se como um dos fatores a obsolescência da luta contra o caciquismo municipal, na qual havia se formado, e a mudança qualitativa do conflito que se torna mais localizado. Além disso, as propostas eleitorais se refletem em frágeis intervenções, que caracterizam a fraqueza dos pactos estabelecidos e a rejeição do apoio na mobilização popular.

Outras experiências refletem uma participação muito mais significativa das AAVV, através da representação majoritária de candidatos oriundos das organizações citadinas, onde a participação e a representação adquirem uma outra dimensão e as organizações populares sentem diretamente as dificuldades do poder em decorrência dos entraves burocráticos e da pressão institucionalizada da direita.

A experiência de Barcelona talvez possa ser considerada como o movimento citadino mais rico e avançado, onde a prefeitura pressionada pelas AAVV desenvolve projeto de descentralização municipal e participação citadina. Vários problemas, no entanto, são levantados, como a necessidade de definir um modelo para administrar a cidade. Em vista dos decepcionantes resultados obtidos na gestão urbana, assim como a necessidade dos cidadãos estarem bem informados como base de politização e de participação, é a possibilidade das AAVV recuperarem a sua dinâmica de luta. Decorre disto que o incentivo à participação e o controle da vida municipal têm sido prejudicados pelo desempenho dos militantes dos partidos, que geraram o esvaziamento das AAVV, resultante de uma deformação no contexto das práticas. Os militantes estimaram mais a defesa das instituições do que das reivindicações populares. O que está ocorrendo nas Associações é que após uma etapa unitária de atuação conjunta de todas as tendências, após as eleições, houve uma debandada dos integrantes dos partidos, além da impossibilidade concreta de pessoas vinculadas a diferentes partidos trabalharem conjuntamente.

Além disso, a Prefeitura e os partidos políticos têm favorecido a criação de uma consciência, segundo a qual a Administração Municipal democrática tudo resolveria. Para outros, as AAVV estão num compasso de espera, dando uma margem de confiança à nova administração democrática, depositando confiança demasiada na transformação das instituições e perdendo seu papel nato de oposição municipal, colocando excessiva ênfase na participação – e tendo como alternativa a necessidade de recuperar este papel de oposição, como condição básica para aglutinar e canalizar a capacidade de resposta dos bairros.

Atualmente, as AAVV continuam funcionando nos esquemas da situação política anterior, mantendo-se muito fechadas, o que impossibilitaria uma dinamização da vida associativa no bairro, e portanto do envolvimento dos moradores na formulação de propostas concretas para um urbanismo mais democrático.

É evidente que ainda é muito cedo para se extrair conclusões mais precisas, no entanto o decréscimo da participação citadina no período de mudança democrática deixa muitas dúvidas no ar, se confrontados os propósitos com a prática concreta.

b. *Brasil*
Cidade Brasileira e Espoliação Urbana: o Contexto dos Movimentos Sociais no Brasil.

No contexto brasileiro, e mais especificamente nas grandes metrópoles, o quadro da luta pela conquista da cidadania está marcado por uma dinâmica de exclusão e de inserção subalterna de uma grande parcela dos moradores. A formação das grandes metrópoles brasileiras é acompanhada do surgimento de uma série de contradições sociais e políticas específicas, que aparecem sob a forma de problemas urbanos, e que sofreram um constante processo de acirramento, com a emergência de crescentes e novas necessidades urbanas para a sobrevivência das classes subalternas. Ao aumento da demanda por serviços de consumo coletivo se sucedia uma resposta muito precária pelo Poder Público, o que fez aumentar as carências dos bairros já existentes e das novas áreas que se acrescem às manchas urbanas, segundo o já mencionado padrão de espoliação urbana.

O processo de industrialização brasileiro implantou um novo padrão de acumulação de capital que altera significativamente a configuração de São Paulo. Inicia-se na década de 30 e mais incisivamente a partir de meados de 50, a consolidação das bases da economia urbana-industrial. O desenvolvimento do capitalismo passa a exigir a concentração física das unidades produtivas do mercado consumidor, da força de trabalho e dos serviços relacionados com a sua produção e reprodução. A intervenção do Estado na economia, a partir de 1930, estava dirigida para a criação de uma base infra-estrutural que possibilitasse novos níveis na taxa de acumulação. A urbanização induzida pelas indústrias não cria condições gerais urbanas adequadas às dimensões atingidas. Tem-se por um lado uma altíssima taxa de urbanização, e por outro um hiato significativo nos serviços de consumo coletivo. O quadro político no período pós-30 se caracterizou pela exclusão das classes populares, sendo que estas se "encontram distanciadas de qualquer possibilidade de participação real, no período posterior, seja durante a ditadura Vargas, seja durante a etapa democrática (1946-1964) – sua participação ocorrerá sempre sob tutela de representantes de alguns dentre os grupos dominantes. Com exceção de algumas situações especiais, em particular nos últimos anos do Governo

Goulart, seria difícil dizer que as massas populares, ou algum dos seus setores, tenham conseguido participar do processo político com um mínimo de autonomia". [8]

A intensificação do processo de urbanização, cria condições para o ingresso de enormes contingentes de migrantes na vida urbana, dando o primeiro passo para a conquista de sua cidadania social e política. A pressão pelo acesso a empregos gerados pelo desenvolvimento urbano industrial, somada à necessidade de ampliar as possibilidades de consumo, e à demanda por espaços de participação política nos quadros institucionais, configuram-se como fatores de mobilização política popular. No quadro do Brasil depois de 1945 o populismo se transforma na principal forma de expressão política desta emergência das classes populares, e das características da participação das massas populares urbanas.

Nesse ínterim, o processo de urbanização foi adquirindo claras conotações espoliativas. O Estado se preocupava em consolidar as atividades produtivas, omitindo-se na provisão das necessidades mais imediatas da grande maioria da população, e somente em períodos muito curtos e transitórios, no regime populista, orientou-se para o atendimento das carências urbanas. Visando obter apoio das classes populares urbanas, o populismo desempenhou um duplo papel, legitimando as reivindicações urbanas por um lado, e assumindo um papel de provedor geral das necessidades. No entanto "como não era isso que acontecia na prática, o reforço recebido pelos movimentos sociais urbanos representava, de fato, um reforço ao antagonismo entre as massas e o Estado" [9].

Neste contexto surgem as primeiras Associações Amigos de Bairros, visando mobilizar os moradores com o objetivo de reivindicar melhorias urbanas dos órgãos públicos. As Associações são estimuladas pelo esquema político do populismo, sustentado numa participação controlada das classes populares. Esta forma de associativismo das massas populares vai se consolidando até surgirem as Sociedades Amigos de Bairro, como organizações formais, criadas para organizar e estruturar as demandas das classes populares por melhorias sociais e urbanas nos bairros mais distantes.

A extensão das carências urbanas vai se avolumando, obrigando as classes populares a se localizarem em áreas distantes do centro urbano, generalizando-se o fenômeno da urbanização por expansão das periferias. Este processo de expansão urbana, no entanto, não foi acom-

8 WEFFORT, F. (1978), p. 68.
9 MOISÉS, J.A. (1979), p. 30.

panhado de uma intervenção por parte do Estado no sentido de atender ao conjunto das novas necessidades geradas. O vertiginoso crescimento demográfico, junto com o processo de retenção dos terrenos a espera de valorização, levou ao surgimento de bairros cada vez mais distantes e com carência completa de serviços de infra-estrutura [10].

No começo da década de 50 surge Jânio Quadros na política, transformando-se rapidamente numa liderança popular preocupada com os problemas das periferias, enfatizando o papel das SAB's, e a necessidade de "incorporar a periferia na cidade". Jânio Quadros personificou um estilo político sustentado nas lideranças de bairros, estabelecendo uma relação clientelista, e levando a cabo planos de investimentos e melhorias nas áreas periféricas, atendendo as reivindicações. Jânio estabeleceu uma prática política que incluía uma forma de relação com as massas que não baseava exclusivamente na sua manipulação demagógica, exigindo a atribuição de um papel às classes populares na vida da cidade. Segundo J.A. Moisés "o importante é que, para tornar exeqüível o seu esquema político, Jânio teve de se apoiar nas massas, de uma forma que detonaria um processo peculiar de participação dessas massas na vida da cidade, através da luta por suas reivindicações urbanas" [11].

Foi somente durante o período Janista na sua primeira fase (1953-1958), e posteriormente com Faria Lima (1963-1967), que o Poder Público deu alguma atenção às necessidades imediatas da população da periferia, obtendo um certo apoio popular.

A partir de 1950 dá-se um crescimento quantitativo das SAB's, que se transformam num elo de participação das classes populares, abrindo espaços reivindicatórios para a população da periferia. Muitas vezes chegaram a transcender os objetivos centrados no bairro para adquirir conotações políticas. Em momentos históricos bem precisos, fizeram com que as forças presentes na política municipal tivessem de levar em conta a sua presença, na luta pela conquista de direitos de cidadania, condição necessária para a sua sobrevivência na grande metrópole.

O Estado passa a ser identificado como o alvo a ser atingido pela pressão coletiva, colocando muitas vezes as classes populares num confronto direto com os órgãos públicos, questionando a sua representatividade e a sua legitimidade e penetrando num terreno onde se confrontam os diferentes grupos de interesses em torno dos problemas urbanos [12].

10 KOWARICK, L. (1980), p. 34.
11 MOISÉS, J.A. (1978) - Cáp. V e VI
12 MOISÉS, J.A. (1979) - p. 30.

Com as mudanças político-institucionais ocorridas em 1964, as SAB's sofreram alterações significativas, caracterizando um período de cooptação da maior parte das lideranças destas organizações pela política oficial. Do seu papel eminentemente reivindicatório, muitas passam ao longo dos anos a ter uma função basicamente associativa, perdendo seu caráter mobilizatório frente aos problemas urbanos. As SAB's se ligam então a políticos locais, que passam a funcionar como interlocutores dos problemas do bairro, intercedendo junto ao Estado e substituindo as práticas anteriores por uma mediação burocratizada, transformando qualitativamente o seu papel.

As características repressivas do regime nos anos que se seguiram ao AI-5, geraram um esvaziamento muito significativo das SAB's, perdendo estas seu caráter de defesa dos interesses do bairro. Foi neste período que a Igreja, a partir das Comunidades Eclesiais de Base e outros agentes pastorais, passa a desenvolver um trabalho que se torna praticamente a única alternativa de participação das classes populares a nível dos problemas do bairro. O trabalho das CEB's valoriza ao extremo a participação do morador na vida da comunidade e o seu envolvimento nos movimentos reivindicatórios urbanos.

A sua multiplicação pela região metropolitana, se dá a partir de começos da década de 70, quando esta mostrava claros sinais de deterioração das condições de vida da população que já estava morando no que se considera hoje como segunda periferia da cidade de São Paulo: verdadeiros agrupamentos desprovidos de melhorias urbanas, onde a maior parte da população depende essencialmente do seu trabalho para a solução dos problemas urbanos. As CEB's representam então uma das poucas, senão a única, alternativa para as classes populares, a partir da discussão sobre as condições de vida dos moradores, propiciando assim o desenvolvimento de formas democráticas de participação de base e a formação de lideranças locais.

Luta pela Cidadania numa Sociedade Civil Tutelada

A partir de 1974 a avassaladora vitória da oposição nas eleições parlamentares, representou "uma verdadeira avalanche de votos de protesto contra o regime" [13]. A partir de uma crise de legitimidade do regime, o fim do período do milagre tem como reflexos mudanças na atitude dos setores liberais, a luta pela volta do Estado de Direito e o início do debate em torno da questão dos direitos humanos, num processo simultâneo com um acirramento das condições de vida nos gran-

13 - MOISÉS, J.A. (1980), p. 11

des conglomerados urbanos que aprofundaram "uma multiplicidade de problemas novos e de reivindicações sociais, que, apesar da exceção decorrente do autoritarismo, suscitou a formação e o desenvolvimento de uma ampla gama de movimentos populares de base ... o novo sindicalismo, os movimentos populares urbanos e as CEB's." [14]

A emergência dos movimentos populares urbanos com um novo caráter pautado pela autonomia, tem como eixo determinante das suas lutas o crescente processo de exclusão dos benefícios da urbanização. Neste contexto, o papel do Estado tem sido fator fundamental no processo espoliativo, em decorrência da orientação excludente da política de investimentos públicos, tornando-se gradativamente o principal responsável pela precariedade da vida da população, que cada vez mais estava sendo relegada a uma situação de "moradores subalternos", sem direito ao usufruto das benesses da urbanização.

A partir de 1976-1977 estes movimentos se multiplicam, surgindo nos mais distantes bairros diferentes formas de organização, que resultaram na capacidade de articulação dos moradores na luta pelo direito à cidadania, questão significativa que se coloca para a prática política das classes populares. Colocam-se nesta perspectiva as lutas em torno da regularização dos loteamentos clandestinos, os movimentos por água e esgotos, transportes, creches, postos de saúde e mais recentemente dos favelados.

No entanto, estes movimentos têm tido uma dinâmica atomizada, com exceção do Movimento do Custo de Vida, surgido a partir das CEB's e que, iniciado em 1973, se estendeu a várias cidades do país, desenvolvendo um papel aglutinador durante um certo período e posteriormente entrando em crise em decorrência de conflitos internos à sua organização.

Estes movimentos reivindicatórios populares urbanos trouxeram como resultado mais palpável vitórias parciais específicas, além de um constante questionamento de intervenção estatal, apresentando como característica básica a afirmação da sua autonomia e independência perante outros grupos sociais e o Estado, determinando a formulação de novos padrões organizatórios e uma ruptura com as práticas populistas do passado. Além disso, apontam novos caminhos para a construção de mecanismos próprios e autônomos das classes populares.

Neste sentido, deve-se enfatizar a capacidade que estes movimentos apresentaram, durante as recentes greves metalúrgicas do ABC e São Paulo – (1980), de definir uma política independente de apoio aos movimentos grevistas. Embora não nos apoiemos em dados absoluta-

14 – Idem, Ibidem, p. 13

mente seguros, além das pesquisas que desenvolvemos, parece que a autonomia destas organizações não foi ameaçada pela relação com o movimento sindical, uma vez que não houve a confusão de objetivos dos dois movimentos. Esta relação com os grevistas deu-se não no quadro de uma *opção* entre movimentos de bairro ou movimento sindical, mas de um claro apoio dos primeiros ao segundo. Este apoio efetivou-se sem o comprometimento da autonomia dos movimentos de bairro, que continuaram suas reivindicações específicas e suas lutas. Deve-se explicar este apoio, tanto pelo que representaram as greves de 78 em diante no processo político brasileiro, como por uma certa identificação de interesses dos dois movimentos, por se baterem contra um opositor comum (guardadas as mediações específicas do Estado em cada um dos casos) e principalmente contra as condições em que esta oposição se dá. Em outras palavras, o apoio pode ser visto como um protesto contra a atual forma de inserção dos setores subalternos nos direitos da cidadania. É dentro deste quadro que sobressai a luta contra a compressão dos salários – móvel do movimento do custo de vida – que é imediatamente uma manifestação política, na medida em que diz respeito à tutela da "questão social" pelo Estado.

Experimentos de Controle do Poder Local pelos Cidadãos. A democracia Direta pede Passagem

Além dos movimentos reivindicatórios urbanos mais conhecidos das grandes cidades brasileiras, algumas experiências de gestão pública municipal democrática estão se verificando em alguns pontos do país. Pelo menos três exemplos já são razoavelmente conhecidos. É verdade que algumas vezes aparecem em contextos bastante específicos, onde as contradições são pouco nítidas. De qualquer forma, constituem alternativas que gradativamente vão se esboçando e que têm como traço distintivo a abertura de possibilidades de participação democrática da população, como é o caso do município de Boa Esperança no Espírito Santo, e Lages em Santa Catarina. Além destes experimentos de uso do poder local pelos próprios cidadãos, uma importante experiência que vem se desenvolvendo em vários municípios brasileiros é a formação de movimentos unificados de bairros que passam a atuar conjuntamente, tais como Osasco e Freguesia do Ó em São Paulo e o Movimento Amigos de Bairro de Nova Iguaçu no Rio de Janeiro.

Boa Esperança [15] é um pequeno município do Espírito Santo com

15 – As informações a respeito da experiência de Boa Esperança devem ser creditadas a Herbert de Souza (1980).

uma população estimada pelo censo de 1970 em torno de 14.320 habitantes, a grande maioria vivendo na Zona Rural. O INCRA registrou, no município, 602 propriedades com uma predominância notável das pequenas e médias. De 1964 a 70, Boa Esperança passa por uma profunda crise econômica: erradicaram-se os cafezais e a economia ficou limitada a 18 mil cabeças de gado de corte e à exploração de madeira. Resistiram na cidade apenas um bar, um armazém de secos e molhados e duas lojinhas de tecidos. As pequenas propriedades estavam sendo adquiridas a preços irrisórios pelos grandes proprietários, e em média abandonavam o município dez caminhões por mês carregando famílias que migravam para outras regiões. O Tribunal de Contas do Estado aconselhava a extinção do Município.

Em 1971, começa um trabalho de "organização comunitária" a fim de "evitar o êxodo rural, o desaparecimento das médias e pequenas propriedades e a destruição total das matas pelos pecuaristas". Nesta data o Sr. Amaro Covre assume a Prefeitura e encabeça este trabalho. É criado o "Conselho Municipal de Desenvolvimento", uma "Sociedade civil sem fins lucrativos que organizava comunidades de base em todo o município". O processo se interrompe de 73 a 77, pela substituição do Prefeito o que acarreta uma paralisação das atividades destes organismos comunitários. Amaro Covre retorna à prefeitura em 1977 e a experiência recomeça: do último lugar em arrecadação, o município já é o 21º num total de 53. "O fluxo migratório estancou, a produção aumentou, se erradicou a miséria, escolas foram criadas, a eletrificação rural foi levada aos povoados, foram construídos 300 km de estradas". Aumentou a produção de café (100 mil sacas em 1980), os rebanhos bovinos passaram a totalizar 33.000 cabeças e uma produção de 26 mil litros de leite diários. Por dia está se produzindo mil sacas de farinha de mandioca. "O município conta agora com 106 tratores agrícolas, armazém da Cooperativa, bem como serrarias e cerâmicas e 120 estabelecimentos comerciais". A rede escolar cobre todo o município e foi ampliado o serviço de atendimento médico-social com um caráter eminentemente preventivo.

Este verdadeiro "milagre econômico" deveu-se a novas formas de participação e administração municipal, desenvolvidas a partir do trabalho de lideranças locais e membros da Igreja. Assim, o Conselho de Desenvolvimento Municipal passou a ser composto por representantes de órgãos, entidades sociais, econômicas e culturais e de líderes das comunidades do município. No primeiro período de A. Covre na Prefeitura, o Conselho pouco fez. No segundo mandato, a experiência de organização comunitária assume a sua forma atual: articulação íntima do poder comunitário com o poder estatal, "caracterizando uma dualidade *sui generis* em termos de poder político".

A participação política neste esquema desenvolve-se em três instâncias. A primeira é a do "Trabalho Comunitário", cuja célula é a Comunidade de Base que corresponde a cada escola existente no município. Aí são realizadas reuniões de "líderes" que são representantes de doze famílias reunidas por "rua ou córrego". As reuniões são convocadas e secretariadas pela professora e dirigidas pelos líderes locais. Num plano superior situa-se a esfera dos "Centros de Irradiação ou Agrovilas" onde a cada bimestre os líderes e vereadores que compõem cada Comunidade reúnem-se com o Prefeito, seus assessores, com o Delegado de Polícia e com o Diretor da Escola "a fim de em conjunto, analisarem e debaterem as atas advindas das comunidades de base, e fazer um plano de trabalho a nível de centro de irradiação ..." Por último está o Conselho Municipal de Desenvolvimento, que realiza duas reuniões mensais com líderes do meio rural e duas reuniões com líderes do meio urbano, "visto os problemas serem diferentes". Fazem parte deste conselho: "os líderes, Prefeito e Vice-Prefeito, Vereadores e um representante de cada Igreja, de cada Sindicato, de cada órgão técnico e de crédito, delegado de polícia, Juiz de Paz e os Diretores das Escolas de 1º e 2º graus. Este Conselho assessora o Prefeito e os órgãos técnicos".

A atuação dos políticos de Boa Esperança não obedece à divisão de partidos, que são de certa forma externos à realidade do município.

"Em Boa Esperança os vereadores do PDS e do PMDB não se distinguem em função das diferenças de seus respectivos partidos mas sim em função do desempenho concreto de suas tarefas de líderes comunitários: *não são as direções partidárias que decidem os seus compromissos e tarefas, mas as comunidades a que pertencem*" (grifos nossos). Este esquema político incentiva os meeiros a adquirirem propriedades rurais e os diaristas e trabalhadores sem terras a se transformarem em meeiros. Vale recordar que isto está ocorrendo em um estado que em apenas 5 anos viu desaparecer cerca de 10.127 propriedades com menos de 100 ha. Existe alguma pressão por parte da Prefeitura visando o parcelamento de algumas grandes fazendas, o que não causa grandes atritos porque também os grandes fazendeiros estão se beneficiando deste surto econômico.

Esta experiência comunitária revela, no entanto, uma dualidade *sui generis* em termos de poder político o que não reduz a sua importância. Apesar da sua nítida composição policlassista verifica-se uma forma avançada e pioneira de democracia direta a partir de uma transformação significativa da base econômica do Município, da produção, da democratização do acesso e do uso do poder político e da promoção do desenvolvimento econômico, social e cultural da comunidade. No entanto, a experiência democrática termina nos limites da fronteira do município, tendo a partir daí que enfrentar a estrutura econômica e de poder político que não se rege por seus princípios, nem se mede por seus critérios de participação comunitária na tomada de decisões a todos os níveis.

Baseada numa organização da população em associações de bairro, uma outra experiência de "Prefeitura Democrática" tem lugar na Cidade de Lages em Santa Catarina [16]. À frente dos 280 mil habitantes do município, o Prefeito do PMDB, o arquiteto Dirceu Carneiro, com sua equipe de "antiburocratas", conseguem significativas transformações na administração municipal. Poderíamos dizer que o fundamental desta experiência centra-se na capacidade que a Prefeitura demonstrou em refazer em moldes próprios o papel dos seus "intelectuais". Professores, engenheiros, arquitetos passaram a empregar seu saber a serviço da população. Desta forma, a Prefeitura conseguiu potencializar seus recursos, não só por uma mudança do processo técnico do trabalho para formas não centralizadas, como também por uma criação de tecnologia local, inclusive no sentido de substituição dos petroquímicos.

A experiência baseia-se em grande parte na educação, não só na das crianças como também na de adultos, visando a criação e divulgação de técnicas de produção. Procurou-se relacionar todo o processo educacional com a realidade local, reelaborando as cartilhas, bem como valorizando a agricultura nas escolas através de uma horta em cada unidade de ensino. Tenta-se ensinar matemática medindo terrenos, e física e química a partir das transformações dos alimentos em uma cozinha. Os artesãos locais também vêm ensinar na escola, como os cesteiros e tecelãs. Festas valorizam as tradições locais e um ônibus percorre o Município, projetando *slides* e trazendo papel e tintas para as crianças desenvolverem sua criatividade. "Como a educação não pode ser separada das condições de habitação e saúde, fica fechado o círculo do programa de governo".

Um dos aspectos mais curiosos desta experiência é o desenvolvimento de técnicas de produção adaptadas às condições do lugar. Desta forma, iniciou-se a produção de adubos orgânicos à base de serragem, que existem aos montes pela cidade como lembrança de um tempo em que a região era coberta de araucárias consumidas pelas serrarias. A partir desta serragem e de um caldo de cultura de bactérias obtém-se uma terra vegetal riquíssima, à qual se acrescentam ovos de minhoca. Este produto garante uma terra fértil por três anos, ao mesmo

16 – As referências à experiência de Lages são extraídas do artigo de Marcio Moreira Alves publicado pela revista Isto É em 20.08.80.

tempo que reduz a acidez do solo. Substituiu-se assim o uso de adubos petroquímicos por outros que, com maior eficiência, custam um décimo do preço. Uma olaria passou a funcionar a gasogênio, eliminando o consumo de óleo diesel.

Técnicas tradicionais são revalorizadas inclusive no campo da medicina oficial, ao mesmo tempo em que se combatem algumas técnicas da "medicina popular" como o hábito de se estancar o sangue com pó de café, ou o de secar o umbigo dos recém-nascidos com escrementos de vaca. Onde deu mais resultado a recuperação de técnicas do passado para a construção do futuro de Lages foi no programa de habitação popular. O cimento usado para assentar tijolos foi substituído por barro de boa liga misturado com um pouco de areia. Este programa, como o do adubo orgânico, também aproveita os restos. As demolições de Lages ofereceram materiais para a construção de casas populares. Nestas, os caibros de pinho foram substituídos por uma madeira sem valor comercial, abundante na região. Estes processos e o concurso do mutirão possibilitaram ao povo de Lages construir casas por um preço equivalente a um quinto do preço da casa mais barata do sistema do BNH.

O parco orçamento municipal destinado às obras públicas é gerido, em Lages, pelas Associações de Bairro. Somente são realizadas as obras que estas Associações decidem que são prioritárias. Assim, a vida destes organismos é bastante intensa e a concorrência nas épocas de eleições bastante acirrada. A organização do campo cresce em volta dos núcleos agrícolas, "integrados por quem possua menos de 300 hectares de terra". Foram postos tratores da Prefeitura à disposição dos núcleos, que têm autonomia para elaborar a escala de trabalho dos tratores. Baseados no cálculo de que o emprego agrícola representa um investimento correspondente a um doze avos do necessário à criação do emprego industrial, a Prefeitura vem dando ênfase à agricultura. Um outro aspecto deste programa é a criação de hortas comunitárias, das quais se beneficiam as pessoas mais pobres.

No terreno da produção, a administração democrática de Lages mostrou resultados muito parecidos com os de Boa Esperança: em três anos, o número de macieiras do município passou de 56 mil para meio milhão de pés. Espera-se que a safra de 1985 atinja as 16 mil toneladas.

O exemplo de Lages demonstra que a experiência de administrações realmente democráticas, onde os negócios do município são geridos pelo povo, aliados a setores de "intelectuais", é perfeitamente exeqüível em cidades com duzentos mil habitantes. Isto, contudo, não quer dizer que não seja necessário o concurso da dimensão política para que práticas como esta possam vigorar. Isto é especialmente verdade se se pensar na generalização de projetos como este e o de Boa

Esperança, onde terão de enfrentar os interesses que implicitamente estas práticas combatem.

O terceiro exemplo escolhido foi o Movimento Amigos de Bairro de Nova Iguaçu, na Baixada Fluminense. Este exemplo serve de contraponto, pois trata-se de uma realidade em que as forças políticas que estão interessadas em que o querer das classes subalternas continue sufocado se faz terrivelmente mais presente. São nas grandes metrópoles industriais que se encontram os maiores obstáculos para a criação de prefeituras que funcionem democraticamente. Os movimentos adquirem aí, sempre, um caráter de oposição, dada a impermeabilidade do sistema político de poder local aos moradores. Talvez isto se dê justamente porque estas grandes cidades constituem-se na sede dos interesses da "grande política" nacional, que obrigatoriamente tem que trazer toda a força da contradição de classes em seu seio. Por outro lado, são também nas grandes cidades que se reúnem em maior número aqueles que se interessam, por sua própria situação, na democracia. Por isso é que, no caso espanhol, foi possível a criação de Prefeituras democráticas nas grandes cidades através da união dos movimentos isolados.

O MAB [17] teve início em 1976, contando com mais ou menos uma dezena de bairros que sentiram a necessidade de se unirem para tentar reivindicar melhorias. Em 1978, a recusa pela prefeitura de um abaixo-assinado que reivindicava a criação de uma escola, levou o Movimento à idéia de se fazer uma assembléia convocando as autoridades municipais. Com isto cresceu o MAB, que no momento da Assembléia já contava com 38 bairros. Compareceu o Secretário do Prefeito que fez promessas que não foram cumpridas. Isto resultou na formação de várias comissões de moradores que passaram a visitar periodicamente a Prefeitura. Abriu-se então um dia por semana na Prefeitura para ouvir as queixas dos moradores: mudava-se sempre os secretários encarregados de ouvir a população e as negociações sempre voltavam à estaca zero. Preparou-se uma outra assembléia para protestar contra o descaso da Prefeitura aos reivindicantes. Compareceram três mil pessoas, e dos políticos convidados apenas alguns parlamentares do MDB. O Prefeito entrou sob vaias espontâneas da população, ouviu 46 moradores e foi embora, sem se pronunciar concretamente, alegando que estava atrasado para outro compromisso. A Assembléia prosseguiu, deliberando as exigências que seriam encaminhadas à Prefeitura.

17 As informações sobre o Movimento Amigos de Bairro são extraídos do Cadernos CEAS nº 68, Salvador, Bahia, Julho/Agosto 1980.

Hoje o movimento conta com a participação de 90 associações, algumas são grupos que se reúnem e outras são associações juridicamente reconhecidas. Este crescimento engendrou a necessidade de criação de uma Coordenação, composta por 13 elementos. Para apoiar a coordenação foi criado o conselho de representantes dos amigos de bairro, que tem reuniões mensais. Estes dois órgãos decidem os rumos do movimento. A coordenação passou logo a contar com 19 elementos e mais quatro assessores, todos eles moradores dos bairros tendo como critério de participação, o de serem pessoas diretamente envolvidas nas associações de seus bairros.

O movimento conta também como o apoio da Igreja Católica, embora não se confunda com esta. Apesar de existirem pessoas que participam simultaneamente do MAB e das comunidades de base, os organismos guardam independência entre si. O mesmo ocorre em relação aos sindicatos e movimentos grevistas: no caso de uma campanha metalúrgica foi tirada uma comissão de solidariedade, que fazia a distribuição de recursos para a sustentação da greve, e até mesmo na formação e participação em piquetes. No caso da greve dos professores, também houve o apoio do MAB, que intercedia junto aos pais das crianças para que não deixassem estas comparecerem às escolas. Segundo um participante do Movimento "qualquer trabalho dentro do bairro é um negócio muito geral, pega todas as categorias. Então, por exemplo, tem gente do MAB que atua dentro dos sindicatos. Então ele atua dentro da fábrica porque ele é um metalúrgico, e atua dentro do bairro, no MAB, porque ele é um morador de bairro".

O MAB não tem dado apoio a nenhum partido político. Deixa inclusive transparecer um certo ceticismo quanto aos políticos. Parece que justamente por isso é que se começa a cogitar, simultaneamente com a ampliação do movimento para esferas mais amplas, o lançamento de candidatos a vereadores e à prefeitura oriundos do Movimento. Por enquanto é só uma idéia.

Consideramos mobilizações que resultaram numa modificação das práticas da gestão municipal e que acarretaram um maior grau de participação das classes populares ou seja, de grande maioria dos cidadãos. Consideramos também um movimento de grande cidade que já coloca em seu horizonte a tomada do poder municipal a fim de se instalar uma gestão democrática para a Prefeitura. São possibilidades abertas, picadas dentro de uma selva fechada. No entanto, se comparado com a experiência espanhola, estamos nos referindo a verdadeiras ilhas de democracia local, cuja experiência deve ser enfatizada pela perspectiva aberta.

I

As vicissitudes pelas quais passaram os movimentos sociais urbanos na Espanha, desde os estertores do regime de Franco, podem dar indicações sobre a participação popular em contextos políticos onde a sociedade civil encontra-se praticamente alijada dos processos de tomadas de decisões. Contudo, sua importância como exemplo encontra-se na força que o movimento citadino espanhol logrou durante a ditadura, e na sua contribuição para o advento de uma conjuntura democrática – e, principalmente, pelo impasse que estão criando frente às novas "prefeituras democráticas". No momento em que políticos solidários com as lutas urbanas chegam às prefeituras de cidades espanholas, aparece a distinção entre as máquinas partidárias e as associações de vizinhos. O movimento urbano, ainda que em relativo recesso, reevoca sua natural inclinação para a oposição aos aparatos municipais do Estado; as contradições da crise urbana continuam a provocar descontentamentos entre a maioria da população. Os novos prefeitos, frente a uma máquina burocrática herdada do franquismo e face ao volume dos problemas urbanos, são incapazes de resolver as contradições em que se fundam os movimentos sociais urbanos. As transformações processam-se a ritmo lento e não isento de problemas.

Assim, os movimentos populares urbanos têm como opositor natural o Estado, que, gerenciando os meios de consumo coletivo, reproduz, ao nível da cidade, as desigualdades do sistema social: "O município é um dos órgãos e níveis do aparelho do Estado. Como tal, está submetido ao conjunto de processos e contradições característicos deste aparelho em cada sociedade. Mas sua especificidade provém, por um lado, de ser, em geral, o nível inferior, a forma mais descentralizada do Estado e, no Estado democrático, a mais diretamente escolhida pelos cidadãos; por outro lado, é o órgão do Estado mais permeável a uma representação política das classes dominadas num Estado constituído historicamente em torno à hegemonia da burguesia e seus aliados" [18]. Esta permeabilidade transforma a cidade em lugar previlegiado para produzir-se transformações no Estado, descentralizando a administração e estabelecendo canais de participação em forma de democracia direta.

Encarado desta forma, o exemplo espanhol é útil para a avaliação da pertinência dos movimentos urbanos na temática do Estado e da

18 Castells, M. (1980) p. 169

Democracia. A comparação de processos políticos torna-se frutuosa quando ela permite estabelecer não uma compreensão baseada na fórmula "generalidade máxima, diferença específica", mas uma compreensão da maneira como as mediações políticas se constroem sobre determinações estruturais, trazendo à luz as relações entre a classe social e o processo político. Tal procedimento permite a elucidação das necessidades sociais a que determinados atores respondem – enfim, a sua própria natureza. Desta forma, o estudo dos movimentos na Espanha permite fazer uma clara distinção entre partidos políticos, movimento operário e movimentos sociais, mostrando que estes atores respondem a fins imediatos distintos, podendo tanto partilharem de pontos de consenso como de disenso. O que nos ensinam os trabalhos sobre o movimento citadino espanhol é, sobretudo, a sua relação com as contradições urbanas e por sua vez, destas com o Estado. Os movimentos, na prática, reivindicam um controle sobre os mecanismos de tomada de decisão; enfim, cogitam da participação popular na gestão pública.

II

O tema da participação política popular apresenta uma série de dificuldades para o seu dimensionamento teórico. Muito desta dificuldade vem da noção de que "pode-se participar apenas entre iguais, como já tinha intuído Michels, porque sendo desiguais,...não se pode participar porque somente a sujeição é possível" [19]. Esta formulação, que está presente no pensamento de alguns entusiastas da democracia direta, coloca uma dificuldade muito grande para o entendimento do tema, uma vez que cria um hiato intransponível entre a situação atual, em que seria impossível a participação, dadas as diferenças gritantes de poder e riqueza, calcadas na diferença de classe, e a situação favorável à participação, onde reinaria a igualdade social e política. Superar este hiato, por outro lado, implica em que o querer dos subordinados prevaleça, o que é difícil de se entender sem sua participação. Portanto, essa premissa, mesmo quando se articula em discursos libertários, leva ou a um entusiasmo excessivo com um tipo de participação popular – ou seja, nas formas de democracia direta, que não encontra bases materiais para sua realização – ou a um pessimismo crônico quanto à possibilidade de democracia.

Ademais, é preciso questionar a idéia mesma de igualdade que está por trás de colocações como a de Guiducci. Considerando que "os

19 Guiducci (1979) p. 73.

indivíduos desiguais (e não seriam indivíduos diferentes se não fossem desiguais) somente são mensuráveis com uma mesma escala de medidas, quando são considerados desde o mesmo ponto e vista, sempre e quando são olhados de *um aspecto determinado*" [20]; e que portanto, a igualdade é uma abstração, cumpriria ressaltar que aspectos são determinantes para que não fosse possível a participação. É fato que a riqueza material, o saber, até mesmo o carisma, etc., são aspectos bastante desigualmente distribuídos. Porém, não obstante, as classes subalternas conquistaram, mesmo nas sociedades capitalista, um "status" de igualdade. À custa da sua participação em muitas lutas sociais, as classes que eram consideradas não aptas à vida pública, por serem "dependentes" economicamente, conquistaram o direito à organização, ao voto, enfim, à participação reconhecida na política, pelo menos nos estados "democráticos".

E. neste ponto, é necessário ressaltar, como faz acertadamente Bobbio, [21] que o que estamos chamando de "plano de igualdade" foram "... conquistas que custaram lágrimas e sangue ao movimento operário, desde o direito de greve ao sufrágio universal, desde a legislação social ao estatuto dos trabalhadores"... Além do mais, nunca é demasiado lembrar que estas reformas foram introduzidas nas democracias ocidentais *em oposição* ao conceito mais amplamente defendido pela burguesia de uma participação restrita e censitária.

Este plano de igualdade é compatível com a sujeição, mas não exclui a participação das classes subordinadas. Pelo voto e por ações diretas estas classes têm participado politicamente. e nada indica que atualmente seja possível marginalizá-las por um longo espaço de tempo. Mesmo as ditaduras são obrigadas a suportar alguma participação popular, e, ao que parece, mais se desgastam quanto menos admitirem esta participação. A sujeição torna-se possível não mais apenas através da repressão mas principalmente pelo controle da participação. Neste caso, qualquer esforço sério de se entender a política atual tem que considerar alguma coisa além da "força e do efeito que dela se produz". Mesmo no caso da participação controlada, o sistema político tem que ser permeável a algumas reivindicações populares para se viabilizar.

Como vimos, o tema da participação política das classes populares não pode se resumir à consideração apenas das pressões que os subalternos exercem, a fim de fazer valer seus interesses, sem uma apreciação das mediações que existem entre as classes sociais e o poder político. Nestas mediações, a igualdade jurídica assume uma importância central. Participação política, portanto, só pode ser pensada

20 Marx, K., in Crítica do Programa de Gotha, p. 16.
21 Bobbio (1979), p. 24.

dentro de um quadro de "cidadania", com todo um corolário de direitos inerentes a este "status".

A história do desenvolvimento da cidadania, de uma maneira geral, foi a história não só de sua extensão crescente a um número cada vez maior de pessoas, incorporando gradativamente as "classes baixas", como também a criação de novos direitos inerentes à condição de cidadão. Esta extensão teve como conseqüência a legitimação das questões relativas às classes populares. As lutas operárias e populares têm diminuído os efeitos da desigualdade, lutando pela incorporação aos direitos de cidadania de um corpo de direitos específicos dos trabalhadores – "um sistema secundário de cidadania industrial paralela e complementar ao sistema de cidadania política". Ou seja, pela criação de um direito desigual que contrapese, em parte, a desigualdade real. Além disso, surgem os chamados direitos sociais de cidadania, cujo uso não decorre em perda de direitos políticos – como ocorria com as propostas burguesas que excluíam da participação todos os que não se utilizassem das incipientes formas de "amparo social" dos começos do capitalismo. (Ver a este respeito Marshall).

Não resta dúvida que estes direitos resultaram da pressão dos trabalhadores organizados em associações. Estas têm sido, na realidade, os grandes contrapesos do poder interessado na subordinação das classes populares. Assim, conseguiu-se, a despeito da desigualdade, uma participação decisiva na política dos setores subalternos. O que cumpre ressaltar é que esta participação consegue expressar interesses próprios e não apenas emprestados de outras classes.

Neste quadro, em que os conflitos de classe passam a ser mediatizados por um Estado, que em alguma medida é permeável aos interesses dos dominados – graças à própria força dos movimentos populares – a questão da reprodução da dominação não passa apenas pela esfera da coerção, mas também, pela necessidade do consenso. Não se trata mais da simples exclusão da participação, que como tentamos indicar é extremamente difícil de se obter, mas do controle desta participação.

III

Os exemplos que mostramos para o caso do Brasil apontam para um fenômeno que vem se generalizando em nossa sociedade de maneira bastante intensa: a participação popular em instituições que, de alguma forma, visam influir nos processos políticos, especialmente naqueles vinculados às decisões que afetam a qualidade de vida das classes populares. Pensamos que este quadro tem algo a dizer à compreensão da própria participação popular em nosso país.

A cidadania foi estendida às classes subalternas no Brasil por um complexo processo desencadeado a partir da revolução de 1930 e que resultou em uma "cidadania regulada" [22]. "Por cidadania regulada entendo o conceito de cidadania cujas raízes encontram-se, não em um código de valores políticos, mas em um sistema de estratificação ocupacional, e que, ademais, tal sistema de estratificação é definido por norma legal. Em outras palavras, são cidadãos todos aqueles membros da comunidade que se encontram localizados em qualquer uma das ocupações *reconhecidas e definidas* em lei (...) A cidadania está embutida na profissão e os direitos do cidadão restringem-se aos direitos do lugar que ocupa no processo produtivo, tal como reconhecido por lei" [23]. Isto é tanto mais grave quanto sabemos que tanto os direitos e prerrogativas desta forma de cidadania como o próprio uso destes direitos dependem de aval de um órgão do Executivo: o Ministério do Trabalho. Tal procedimento retirava da arena política as demandas relativas a uma boa parte das questões trabalhistas, ao mesmo tempo que contribuía para o enfraquecimento das lutas reivindicatórias neste setor pela fragmentação da classe operária nas diversas profissões. "A regulamentação das profissões, a carteira profissional e o sindicato público definem, assim, os três parâmetros no interior dos quais passa a definir-se a cidadania" [24].

Da mesma forma, foi retirado do debate político uma série de decisões "policy making" que passaram a ser tomadas por aparelhos burocráticos que respondem diretamente ao executivo. O sistema de interventorias, constituído durante o Estado Novo, foi em grande parte responsável pela constituição deste divórcio entre tais decisões e o sistema político.

Nos quadros da cidadania regulada, a questão das classes populares conseguirem representar seus interesses de maneira autônoma é vital. Desta forma, o tema da autonomia dos movimentos populares urbanos face ao poder é central na luta cotidiana dos moradores das periferias por melhores condições de vida.

Em uma pesquisa realizada junto aos moradores de um bairro periférico de Osasco durante as eleições de 1976, demonstrou-se que as lideranças da SAB prezavam muito a autonomia da entidade. O mesmo acontecia com os demais moradores. As campanhas reivindicatórias não deveriam envolver-se com políticos ou com o Prefeito a fim de que os moradores pudessem reivindicar com liberdade. Neste caso, a exigência por autonomia vinha revestida pela prática do "apoliticis-

22 Santos, W.G., p. 19.
23 Ibid., Ibidem p. 75.
24 Ibid., Ibidem p. 76.

mo" que não era uma mera recusa por participar da política, o que ficava evidente na medida em que, naquela SAB, dois de seus diretores saíam candidatos à vereança por partidos diferentes. Apoliticismo significava a não vinculação da Sociedade a nenhum organismo político, mas na verdade, queria dizer "política independente" [25].

Nos movimentos populares ligados à Igreja a mesma problemática se coloca e ainda com uma clareza maior, devido aos "intelectuais" que esta instituição congrega, que são capazes de traduzir, a nível geral, os impasses pelos quais passam as comunidades de base.

Desta forma vamos encontrar um texto de Frei Betto dirigido aos próprios agentes pastorais, no qual conclama-os a preservar o respeito e o incentivo à autonomia das organizações populares de base. Nesta passagem o autor critica as tentativas de transformar os movimentos populares em redutos eleitorais dos partidos.

Vale a pena notar que é muito grande a proximidade entre as concepções sobre autonomia que estão presentes no trabalho da Igreja e aquela que apresentamos. A existência destas concepções tão próximas faz supor que o desejo de autonomia é imanente à situação dos movimentos populares. Percebemos, por outro lado, os mesmos propósitos na luta sindical, que tenta romper as amarras do sindicalismo brasileiro atrelado ao Ministério do Trabalho. Da mesma forma, em outro contexto, uma das passagens do Estatuto do Sindicato "Solidariedade" de Gdansk, e que por sinal não foi registrado pelas autoridades do Estado Polonês, dizia respeito exatamente à inelegibilidade de membros do "Partido" aos altos cargos sindicais, a fim de preservar sua autonomia.

Retomando a discussão sobre os movimentos da Igreja, cumpre notar que o desejo de autonomia vai muito mais longe em seu seio, e com um significado mais profundo do que normalmente costumamos pensar que seria capaz. Neste sentido é que registramos uma luta no próprio interior da Igreja contra uma concepção corrente em suas bases: a concepção do "específico cristão". "A tendência do específico cristão julga que dentro do atual cenário de pluralidade ideológica, os cristãos – e, portanto suas comunidades, detêm valores e critérios específicos, decorrentes da revelação evangélica e da vida de fé. Esses valores e critérios qualificariam os cristãos para uma prática política cuja índole os demais grupos, não cristão, jamais poderiam alcançar por mera racionalidade política. Assim, certos valores como o respeito à pessoa, o perdão, a consciência do erro e a busca da reconciliação, seriam privilégios de prática cristã – ou, em outras palavras, só existi-

25 Salles Souto, a/ii (1977)

riam na prática de quem recebeu como dom gratuito do Pai, a fé cristã"[26].

Levantando rapidamente problemas de ordem teológica, Frei Betto critica esta postura, apontando para a noção de que "fora da fé é possível encontrar esse dom universal que é o amor". As implicações desta tomada de posição são grandes; significa assumir que a fé não dá mecanicamente, ao cristão, "um melhor discernimento político"[27]. O que cumpre notar é que este ponto de vista teológico aponta para a destruição das bases do autoritarismo na Igreja, forjado durante a Idade Média e que tem em Santo Agostinho um dos maiores, senão o maior, artífice. Significa na prática, assumir maior liberdade para o "povo de Deus" em relação à hierarquia eclesial na medida em que admite uma racionalidade própria ao pensamento político que não se subsume às razões da fé. Por outro lado, esta racionalidade própria da política não é vista como antagônica aos preceitos religiosos, podendo-se articular "dialeticamente com a fé".

As conclusões práticas desta crítica ao "monolitismo da dimensão religiosa" são grandes. Primeiramente, ataca a atitude que alguns membros do clero têm em "proteger o seu rebanho das influências das agremiações políticas que não rezam pela cartilha pastoral". O resultado disto é uma maior independência das ovelhas em relação ao pastor, que estariam aptas a se relacionarem com o mundo da política, dando uma maior contribuição ao processo de mudança política. De fato, a proposta deste texto é exatamente a de fomentar a discussão dos partidos nas CEB's.

Uma segunda conclusão é a maior mobilidade política dos movimentos de base em relação à hierarquia eclesial, na medida em que estas vêem as bases do poder sobre o rebanho corrompidas por uma crítica que, inclusive, é interna no discurso pastoral.

Desta forma, a autonomia está hoje no horizonte de todos os movimentos populares que conhecemos. Desde o movimento sindical aos movimentos de bairro, passando evidentemente pelo movimento estudantil. Pode-se dizer que a autonomia seja um traço vital para os movimentos sociais e um indicador disso seria o fato de que as organizações forjadas por estes movimentos, uma vez cooptadas pelo Estado, via de regra se vêem esvaziadas. É o caso de um grande número de Sociedades de Amigos de Bairro que foram ocupadas por pessoas comprometidas com o partido governista e que se viram abandonadas pelo povo.

26 Betto, F. (1980) p. 147
27 Idem, Ibidem (1980) p. 148

Uma segunda consideração a ser feita sobre a autonomia é que ela implica também na possibilidade de participação, no movimento social, de pessoas engajadas em diversas opções políticas. Numa Sociedade Amigos de Bairro que foi estudada em 1976, de sua diretoria saíram dois candidatos à vereança por partidos diferentes. O que mais impressionou foi a afirmação de ambos, *inclusive em comícios*, de que os interesses da Sociedade não se confundiam com interesses partidários e que esta era para todo o bairro e não somente para os membros ou simpatizantes deste ou daquele partido. Da mesma forma que a dimensão religiosa não esgota os interesses das classes populares, nenhum partido é capaz de resumir os anseios populares. Aparece uma distinção nítida entre as instituições partidárias e os movimentos reivindicatórios, uma vez que estes nascem de um consenso social que não está inscrito na lógica de lealdades políticas ao nível partidário. A aliança dos moradores surge na vivência de problemas comuns que pedem solução, em termos mais amplos, aos diferentes aspectos da crise urbana.

Ora, admitindo-se o parágrafo anterior, podemos deduzir que o movimento reivindicatório nem substitui nem é substituído pelos partidos políticos. Em seu bojo é capaz de congregar as mais diversas tendências dos movimentos políticos sem que por isso comprometa a sua unidade. Tratam-se de instâncias em que os vizinhos deliberam sobre os seus problemas de forma democrática, tentando se livrar dos constrangimentos que lhes impõe o Estado ou até mesmo alguns partidos políticos. Desta forma, os movimentos populares urbanos se vêem descomprometidos com as alianças travadas pelas agremiações políticas, respeitando apenas as deliberações de seus participantes. Isto não quer dizer que tratam-se de situações estanques que não devam se interpenetrar. De fato, isto ocorre tanto quando é vontade dos participantes do movimento apoiarem este ou aquele partido, ou quando o partido decide apoiar os movimentos. Recorde-se, por exemplo, a atuação do PMDB e do PT nas lutas reivindicatórias que vêm se desenvolvendo no bairro paulista da Freguesia do Ó.

Evidentemente, o corte que pode existir para explicar porque uns partidos, mais do que os outros, têm penetração no movimento, deve ser buscado tanto numa análise de conjuntura como na própria opção que fazem estes partidos em relação aos movimentos populares urbanos. Mas, o que se ressalva é que os partidos que tiverem feito a opção por estes movimentos, certamente serão acolhidos, além do caso que citamos acima.

A questão da autonomia, portanto, implica na admissão da pluralidade partidária tanto no seio da esfera política como em seu próprio. E essa é uma dimensão profundamente democrática dos movimentos populares urbanos. A sua existência já coloca imperativos democráticos para a sociedade, tanto no que diz respeito a contrapesar o querer do Estado, como no fato de se constituir em agente político que expressa sua vontade de dialogar com o Poder sem contudo subordinar-se. Neste sentido, é interessante ressaltar que eles continuam o conflito com o Estado mesmo em situações em que os partidos que os apoiaram tenham vencido as eleições municipais. É o caso do movimento citadino espanhol nesta conjuntura democrática. De forma geral, o que reclamam os movimentos populares urbanos, na prática, é o incremento dos direitos de cidadania, tanto a nível de direitos sociais (no caso específico de consumo coletivo) como de direitos políticos, quando reivindicam uma maior participação dos cidadãos na gestão da coisa pública.

Vamos finalmente, voltar a sublinhar que a posição de que falam os movimentos não é a mesma de que falam os partidos políticos, embora possam coincidir em alguns pontos. Os partidos falam de uma posição ditada pelos seus programas, que via de regra devem ter ressonância a nível nacional. Esta pode ou não incluir uma visão do devir das classes populares: Como mostramos, é outra a posição de que falam os movimentos populares urbanos e conseqüentemente, levantarão questões bastante diversas.

Admitindo-se esta pluralidade de instituições que respondem a fins que guardam autonomia entre si, podemos vislumbrar, na prática dos movimentos sociais urbanos, uma forma mais ou menos recente de fazer política popular, onde os reclamos por igualdade não se dissociam daqueles por liberdades políticas. Isto, porque a prática reivindicatória, que por si mesma já traz a temática de algum tipo de igualdade civil, é inconcebível sem estar associada à autonomia, que sem dúvida é uma reivindicação de liberdade. Por outro lado, a admissão de que a lógica dos partidos não é a mesma dos movimentos populares, proibe qualquer teoria da representação política, que consagre previamente o monopólio da representação de uma classe social a um partido determinado, implicando em um anseio pela pluralidade partidária. Esta pluralidade dificulta a solução dos problemas políticos atuais, no plano da teoria, pelas soluções unilaterais que privilegiam apenas uma ou algumas destas instituições; não só as posições que consideram que os males vêm da falta de um partido de classe, como também aquelas que, opondo-se aos primeiros, louvam os movimentos sociais e as formas de democracia direta como as únicas instituições bastantes para libertar a humanidade.

3. *À guisa de conclusão*

O presente texto procurou colocar lado a lado experiências efetivadas em duas nações distintas que não obstante mantêm um traço comum: a luta de seus cidadãos pela democracia. Compartilham também o fato de verem nascer sob o autoritarismo um movimento popular citadino, se bem que com características bastante distintas em cada um dos países, com capacidade de falar na primeira pessoa. Tais movimentos reivindicatórios formam-se como verdadeiras criações dos subalternos, que vão assim construindo canais de participação, em situações em que esta lhes é negada. Constroem-nos com suas próprias mãos. A própria presença destes movimentos implica na exigência de participação, e o seu desenvolvimento coloca a questão da democracia. A partir daí, é um caminho sem retorno: ou o sistema político se abre à participação dos movimentos ou não se poderá falar em democracia. Sua supressão implicará em ditadura. O que é novo nos movimentos populares urbanos é que eles não mais se submetem à cooptação, a uma participação subordinada.

Desta forma, a questão crucial para a vida destes movimentos é a sua autonomia. De maneira geral, este traço é reivindicado por todos os movimentos que estudamos. É importante assinalar que é um traço presente no que se convencionou chamar de "novo sindicalismo", bem como nos sindicatos poloneses. Quanto ao movimento sindical, os movimentos populares também reivindicam autonomia posta de maneira absoluta, dizendo respeito a toda e qualquer organização, desde o Estado até os partidos políticos.

A possibilidade da autonomia, e também sua necessidade, está relacionada de um lado com a especificidade dos problemas que afligem os moradores engajados ou não nos movimentos e, de outro, à percepção de que estes problemas *não esgotam* aqueles que existem na sociedade. Tem-se que a luta urbana não é subsumida na sindical, e vice-versa, porque se é certo que as condições de vida se defendem ao mesmo tempo no local de trabalho e de moradia, as formas de luta e organização, os objetivos imediatos, as alianças e as formas de mobilização diferem, pela globalidade dos problemas urbanos e sua relação imediata com as políticas do Estado. Isto não implica que o movimento citadino não possa estabelecer alianças com o sindical, mas que o primeiro não é mera extensão da luta das fábricas aos bairros.

Colocar em questão a autonomia do movimento de moradores e, *mutatis mutandis*, do movimento sindical, implica em alterar a extensão e a qualidade da cidadania, especialmente se se considera casos como o que expusemos, onde os movimentos se desenvolvem em situações autoritárias. A mudança na qualidade advém da exigência, que estes movimentos trazem implicitamente, da participação popular não mediatizada pelo representante eleito, isto é, participação em formas de democracia direta (para evitar confusões: que não excluem a democracia representativa). Quanto à extensão, se vê ampliada tanto no sentido de ampliação dos direitos sociais como também pela incorporação da participação ativa das classes populares nas decisões do Estado. Numa época de hipertrofia do executivo e das prerrogativas das burocracias, estas tendências podem vir a reabilitar o legislativo, tanto pelas candidaturas populares como pelo enfraquecimento do executivo pelo contrapeso das instituições de poder local.

A situação que está se forjando no Brasil e que existe na Espanha implica na existência de agentes políticos a nível da cidade, capazes de falar na primeira pessoa, isto é, capazes de reivindicar com interesses próprios. Este pressuposto permite, no caso da Espanha, e pode permitir no nosso caso, ao movimento apresentar *propostas alternativas* ao poder municipal. Isto se constitui numa mudança radical das condições de cidadania.

Outro ponto que se deve ressaltar é que estes movimentos são intrinsecamente democráticos, exatamente porque a autonomia que reivindicam implica na admissão de que, como foi dito, nenhuma organização é capaz de englobar a totalidade dos interesses do cidadão, nos diversos momentos de sua inserção na vida social. Daí que a liberdade de organização e a expressão de pluralidade institucional e partidária não são meros *instrumentos* para atingir seus fins, mas constituem-se nas próprias condições do movimento. A reivindicação por direitos sociais, isto é, por uma certa igualdade econômica, é indissociável da reivindicação por liberdades políticas a este nível. Este é o esboço de uma cidadania que implica na reversão da cidade para os cidadãos, uma cidadania nova.

O movimento citadino espanhol constituiu-se numa experiência histórica singular, em decorrência da capacidade de organização demonstrada, impondo na prática os direitos de associação e de reunião institucionalmente proibidos. Deve-se enfatizar a contribuição decisiva do movimento citadino à luta pela democracia e à transformação do país, através de práticas de reivindicação e de organização que estavam objetivamente em contradição com a ditadura franquista. A contribuição do movimento citadino na Espanha não foi apenas política, já que modificou profundamente as condições do desenvolvimento urbano capitalista nas zonas em que os moradores se organizaram.

Deve-se enfatizar entretanto o papel decisivo que tiveram os partidos na estruturação do movimento citadino espanhol. Durante o franquismo o proscrito PCE incentiva a luta dos bairros com as quais se fortalece na clandestinidade. Porém, mais do que ele, fortalecem-se os movimentos populares que se mantêm abertos para outras tendências. A politização do movimento citadino, no entanto, não significou que este se dividisse em várias tendências. Vigorou a prática unitária do movimento. Com a morte de Franco, o movimento citadino constitui-se num importante fator, não o único evidentemente, para que o moribundo regime não pudesse se reproduzir, redundando em abertura democrática.

Se na comparação entre o caso espanhol e o brasileiro existe algo de mais divergente é exatamente na relação com os partidos políticos sob a ditadura. No Brasil, durante o período populista, nenhum partido relacionou-se com as organizações de bairro com um fim que não fosse meramente eleitoral. O janismo sem dúvida foi a prática política que mais se ligava a estas formas de organização popular, porém não tinha nem projeto nem condições políticas para superar as dificuldades da integração autônoma das classes populares na política.

Com o fim do populismo, a esquerda passa a encarar as massas ligadas às associações de bairros como profundamente reacionárias, ao mesmo tempo em que os processos políticos nos quais se inseriam levaram-nas a um enorme fracionamento e a uma desapropriação da vida *pública*. Isto pode explicar a enorme distância que separa o movimento popular urbano no Brasil dos partidos políticos. Também sobre este pano de fundo é possível tematizar as dificuldades da relação dos movimentos citadinos com a política partidária. E a maior dificuldade é como relacionar um movimento que só existe na e pela autonomia, com organizações que se pautam por imperativos programáticos, e que se constituem em motivo de dissenso nos próprios bairros.

Por estes mesmos problemas passam os movimentos citadinos espanhóis. Com a democracia estes esvaziaram-se significativamente, ao mesmo tempo em que já se recoloca a necessidade de sua continuação, preservando sua característica distinta: a autonomia.

As últimas considerações que faremos dizem respeito à política nacional. Em outras palavras à relação entre os movimentos populares urbanos e a questão nacional. Esta questão é tão mais pertinente, quando se considera a dificuldade em articular movimentos populares a nível nacional no Brasil. A diversidade de problemas, a própria extensão territorial, as diferentes formas de inserção na produção dificultam atitudes unitárias das classes populares, até mesmo ao nível da cidade.

Estas questões não estão resolvidas, e também não o serão facilmente. Qualquer opção implica no enfrentamento das maiores oposições dos interesses que se estruturam na Nação. Isto não nos impede de iniciar a reflexão sobre o problema. Consideremos, em primeiro lugar, que tem se pensado na unificação dos movimentos urbanos com o movimento sindical a nível nacional. A mediação seria realizada por *um* partido político e aí reaparece a ambigüidade que apontamos: autonomia e liberdade dos movimentos frente à autoridade da direção partidária, e de seus imperativos programáticos. Em segundo lugar, fala-se da "construção" de uma identidade subalterna que, ao que parece, será ilusória se não levar em conta o seu principal traço distinto na atualidade: articular movimentos em torno da sua autonomia.

Sugerimos, no entanto, que mais provavelmente estas questões serão resolvidas pelo rearranjo das condições de cidadania, se as forças políticas interessadas na democracia forem capazes de ampliar as garantias para a participação. Não nos parece que os movimentos sociais se constituam em espécies de sementes que, crescendo, possam democratizar o país generalizando seus métodos. Antes, são partes de um todo e só se entendem nele, bem como só se desenvolvem e adquirem significado político nele.

Neste sentido, é importante considerar as chamadas "candidaturas populares". Também é importante assinalar as experiências de administração democrática, como as que descrevemos, e que constituem opção para as relações entre a cidade e os cidadãos no Brasil. Alentador também é a indicação de que Movimentos de Moradores já colocam em seus horizontes enviar candidatos ao poder municipal.

O futuro dos movimentos sociais urbanos no Brasil não pode ser outro que o futuro da política nacional.

BIBLIOGRAFIA

ALVES, M. M. - *A Força do Povo*, Brasiliense, São Paulo, 1980.

BETTO, F. - "Prática Pastoral e Prática Política" *in Encontros com a Civilização Brasileira* n. 21, Rio de Janeiro, março de 1980.

BORJA, J. - "Popular Movements and Urban Alternatives in Post-Franco Spain" *in International Journal of Urban and Regional Research*, V. 1, n. 1, 1977.

BORJA, J. et Alii - *Por una Política Municipal Democrática*, Editorial Avance, Barcelona, 1977.

CASTELLS, M. - *Cidade, Democracia e Socialismo*, Paz e Terra, Rio de Janeiro, 1980.

GUIDUCCI, R. - "A Cidade dos Cidadãos e a Sociedade dos Socialistas" *in* BOBBIO et alii - *O Marxismo e o Estado*, Ed. Graal, Rio de Janeiro, 1979.

KOWARICK, L. - *A Espoliação Urbana*, Paz e Terra, Rio de Janeiro, 1980.

MARSHALL, T. H. - *Cidadania, Classe Social e Status*, Zahar, São Paulo, 1967.

MOISÉS, J. A. - "Classes Populares e Protesto Urbano", Tese de Doutoramento, F.F.L.C.H. USP, 1978 - mimeo.

- "Contradições Urbanas e Movimentos Sociais" *in Revista de Cultura Contemporânea*, ano 1, n.1, agosto de 1978.

- "Crise Política e Democracia, a Transição Difícil *in* Revista de Cultura e Política, n. 2, CEDEC/Paz e Terra, agosto/outubro 1980.

SALES SOUTO FERREIRA A. et alii - Jardim D'Ávila - "Alternativa de Participação Política Popular", mimeo, 1977.

SANTOS, W. G. - *Cidadania e Justiça Social* - Ed. Campus, RJ, 1979.

SOUZA, H. - "Brasil, A Experiência de Boa Esperança, Espírito Santo", originais xerox, 1980.

WEFFORT, F. - *O Populismo na Política Brasileira*, Paz e Terra, Rio de Janeiro, 1978.